基督教文化研究丛书

主编 何光沪 高师宁

八编 第 **4** 册

17～18 世紀初在華耶穌會士的漢字收編：
以馬若瑟《六書實義》為例（下）

王 澤 偉 著

花木兰文化事业有限公司

國家圖書館出版品預行編目資料

17～18 世紀初在華耶穌會士的漢字收編：以馬若瑟《六書實
義》為例（下）／王澤偉 著 -- 初版 -- 新北市：花木蘭文化
事業有限公司，2022〔民 111〕
目 4+180 面；19×26 公分
（基督教文化研究叢書　八編　第 4 冊）
ISBN 978-986-518-693-7（精裝）
1.CST：六書　2.CST：漢語文字學　3.CST：漢學研究
240.8　　　　　　　　　　　　　　　　　　　110022049

ISBN-978-986-518-693-7

9 789865 186937

基督教文化研究叢書
八編　第四冊　　　　　　ISBN：978-986-518-693-7

17～18 世紀初在華耶穌會士的漢字收編：
以馬若瑟《六書實義》為例（下）

作　　者　王澤偉
主　　編　何光滬　高師寧
執行主編　張　欣
企　　劃　北京師範大學基督教文藝研究中心
總 編 輯　杜潔祥
副總編輯　楊嘉樂
編輯主任　許郁翎
編　　輯　張雅淋、潘玟靜、劉子瑄　美術編輯　陳逸婷
出　　版　花木蘭文化事業有限公司
發 行 人　高小娟
聯絡地址　台灣 235 新北市中和區中安街七二號十三樓
　　　　　電話：02-2923-1455／傳真：02-2923-1452
網　　址　http://www.huamulan.tw 信箱 service@huamulans.com
印　　刷　普羅文化出版廣告事業
初　　版　2022 年 3 月
定　　價　八編 16 冊（精裝）台幣 45,000 元　　版權所有・請勿翻印

17～18世紀初在華耶穌會士的漢字收編：
以馬若瑟《六書實義》為例（下）

王澤偉　著

第四章　如何中國？如何收編？
──試論《六書實義》文本之「中國性」

　　蘇源熙（Haun Saussy）感歎「比較文學」以「跨學科」的形式，再次創造了勝利：「文學與文化的『跨民族』維度得到了廣泛承認」，「跨學科性」成為了可創造奇跡的關鍵詞。〔註1〕馬若瑟的諸多創作，便是跨文化實踐的結果。《六書實義》因其文本橫跨文學與文化乃至宗教領域，而可稱為廣義的比較文學文本，遂可衍生出中西文化的比較，西學與中學的比較。並從系統性、全球化的視角切入，方能更清晰地認識西學是如何旅行至中國，從而影響中國的方方面面。跨文化是雙向動態互動的結果，表現為一方對另一方的模仿。馬若瑟模仿中國文學，運用嫻熟的中文進行創作，屢次偽裝為中國儒生，化名溫古子傳道解惑。這是一個轉化與創造的過程，馬若瑟將中國儒家與宗教思想經選擇、改造、移植、滲透後與西學相結合。

　　馬若瑟在《儒交信》中多次發表「東海西海，心理攸同」之論──「漫言西海與中華，此心此理原同契」、「西儒中儒，心同理同」〔註2〕，常以中國書生（溫古子）的口吻發表議論〔註3〕。可見馬若瑟對中國這一共同體有

〔註1〕〔美〕蘇源熙（Haun Saussy）著，陳琦等校，〈新鮮靈夢縫製的精緻僵屍──關於文化基因、蜂房和自私的基因〉，收入〔美〕蘇源熙編，任一鳴、陳琛等譯，《全球化時代的比較文學》（北京：北京大學出版社，2015年），頁3～4。

〔註2〕〔法〕馬若瑟，《儒交信》，頁3、27。

〔註3〕《儒交信》中，溫古子常言「我中國」。如第二回中溫古子道：「是西方那邊的音，我中國釋言救世主」。〔法〕馬若瑟，《儒交信》，頁25。

一清晰的認知，而非泛泛而談。如此，不禁要探究馬若瑟如何抓住中國性
（Chineseness），從而成功何偽裝成一個中國人（Chinese）。

　　前一章重點討論了《六書實義》西洋思想來源，而本章之核心即在研究
文獻的中國性。「中國性」這一概念，即指廣泛意義上的中國特性、特質、中
國本色。〔註4〕朱崇科認為，中國性實際上乃一複數的概念（Chinesenesses），
不同地區可以有不同的中國性。中國性並非某地／某機構的專屬，而是「更
多是被想像和整體操作組成的鬆散共同體（slack communities）」。如此便意味
著，中國性的討論絕非馬華文學的禁臠，作為華語系文學一環的漢語基督教
文學，也具備自己獨特的現代性面貌。因此，更可以一同拼湊出完整又豐富
的大「中國中國性」（China Chineseness）面貌。〔註5〕若拋開民族是真實還是
想像的爭論，擯棄族性（ethnicity）是否在殖民時代之前存在的齟齬。至明清
之際，確確實實有一個可以「模仿」的中國性。折中主義者羅賓‧科恩（Robin
Cohen）支持「原生說」（Primordialists），提出「共同的血緣、親屬關係和信
仰」方面的「血緣、語言和文化的一致性」乃先天族性的說法。〔註6〕文本中
血緣不可見，作者外貌不可觀，而語言、文化、信仰則可一一從字裡行間窺
視。馬若瑟正是從語言上運用純熟典雅的中文書寫，從信仰上表現為奉教儒
生的口吻敘述，逐步建構出一位精通中西經典的「族內人」形象──中國進士
溫古子。

　　本章旨在從《六書實義》入手，了解馬氏創作之前因後果，解構文本中
的中國性，探析馬若瑟偽裝中國人的源由與方法。〔註7〕第一節論述了除了

〔註4〕參考黃錦樹之定義，「中國性」概念今之學界常用於馬華文學研究。本研究將傳
　　　　教士漢語文學，亦視為華語系文學的一支，有頗多相似之處。故而化用此概念，
　　　　取廣義中國特性之意。黃錦樹，《馬華文學與中國性》（臺北：元尊文化，1998
　　　　年），頁33。
〔註5〕上述概念，援引自朱崇科「複數中國性」概念。詳見：朱崇科，《「南洋糾葛」
　　　　與本土中國性》（廣州：廣東人民出版社，2014年），頁18。
〔註6〕〔英〕羅賓‧科恩（Robin Cohen），〈族性的形成：為原生論適度辯護〉，收入
　　　　〔英〕愛德華‧愛迪莫（Edward Mortimer）、〔英〕羅伯特‧法恩（Robert Fine）
　　　　編，劉泓、黃海慧譯，《人民‧民族‧國家》（北京：中央民族大學出版社，2009
　　　　年），頁17～27。
〔註7〕龍伯格判定法國國家圖書館藏《六書實義》非自馬若瑟之筆跡。確實，對比
　　　　《六書實義》與《儒教實義》、《經傳議論》等筆跡，委實相異。此處，一併
　　　　感謝專精書法研究的博士生兼福建省書法協會會員歐陽軍，協助辨認馬若瑟
　　　　筆跡，得出法國圖本《六書實義》確與馬氏前後作品之筆跡畛異的結論，謹

利瑪竇的傳統外，康熙時期再度興起的禮儀之爭，改變了傳教局面。康熙皇帝頒布的「如中國人一樣」、「語言必重」與「西學中源」諭令與學說，及其嚴峻的傳教新局面，催生了護教傳統——索隱主義，和馬若瑟的語言著作——《六書實義》與《漢語劄記》。「如中國人一樣」的旨意收編西洋人，將之納入新的中國人身份之中，可以說是一場文化身份的重建，使得「如何中國」成為一種迫切所需。皇帝需要有精通漢文與中國墳典的傳教士以迎合他收編天主教的政策。之後，便是如何貫徹「如中國人一樣」的策略，即需要在著述上呈現出明顯的「如中國人一樣」，或所謂之「本土性」（nativeness）。本章二、三、四節，旨在分析馬若瑟如何釋放出本土色彩／話語（形式與內容），以達到「表演」中國性的目的。〔註8〕所涉及者有命名、避諱、編年、小學知識、援引大量中國經典等。其表演之對象即皇帝，此法作為一種抵抗工具，以圖改變禮儀之爭中傳教士不通漢字與史書典籍的惡劣印象，轉圜因此導致的禁教悲劇。本研究即從上述內容出發，展示馬若瑟建構中國性的嘗試，指陳族外人試圖成為族內人的過程中如何運用本土視角與思維，驗證馬若瑟不遜色於族內人高超的漢文與字學水平，並補全中國性中缺席的傳教士圖景。

此致謝。但，即便抄本之用字即使與馬氏原稿差異甚多，其用字習慣等具有前後一致性。魏若望曾揭櫫，傅聖澤與馬若瑟是唯二在華傳教士中僱傭中國抄寫員的耶穌會士。他們的大量文書、著作、信件等副件是秘書利用透明中國紙臨摹主人筆跡而成，外文亦是如此。李真更是發現，《漢語劄記》中的筆跡，不單單是抄寫員謄寫的痕跡，更有馬若瑟參與大部分抄寫工作的狀況。可見，馬若瑟並非只做最終的把關——審核與修訂，而是時刻參與副本製作之中。故而，法國國圖藏《六書實義》非馬氏原稿的概率極大，然無論正本抑或是副件，許是抄寫員依照原稿「影抄」，馬若瑟嚴格把關所成。並且依下文之推斷，《六書實義》當為上呈康熙御覽之作。故而，正本之去向，泰半是送至北京，等待送入宮闈的機會。〔丹麥〕龍伯格，《清代來華傳教士馬若瑟研究》，頁 193；〔美〕魏若望，《耶穌會士傅聖澤神甫傳》，頁 192；李真，《漢語劄記研究》，頁 122～126。

〔註8〕馬華文學的中國性存在表演的成分（「表演性」）。此說由黃錦樹提出，其作用自然與馬華文學的功用不同。馬若瑟中國性的純粹想像，構築成了《六書實義》的種種中國元素，用以投合皇帝的喜好。但這種文化表演，與馬華文學類似，反映出了傳教士群體中國性的想像圖景與限度。黃錦樹，〈中國性與表演性——論馬華文學與文化的限度〉，《馬華文學與中國性》，頁 93～143。

第一節　禮儀之爭中相互收編：康熙「如中國人一樣」、「語言必重」與「西學中源」的收編政策

　　清初西學可在中國如火如荼地推展，憑依的是康熙皇帝對西學與西洋人的好感。然而在康熙帝御宇多年之後，竟遭部分傳教士的「背叛」與羅馬教廷的干涉，遂爆發了改變中西關係走向的標誌性事件——「禮儀之爭」（Chinese Rites Controversy）。禮儀之爭可以視作儒家文化與基督宗教文化在官方層面衝突，也是中西文化兩種意志的直接對撞。爭論的核心主要集中於兩點：「Deus」之譯名「天」、「上帝」乃至「天主」等，是否能準確表達天主教「Deus」概念；中國祭祖祭孔等禮儀是否為宗教活動或者偶像崇拜的問題。從根本而言，即耶穌會天主教適應性政策或者說是本色化的嘗試，能否在教會內部得以承認的問題。

　　這場漫長的爭辯，從 17 世紀持續到了 18 世紀初，其餘緒一致綿延至二十世紀中葉。〔註9〕明朝末年，新來華傳教的托缽修會（Mendicant Orders）、多明我會（Dominican Order）、方濟會（Franciscan Order）以及巴黎外方傳教會等傳教士反感耶穌會士運用「學術傳教」路線，親近權貴階級，忽視底層

─────────────────

〔註9〕指標性的事件有：1645 年 9 月 12 日，教會傳信部（Sacra Congregatio de Propaganda Fide）根據聖職部（Sacra Congregatio pro Clericis）的結論頒發依諾增爵十世（又作諾森十世，Innocentius PP. X，1574～1655，在位 1644～1655）批准之諭旨，禁止中國教徒參加禮儀活動；經耶穌會的勸說，聖職部於 1656 年 3 月 23 日頒發亞歷山大七世（Alexander PP. VII，1599～1667，在位：1656～1667）批准之部諭，允許中國教徒參與修改後的祭孔與祭天禮儀；1704 年 11 月 20 日，教宗克肋孟十一世（又作克勉十一世，Clemens PP. XI，1649～1721，在位：1700～1721）批准了反對中國禮儀的法令《至善的天主》（Cum Deus optimus）法令禁止以「天」和「上帝」稱呼「天主」，同時禁止天主教徒參加祭孔或祭祖的活動。此令在宗座憲章《自登基之日》（Ex illa die，1715.3.19）中得到重申。憲章《從特殊處》（Ex quo Singulari，1742.7.11）結束了這場爭論。清廷復以 1720 年（康熙五十九年）決定禁教，至 1723 年（雍正元年）再次禁教，並嚴格執行。乾隆時期依舊不能傳教，嘉靖、道光時期繼續禁教。直到鴉片戰爭戰敗，簽訂《南京條約》後，禁令才得以解除。教廷直到 1939 年，教皇庇護十二世（Venerabilis Pius PP. XII，1876～1598，在位：1939～1958）頒佈《眾所皆知》（Plane compertum est）通諭，取消了中國禮儀的禁令。李天剛，《中國禮儀之爭：歷史文獻和意義》（上海：上海古籍出版社，1998 年），頁 15～122；張國剛，《從中西初識到禮儀之爭——明清傳教士與中西文化交流》（北京：人民出版社，2003 年），頁 431～425；〔比〕鐘鳴旦，〈禮儀之爭中的中國聲音〉，《復旦大學學報（社會科學版）》2016 年第 1 期（2016 年 6 月），頁 95～103。

百姓。同時反對耶穌會「顛倒黑白」，竟將祭天、祭祖、祭孔等偶像崇拜掩飾為非宗教活動。禮儀之爭於焉爆發，最終形成羅馬教廷與清王朝的直接衝突，教宗下令禁止以「天」、「上帝」稱呼「天主」，禁止天主教徒祭孔或祭祖，中國朝廷則是出台禁教令與遣返西洋人令予以回擊。

尤其在馬若瑟時代的禮儀之中，中西雙方領導人直接過招而引發的宗教對立，彌合耶儒的差異顯得日益重要。在華耶穌會士必須為此而努力，使用索隱主義削減基督宗教外來宗教的陌生感，確立其合法性遠其他非夷狄宗教可比，並與儒家理念不相違背，信仰天主教乃是儒生最好的選擇。在索隱派心中，索隱主義才是唯一能緩和衝突，重奪聖寵的完美途徑。早年學界對於禮儀之爭的研究，多從西方的報告出發，鮮言中國的聲音。本節試圖從中國文獻的角度出發，羅列禮儀之中康熙頒布的種種諭令，指陳康熙試圖「壓迫」傳教士進行「中國化」，甚至瓦解羅馬教會對在華傳教士的控制（這一舉措的失敗，促發了禁教令的出現），將在華天主教的控制權收歸國有。換言之，禮儀之爭的複雜狀況，涉及誰在收編的問題？除了非常明顯之羅馬試圖改易中國禮儀以符合西方文化之標準的行徑，實則從康熙的種種舉措表明，中國朝廷也展開了反向的收編，嘗試將在華天主教會收歸國有，有如「英國宗教改革」。這一期間的種種對抗，作為大時代背景，或是引發馬若瑟創作《六書實義》的直接原因。

一、局面丕變：禮儀之爭再起及語言問題的顯露

馬若瑟在華（1698 年 11 月入華～1735 年歿）的整個時間段，幾乎皆籠罩在禮儀之爭的陰雲之下。1693 年，巴黎外方傳教會傳教士、天主教福建主教顏璫（Charles Maigrot，1652～1730，又作閻當、嚴襠），再次點燃了導火索。該年，顏氏下令，在其教區內禁止中國禮儀。禮儀之爭再度爆發，並隨著時間的推演呈現愈演愈烈之勢。1700 年，以李明新作為討論重心，於巴黎大學展開了歐洲神學家、顏璫派遣之代表與耶穌會間的神學大辯論。在這場論辯中，出身巴黎大學神學博士的顏璫獲得了索邦神學院神學家們的支持，終得勝利。由此衍生的結果，即教宗克肋孟十一世於 1704 年決定禁止中國禮儀。

禮儀之爭的直接結果，導致了康熙帝自 1700 年前後開始，尤為關注在華耶穌會事務。〔註10〕巴黎的大辯論及其結果，以及羅馬當局的以勢壓人，「妄

〔註10〕如 1699 年，康熙第三次南巡，特地帶上了耶穌會士白晉、張誠，隨赴江南了解天主教近況。並仔細詢問揚州、南京、蘇州、杭州之教務，並召見如潘國

圖」中國接受羅馬的諭令，無一不使得康熙帝不得不親自介入禮儀之爭。教宗克肋孟十一世下令之次年（1705，康熙四十四年），教會決議遣多羅（Charles-Thomas Maillard de Tournon，1668～1710，亦作鐸羅）特使赴華，並在康熙四十四年十一月十六日（1705.12.31）、四十五年五月十九日（1706.6.29）兩次受康熙帝召見。〔註11〕

康熙四十四年年末，在第一次接見多羅之前，康熙帝已顯露出質疑多羅來華目的之跡象。於該年的十二月廿五日（1706.2.8），康熙遣侍衛詢問多羅來華之目的是否有關禮儀問題，多羅謊稱僅是代教宗問安及巡視教務。康熙同意多羅巡視之請，但嚴禁多羅巡閱在京耶穌會士。因在華耶穌會乃內臣，當受皇帝管控，而非羅馬。十二月廿八日（2.11），侍衛至北堂傳話，言康熙耳聞有傳教士在中國只待了兩三年就回到了歐洲，並到處說中國壞話。〔註12〕在第一次觀見中，多羅依舊否認來行之目的在於禮儀問題，僅代教宗巡閱與問候中國皇帝。實則多羅對禮之爭的結果了然於胸，只是在等待梵蒂岡的命令。〔註13〕

康熙四十五年年初（1706 年 3 月中）多羅獲知羅馬的決議，而康熙從多羅在京的行為舉止，驗證了其猜測。〔註14〕在第二次接見多羅（康熙四十五

〔註11〕 良（Emmanuel Lauripice，1646～1703）等多名神父。李天剛，《中國禮儀之爭：歷史文獻和意義》，頁 51～52。

〔註11〕 本章以羅馬數字代表西元紀元，以中文數字表示中國紀年，以示二者之別。為節省本節篇幅，本節中括號中的西元年月日予以省寫。

〔註12〕 陳方中、江國雄，《中梵外交關係史》（臺北：臺灣商務印書館，2003 年），頁 66～68。

〔註13〕 根據方豪的考訂，1700 年巴黎大學的爭論決議，不為當時教宗依諾增爵十二世所接受，但也亦知此事無法迅速解決。然該年 9 月，依諾增爵十二世逝世，新教宗克肋孟十一世繼位，繼續命聖職部繼續審查此案。1701 年 12 月 5 日，教宗決定派遣使團出使中國，多羅當選特使，加宗主教銜。1702 年，使團離開羅馬，此時議案尚未有定論，多羅僅知大綱。1704 年 11 月 13 日與 20 日，聖職部分別舉行兩次會議，遂成定案，經教宗批准。然此案不許在歐洲公佈，全文交由特使帶往中國，與在華主教共商執行之法。1706 年 3 月，多羅從馬尼拉獲得消息，知曉教會關於中國禮儀的決議。方豪，《中國天主教史人物傳·中》（北京：中華書局，1988 年），頁 318～322。

〔註14〕 依照紀理安的記載：康熙四十四年年尾，多羅特使隨員，外科醫生 Sigotti，在京忽得病去世。耶穌會向多羅提出，安葬在於耶穌會墓地中，多羅不允。後皇帝得知隨員去世，欽賜墓地。多羅聞之，僅以為皇帝體恤優待，深以為善。不知，帝以此為契機，派人觀察下葬之殯儀，是否合乎耶穌會禮儀或中國禮儀。報告顯示，禮儀與前二者皆為不同，康熙遂起疑。羅光，《教廷與中國使節史》（臺北：傳記文學出版社，1983 年），頁 107。

年五月十九日〔1706.6.29〕）之前，康熙指示閔明我（Claudio Filippo Grimaldi，1638～1712）帶信一再警告並試圖勸服多羅，不要多言，切勿滋事。〔註15〕

羅馬的決議與多羅的言行，乃至康熙帝的暗示〔註16〕，令耶穌會緊張不已，深懼多羅之舉會將耶穌會的百年努力付諸東流。故而極力勸諫多羅收斂，甚至希望他返回羅馬，勿再生事。接見之前數日，依照康熙於四十五年五月十四日（1706.6.24）留下的硃批，態度已然轉變，可謂是恩威並重，懷柔遠夷，試圖「馴服」多羅。〔註17〕一方面，允許長期在華的西洋人在內地居住；又一方面，加強邊境管控，遣返頻繁出入之徒（如商人）或是「立於大門之前，論人屋內之事」的討厭傳教士（顏璫之徒）——「以後允自西洋來者，再不回去的人，許他內地居住；若近年來明年去的人，不可叫他許住。」〔註18〕

在接見多羅之後，康熙出巡塞外。後擺駕熱河行宮，並傳旨命顏璫等眾西洋人赴行宮陛見。〔註19〕顏璫聞知，勃然大怒，面斥紀理安，質疑此舉乃

〔註15〕「奉旨教西洋人帶信與多羅說：你起初來時曾面奏過，謝恩之外，並沒有甚麼事，如今只管生事不已。我們在中國也不多，不在中國也不少，我們甚是無關。你當仰體皇上優待遠臣恩典，自今以後再不可聽顏璫等的言語生事。萬一皇上有怒，將我們盡行逐去，那時怎如何？你以後悔了也遲了，不如聽我們的話，悄悄回去罷。」陳垣識，《康熙與羅馬使節關係文書》（臺北：文海出版社，1974年，影印版），頁11～12。

〔註16〕此份文書中原先之「皇上惱了」之句，被硃批改為程度更深的「皇上有怒」。有謂「天子之怒，伏屍百萬，流血千里」者，可窺康熙暗示之意。引文出自：〔漢〕劉向錄，〔漢〕高誘注，《戰國策·魏四》（臺北：臺灣商務印書館，1966年），卷25，頁8。

〔註17〕此硃批未留下明確時間，僅知出自康熙四十五年。具體時間，陳方中、江國雄、歐陽哲生認為乃6月24日，方豪認為是6月22日。陳氏等人乃晚近之說，故本文暫擇前者之說。陳方中、江國雄，《中梵外交關係史》，頁70；歐陽哲生，《古代北京與西方文明》（北京：北京大學出版社，2018年），頁293；方豪，《中國天主教史人物傳·中》，頁322。

〔註18〕見康熙四十五年之硃批。陳垣識，《康熙與羅馬使節關係文書》，頁10。

〔註19〕此前，多羅已召顏璫至京師與耶穌會士論辯。多羅非在華傳教士，不熟中國典籍，難以解答康熙所問，故召顏璫來京代為問詢。顏氏於康熙四十五年五月廿日（6.30）抵京，隨即與耶穌會士進行大辯論。而康熙帝則於次日（7.1）自暢春園啟行，巡幸塞外。六月十三日（7.22），帝傳顏璫面聖，而多羅有疾，不便長途同往，在京待聖駕回鑾，謝恩後再行拜別。顏璫、安多（Antoine Thomas，1644～1709）等西洋人，由赫世亨、趙昌攜帶，出行計畫因路途雨後泥濘，由十四日一再推遲至於十九日方才啟行。陳方中、江國雄，《中梵外交關係史》，頁71；《清實錄·聖祖仁皇帝實錄》（北京：中華書局，1985年），

紀氏、閔明我等耶穌會士勾結內廷近侍操縱的結果。〔註20〕在此之前，康熙已檢閱過顏璫之書，帝不似對待特使多羅，保存其顏面。面對顏璫，旨意中的斥責之意甚為明顯：

> （赫世亨、趙昌）再對西洋人顏璫曰：皇上覽爾書，笑而頒旨：爾為此地學而未盡善者所騙矣……還給爾之文書仍給我，再將所謂不符合爾教之處，盡行增寫送來，我將攜往具奏。等語。欽此。顏璫聞旨甚懼，出前書與我，並叩請言：顏璫我恭聞聖旨，始知聖人之言包含萬物之理。顏璫我學問淺薄，全然不諳中國理義。……（摘自：康熙四十五年五月廿七日〔1706.7.7〕〈武英殿總監造赫世亨奏報西洋人情形摺〉）
>
> 硃批：……再對顏璫之書有議論。由此觀之，半半落落，無頭沒尾，止以其略知之非事與天主教比較而已，何無一言讚揚五倫仁義為是耶？此人心淺窄……此輩小氣之處，書之未窮。（摘自：康熙四十五年六月初四日〔1706.7.13〕〈武英殿總監造赫世亨進書並報西洋人情形摺〉）〔註21〕

前次上書已使顏璫驚懼不已，何況需要面奏。且顏璫自覺中文修養不夠，又覺此舉逾越本分，對宗教事務作出裁決乃教宗之權。故其對耶穌會士有怨懟之氣，可以想見。照康熙之旨意，顏璫須得再次摘錄出中文典籍與天主教教理枘鑿不入之處。且皇帝有意不讓耶穌會士伸出援手，就等多羅與顏璫自投羅網。〔註22〕

四十五年六月廿三日（1706.8.1），顏璫於行宮覲見皇帝。皇帝原先親自考校顏璫對經學典籍的掌握，不曾想顏璫遑論閱讀四書五經，竟然連基本的漢字都不識幾個。甚至，問答之間，顏璫因僅會閩語，不通官話，需要親信巴多明（Dominique Parrenin，1665～1741）充當翻譯。與耶穌會士相較，差距

第6冊，頁263～264；康熙四十五年六月十三日〈武英殿總監造赫世亨等奏報向西洋人宣諭旨摺〉、康熙四十五年六月十六日〈武英殿總監造赫世亨等奏報西洋人啟程日期摺〉，見中國第一歷史檔案館編譯，《康熙朝滿文硃批奏摺全譯》（北京：中國社會科學出版社，1996年），頁423～424、426。

〔註20〕羅光，《教廷與中國使節史》，頁116。

〔註21〕顏璫之名，滿文檔案翻譯不同，為求上下文一致，皆改作顏璫。中國第一歷史檔案館編譯，《康熙朝滿文硃批奏摺全譯》，頁420、421。

〔註22〕張國剛，《從中西初識到禮儀之爭──明清傳教士與中西文化交流》，頁470。

竟如此懸殊，高下立判。康熙甚至在次日與第三日，兩度批示，對顏璫不通中文卻「妄圖」曲解中國經義的行為再次表示惱怒：「愚不識字，擅敢妄論中國之道」，「既不識字，又不善中國語言。對話須用翻譯。這等人敢談中國經書之道，像站在門外，從未進屋的人，討論屋中之事，說話沒有一點根據。」〔註23〕第四日，康熙又有旨意傳示顏璫，指責他們的言行非為傳教，而是毀教。〔註24〕至此形勢大變，康熙勃然大怒，至此對多羅也心生厭惡。

　　六月廿九日（8.7），帝命顏璫回京。四日後抵達，旋即軟禁北堂，直至12月被驅逐。期間多羅控訴耶穌會士，羈押顏璫時給其帶上鐐銬。七月初三日（8.10），多羅得到報告，獲知顏璫此次觀見的詳情。〔註25〕多羅自知獲罪於君上，恐似顏璫一般，凶多吉少。果然如此，稍後不久，七月初十日（1706.8.17），康熙再次下旨強調多羅舊有之聲明，並不再藉助在京耶穌會士之口，直接出言威脅多羅，言語中甚至帶有驅逐之意。〔註26〕

　　多羅的表裡不一，顏璫的不通中文，多番的搬弄是非，最終觸怒了康熙皇帝。以白晉為正使、沙國安（Sabino Mariani，1665～1721）為副使的出使羅馬的友善之舉，就此作罷，使者從廣州召回。〔註27〕不僅如此，旨意字裡

〔註23〕此處的康熙批示由拉丁文回譯，引自：羅光，《教廷與中國使節史》，頁117。

〔註24〕Collani, Claudia Von. "Charles Maigrot's Role in The Chinese Rites Controversy." *The Chinese Rites Controversy: Its History and Meaning*. Ed. by Mungello D. E. Nettetal: Steyler Verlag, 1994. 167.

〔註25〕Collani, Claudia Von. "Charles Maigrot's Role in The Chinese Rites Controversy." *The Chinese Rites Controversy: Its History and Meaning*. Ed. by Mungello D. E. Nettetal: Steyler Verlag，頁473；羅光，《教廷與中國使節史》，頁117。

〔註26〕「頒旨問多羅曰：爾到此即奏稱：來中國之西洋教徒，蒙聖主體恤施恩，教化王聞之，感恩戴德，特派我謝恩，此外並無他事。……爾於朕前屢次奏稱並無他事，而今頻頻首告他人，以是為非，隨意偏袒，由此觀之，甚為卑賤無理。爾自稱教化王所遣之臣，又無教化王表文。或係教化王所遣之人，抑或冒充，相隔數萬里，虛實亦難斷。今博津（應為白晉）、沙國安將賞物全行帶回。嗣後不但教化王所遣之人，即使來中國修道之人，俱止於邊境，地方官員查問明白，方准入境耳。先來中國之舊西洋人等，除其修道、計算天文、律呂等事項外，多年並未生事，安靜度日，朕亦優恤，所有自西洋地方來中國之教徒，未曾查一次。由於爾來如此生事作亂，嗣後不可不查，此皆由爾所致者。」康熙四十五年七月初十日〈武英殿總監造赫世亨等奏報西洋人情形摺〉。中國第一歷史檔案館編譯，《康熙朝滿文硃批奏摺全譯》，頁435。

〔註27〕羅馬特使遠道而來，出於禮節，康熙決定派遣使團回訪羅馬。然多羅質疑耶穌會的之立場以及白晉乃康熙心腹，打算讓沙氏居於白晉之上。康熙同意，並派遣趙昌送行至廣州。隔日，趙昌奏報言說使者需通中文，以便解釋禮物之意涵，康熙遂改易旨意，升白晉為正使，降沙國安為副使。在多羅看來，

行間顯露出皇帝對羅馬的敵意，以及政策的轉向，即對西洋人進行嚴格審查與管理。宣旨的內侍赫世亨（1645？～1708）與趙昌（1654～1729）在奏摺中一併隨附勸說多羅需擺正姿態，聲明中國對西洋人的管轄權：「我等本以為教化王諒能調和通下爾等教徒，原來不能管理。爾等西洋之人，如來我中國，即為我中國人也。若爾不能管束，則我等管束何難之有」〔註28〕，或出自皇帝之意。至此，多羅決定離京，上書康熙，帝允准。傳教士的語言問題，在此次交鋒中暴露無遺，成為引爆禮儀之爭康熙政策轉向的火藥。

二、政策陡轉：「權力之爭」與收編天主教

七月十三日（8.20）多羅離京南下〔註29〕，十一月十三日（12.17）抵達

此乃耶穌會士運作的結果，是對他權威的挑釁。根據滿文檔案，原計劃由內務府準備驛馬船隻送白、沙二人至金、廈門出海赴歐洲，倘若船隻已起航，則轉往廣州。若也無船可坐，則廣州既有天主堂，將西洋人交予巡撫看管，再等來年出發。康熙四十四年十一月廿日（1706.1.4），使團離開北京，日夜兼程南下。廣州，希望趕上英國 Emuis 號。然二人至廣州時，船已駛離廣州，二人遂在廣州候船。到此份旨意，康熙四十五年七月初十日（8.17）準備召回使團。九月初三日（10.9）的旨意再次提及，召回白、沙二氏，禮物暫存，並需要確認真有羅馬特使來華。十二月初八日（1707.1.11），筆帖式布爾賽攜白、沙二氏及賞物到京。在赴廣州期間，禮箱鑰匙由正使白晉保管。然隨行的長上張誠聽從多羅之安排，欲壓迫將鑰匙交給沙國安，致使白、沙二人不合。此事，也成為康熙召回使團的重要原因之一。也因此事，張誠獲罪於康熙，不再受寵。詳見：陳方中、江國雄，《中梵外交關係史》，頁68；羅光，《教廷與中國使節史》，頁111～112；康熙四十五年七月初十日〈武英殿總監造赫世亨等奏報西洋人情形摺〉、康熙四十五年九月初六日〈武英殿總監造赫世亨進書並報西洋人情形摺〉、康熙四十五年十二月初九日〈武英殿總監造赫世亨奏報西洋人迎駕日期摺〉，分別見中國第一歷史檔案館編譯，《康熙朝滿文硃批奏摺全譯》，頁435～436、462、476；康熙四十四年十一月十八日〈總管內務府為白晉等準備驛馬船隻到廈門出海赴歐洲事行文兵部〉、康熙四十四年十一月十九日〈總管內務府為白晉、沙國安奉命出使羅馬並備有禮品事行文兵部〉，見中國第一歷史檔案館、中國海外漢學中心合編，安雙成編譯，《清初西洋傳教士滿文檔案譯本》（鄭州：大象出版社，2014年），頁292～293；〔德〕柯蘭霓《耶穌會士白晉的生平與著作》，頁52。

〔註28〕康熙四十五年七月初十日〈武英殿總監造赫世亨等奏報西洋人情形摺〉。中國第一歷史檔案館編譯，《康熙朝滿文硃批奏摺全譯》，頁435。

〔註29〕此為方豪提出的時間，他認為8月11日，皇帝便將顏璫之事告於多羅。多羅便准請離京，帝立即照准。於是，8月20日，多羅離開北京南下。張國剛則發現柯蘭霓引用外文資料，言說多羅於8月28日，方才離開，足見中西材料有所扞格。至於為何離京，張國剛也提出兩種原因：其一，羅馬關於中國禮儀的結論多羅已然知曉，需脫身離開；其二，實乃康熙驅逐之意已顯，多羅

南京。期間，康熙帝也開始了一系列新的舉措，應對禮儀之爭與羅馬的介入。
其一，康熙決定再次派遣使團出使羅馬，表達禮儀問題的中國意見。九月初
六日（10.12），康熙下旨，將白晉、沙國安帶回，禮物暫存廣州。令耶穌會
士龍安國（Antoine de Barros，1664～1708）、薄賢士（Antoine de Beanvollier，
1656～1708）充當使者，前去羅馬與教宗溝通。〔註30〕四十五年十一月三十
日（1707.1.3），使團乘坐「昂格利亞國」（英國）船自廣州起航，十二月十
三日（1.16）至海口，初四日（應為二月〔3.7〕），預計四十六年七月（1707.8）
到達西洋。〔註31〕可惜二人雖乘不同船隻赴里斯本，但皆於 1708 年 1 月 20
日在葡萄牙外海，遭遇風暴而沉船，均未能生還。〔註32〕其二，在多羅抵達
金陵的同一日（12.17），康熙下令驅除或緝捕多羅的幫兇。多羅之翻譯及秘
書畢天祥（Louis Appiani，1699～1732）遣發原屬教區四川監禁（在川審問
無果，又解回京師，囚禁二載，又充發廣州，予以收監。至 1723 年獲釋，
1732 年逐至澳門，次年去世），顏璫、多羅派任之浙江代牧主教何納篤
（Giovanni Donato Mezzafalce，1661～1720）皆逐至澳門。〔註33〕其三，出
台領票制度，登記國籍、年歲、現居地址、隸屬哪一修會等，嚴格管理在華
耶穌會士。據《正教奉褒》載：

> 康熙四十五年冬。駐京西士，齊趨內殿。上面諭云：朕念你們，欲
> 給爾等敕文。爾等得有憑據，地方官曉得你們來歷，百姓自然喜歡
> 進教。遂諭內務府：凡不回去的西洋人等，寫票用內務府印給發。
> 票上寫西洋某國人，年若干，在某會，來中國若干年，永不復回西

不得不離開。張國剛，《從中西初識到禮儀之爭——明清傳教士與中西文化交
流》，頁 473～474。

〔註30〕康熙四十五年九月初六日〈武英殿總監造赫世亨進書並報西洋人情形摺〉。中
國第一歷史檔案館編譯，《康熙朝滿文硃批奏摺全譯》，頁 462。

〔註31〕康熙四十六年二月十一日〈赫世亨奏為龍安國、薄賢士已乘英國船自廣州啟
赴歐洲事硃批奏摺〉。中國第一歷史檔案館、中國海外漢學中心合編，安雙成
編譯，《清初西洋傳教士滿文檔案譯本》，頁 310。

〔註32〕此事歷經多年，不見回音，帝試圖尋覓二人，無確切消息。要至 1718 年，準
確消息方才傳來，康熙乃知二人遭難。陳方中、江國雄，《中梵外交關係史》，
頁 73、76。

〔註33〕方豪，《中國天主教史人物傳·中》，頁 324；羅光，《教廷與中國使節史》，頁
118；陳方中、江國雄，《中梵外交關係史》，頁 72；〔法〕樊國棟（Alphonse
Favier），《燕京開教署》（北京：救世堂，1905），收入輔仁大學天主教史料研
究中心編，《中國天主教史料彙編》（臺北：輔仁大學出版社，2003 年），頁 8。

洋，已經來京朝覲陛下，為此給票，兼滿漢字。……〔註34〕

此令茲事體大，京師耶穌會士於十一月十四日（12.18）日覲見後，同日函告在華各會修士，勸說領票。〔註35〕

　　結果，多羅知曉親信遭逐，又聞知領票制度，於是最終決定拿出「殺手鐧」，震懾耶穌會士與反制皇帝諭令。四十五年十二月廿二日（1707.1.25），多羅於南京天主堂宣佈教宗禁令，明確禁止中國禮儀。〔註36〕此舉可謂與康熙帝短兵相接，局面於焉失控。此時，康熙帝開始了第六次，也是最後一次南巡（正月廿二日［2.24］由暢春園啟行）。〔註37〕二月廿三日（3.26），御舟泊淮安府清江浦，不見傳教士前來覲見領票，頗為驚異，著巴多明前來問話，巴氏答曰不，帝遂遣直郡王赴鎮江打探。〔註38〕二月廿七日（3.30）日，御舟泊揚州府。〔註39〕次日，巴多明稟直郡王鎮江有五位耶穌會士請求面聖，帝准。廿九日（4.1），多羅宣佈禁令時在場的耶穌會副省長穆若瑟（又作穆德我）帶領安懷仁（António Ferreira，1671～1741，又作安道義）、李若瑟（Joseph

---

〔註34〕〔清〕黃伯祿，《正教奉褒》（上海：上海慈母堂1883年），收入輔仁大學天主教史料研究中心編，《中國天主教史料彙編》，頁557。

〔註35〕羅光，《教廷與中國使節史》，頁118。

〔註36〕多羅先在1月18日去信責罵北京耶穌會士。同日，多氏召來在鎮江的耶穌會副省長穆若瑟（Joseph Monteiro，1646～1718）。1月25日，多羅以自己名義發佈教令。之後的中國新年，多羅展示正確禮儀。新年後，正月初五日（1707.2.7），多羅將南京附近傳教士宣至住所（傳信部住院），由秘書安德魯·坎特拉（Andrew Candela）當場公佈。多羅宣佈完，在座傳教士穆若瑟希望公佈「南京禁令」為基礎的教宗敕令。然此時教宗敕令副本尚未到多羅之手，故未能公開。期間，穆氏曾試圖阻止多羅，言及皇帝已新派使團上訴教宗，應等待教宗回復，再行處置。多羅並不認可，並繼續提出，若在華傳教士不遵此令，「敢自作主張，不按指示去答覆的，馬上受『棄絕』的重罰（即『破門律』，開除教籍）。『棄絕』重罰的赦免權，由聖座和特使加以保留。」在場耶穌會士如穆若瑟也無他法，只能於次日簽字。張國剛，《從中西初識到禮儀之爭——明清傳教士與中西文化交流》，頁466、478～480；羅光，《教廷與中國使節史》，頁119；1707年1月25日，多羅在南京發佈的文件，詳見：〔美〕蘇爾（Donald F. St. Sure）、〔美〕諾爾（Ray R. Noll）編，沈保義等譯，《中國禮儀之爭西文文獻一百篇（1645～1941）》（上海：上海古籍出版社，2001年），頁48～52；教宗1704年〈禁約〉一文，見康熙五十九年譯呈之〈教王禁約〉，見：陳垣識，《康熙與羅馬使節關係文書》，頁87～93。

〔註37〕《清實錄·聖祖仁皇帝實錄》，第6冊，頁284。

〔註38〕《清實錄·聖祖仁皇帝實錄》，第6冊，頁290；羅光，《教廷與中國使節史》，頁120。

〔註39〕《清實錄·聖祖仁皇帝實錄》，第6冊，頁290。

Pereira，1674～1731）、瞿良士（Emmanuel de Mata，1667～1724）、索瑪諾
（Emmanuel de Souze，1677～1732）來見直郡王。郡王質問是否願意領票，
然穆氏等人俱已在多羅面前宣誓，答以多羅特使已下教宗禁令，不得不遵從。
〔註40〕三月初一（4.3），帝逐五人至廣州天主堂看管，不許傳教，待龍、薄二
氏歸來再行議處。〔註41〕三月初六日（4.8），上抵江寧府，此時多羅已離南京
趕赴廣州。〔註42〕南京主教林安多（Antoine de Silva，1654～1724；1707年
由多羅選定，南京禁令中發誓並簽字遵從多羅的禁令）帶領十一位傳教士，
請求領票。巴黎外方傳教會士赫宣（Petrus Hervé）與多羅使團之施體仁
（Francesco San Giorgio di Biandrate）拒絕領票。帝怒，命江寧總督巡撫，限
五日內將之押解至澳門，隨多羅返歐。〔註43〕此處可知悉，康熙對待耶穌會
士與其他修會會士的區別——耶穌會士遣至廣州（尚在內地），其他修會逐至
澳門。

三月十一日（4.13），御駕至蘇州。帝過天主堂，堂內耶穌會士俱跪迎聖
駕，仰覲天顏。帝喜，許賜永居票。月半日（4.17），帝命閔明我通知多羅，
盡速離境。〔註44〕十七日（4.19），耶穌會士孟由義（Emmanuel Mendes，1656
～1743）等九人在蘇州向皇帝請安並求票，帝下旨重申「瑪竇的規矩」與領
票制度：

> 奉旨諭：眾西洋人，自今以後，若不遵利瑪竇的規矩，斷不准在中
> 國住，逐回去。若教化王因此不准爾等傳教，爾等既是出家人，就
> 在中國住着修道。教化王若再怪你們遵利瑪竇，不依教化王的話，
> 教你們回西洋去，朕不教你們回去。倘教化王聽了多羅的話，說你
> 們不遵教化王的話，得罪天主，必定叫你們回去。那時候朕自然有

〔註40〕羅光，《教廷與中國使節史》，頁120；傳教士外文名與生卒年，參考：〔法〕
　　　　費賴之，馮承鈞譯，《在華耶穌會士列傳其書目》。

〔註41〕康熙四十七年四月初十〈總管內務府為知照頒給印票與否西洋人等名單事致禮
　　　　部咨文〉，收入中國第一歷史檔案館、澳門基金會、暨南大學古籍研究所合編，
　　　　《明清時期澳門問題檔案文獻彙編》（北京：人民出版社，1999年），冊1，頁82。

〔註42〕《清實錄‧聖祖仁皇帝實錄》，第6冊，頁291。

〔註43〕羅光，《教廷與中國使節史》，頁120，頁120～121；〔法〕費賴之著，馮承鈞
　　　　譯，《在華耶穌會士列傳其書目》，頁486；張國剛，《從中西初識到禮儀之爭
　　　　——明清傳教士與中西文化交流》，頁480。

〔註44〕《清實錄‧聖祖仁皇帝實錄》，第6冊，頁293；羅光，《教廷與中國使節史》，
　　　　頁122。

話說，說你們在中國年久，服水土，就如中國人一樣，必不肯打發
回去。……朕如此帶信去爾教化王，萬一再說爾等得罪天主，殺了
罷。朕就將中國所有西洋人等都查出來，盡行將頭帶與西洋去。設
是如此，你們的教化王也就成個教化王了。你們領過票的，就如中
國人一樣。爾等放心，不要害怕領票。俟朕回鑾時，在寶塔灣同江
寧府方西滿等十一人一同賜票。欽此。〔註45〕

從上述旨意與康熙的一些列舉措可以發覺，所領之票即類今之「綠卡」，須得
覲見皇帝並且當面宣誓常居中國，不再返回西洋，方才給票。由此，領票的
傳教士成為了中國的「永久居民」，屬中國臣民，受中國皇帝節制。文化上也
要遵利瑪竇的規矩，服膺中國文化而非以羅馬馬首是瞻。在這裡，康熙一再
暗示，他才是中國天主教會的靠山或保護人，而非教宗。一再勸說不必擔心
教宗的召回，並言明會向教宗親自說明，勸服西洋人放心領票。〔註46〕凡有
不接受領票者，即挑釁皇權，皆要遞解出境。而皇帝與多羅則徹底決裂，命
人將多羅逐出廣州，交由澳門總督看管。〔註47〕由此可見，康熙欲徹底驅逐

〔註45〕陳垣識，《康熙與羅馬使節關係文書》，頁 13～14。

〔註46〕同年 11 月。康熙再次派遣不同國籍（前次使團中，龍為葡籍，薄為法籍）的
耶穌會士義人艾遜爵（Joseph-Antoine Provana，1662～1720）與西人陸若瑟
（Raymond-Jeseph Arxo，1659～1711）為專使，攜帶詔書副本出使羅馬。使
團 1709 年 9 月至羅馬，為中國禮儀問題上書教宗並與多羅支持者展開辯論。
後或出於多羅被囚的消息傳來，教宗限制二人行動，不得返回中國。艾氏扣
留義國多年，欲回華復命。不幸於 1720 年 2 月 7 日，因舊疾未愈，行至好望
角附近歿於時舟中。後遺體運回廣州，帝遣大臣為之營墓。陸若瑟事後返鄉，
也曾試圖登舟赴華。不幸於 1711 年染病去世。康熙派遣的兩次使團，最終都
沒有得到回應。自第一次使團出訪之後數年，在康熙收到明確消息前，只要
有歐洲船隻載傳教士來華，皆會詢問是否帶來教宗信函。如捷克耶穌會傳教
士嚴嘉樂（Charles Slaviczek，1678～1735）在 1716 年書信中記載，他們 9 月
14 日夜剛到廣州，21 日便有皇帝大臣自滿洲來，了解歐洲人來華目的與所會
技藝，尤其對教廷傳信部的義大利神父進行認真盤問，是否受到教宗答覆。
〔法〕費賴之，《在華耶穌會士列傳其書目》，頁 416～417、483～486；陳方
中、江國雄，《中梵外交關係史》，頁 74；嚴嘉樂的書信為 1716 年 11 月 8 日
〈嚴嘉樂從廣州寄給布爾諾尤里烏斯‧茲維克爾的信〉，見〔捷克〕嚴嘉樂
（Charles Slaviczek）著，叢林、李梅譯，《中國來信（1716～1735）》（鄭州：
大象出版社，2002 年），頁 27。

〔註47〕三月廿一日（5.3），帝幸杭州，接見浙、閩傳教士。問能否接受利瑪竇之規
矩，眾教士曰否。帝怒，命驅逐十人至澳門，一人拘廣州天主堂。帝早已疑
心多羅之身份，隨即，令差官赴廣東，命多羅取出來華國書或教宗任命狀，
多羅拒不交出（國書實際上在南京已然譯成，交予施體仁，然施氏早在南京

聽從多羅及其背後的羅馬教廷的傳教士，留下永居中國的西洋人，建立自己的天主教教權。

　　白晉在京，在京耶穌會士於四十五年年末旨意之後不久便迅速領票。根據康熙四十七年三月廿二日（1708.4.12）的之〈總管內務府為部分在華西洋傳教士已領取信票事行文山東巡撫〉內務府行文檔中，馬若瑟在康熙旨意後迅速登記領票：「（四十六年四月二十六日［1707.5.27］）西洋法郎西亞國人馬若瑟，四十四歲，耶穌會人，現住湖廣省漢陽府」，郭中傳亦已登記：「（四十六年四月初四日［1707.5.5］）西洋法郎西亞人郭仲傳，四十三歲，耶穌會人，現住寧波府」。四十七年四月初十日（5.29）〈總管內務府為轉行西洋傳教士何人領取信票何人未領取信票行文禮部〉內務府行文，登記傅聖澤於業已領票：「西洋法郎西亞人傅聖澤，四十二歲，耶穌會人，現住江西省臨江府」。〔註48〕至此，耶穌會索隱派眾人皆已領票，受「如中國人一樣」的法令制約，遵守利瑪竇的規矩。

　　面對領票制度，教宗克肋孟十一世再次重申 1704 年之禁約，再次頒布《自登基之日》（1715）通諭，反對中國禮儀。〔註49〕1716 年初，教宗致信葡萄牙國王，指出中國禮儀存在迷信嫌疑，要求葡王支持聖座反對中國禮儀的教令。〔註50〕爾後，1719 年 9 月 30 日致信照會康熙帝，指陳他將任命亞歷

被逐），遂押送至澳門。帝南巡回鑾時，於臨清再次驅逐與多羅關係密切的傳教士。特使訪華一事，教宗未通知擁有保教權的葡王，以致葡王不滿。澳門葡國官員因多羅未經葡國介紹赴華，故拒絕承認多羅為教廷特使。故，澳門方面樂於完成康熙的指令。隨即將多羅拘禁，以致多氏最終埋骨澳門。羅光，《教廷與中國使節史》，頁 122～123；蕭靜山，《天主教中國傳行考》（獻縣：獻縣天主堂，1923 年），收入輔仁大學天主教史料研究中心編，《中國天主教史料彙編》，頁 188。

〔註48〕以上公文分別見：中國第一歷史檔案館、中國海外漢學中心合編，安雙成編譯，《清初西洋傳教士滿文檔案譯本》，頁 315、314、319。

〔註49〕在此之先，多羅推薦在朝廷任職的三名非耶穌會士——山遙瞻（Guillaumus Fabre Bonjour，1669～1714，奧思定會）、前文提及的馬國賢（義大利庱勞會）、德理格（Teodorico Pedrini，1671～1746，米蘭外方傳教會），雖然領票，實則支持多羅。在教宗發佈諭令之前，德、馬二人因屬義大利籍貫，更由聖座傳信部派來，又非耶穌會士，故屢屢向羅馬傳信部報告。如德氏更是斷言，康熙的態度完全受耶穌會左右。方豪，《中國天主教史人物傳·中》，頁 326～327；三名傳教士所屬修會信息，見李天綱，〈康乾中梵交往及其世界史意義：《清廷十三年——馬國賢在華回憶錄導言》〉，收入〔義〕馬國賢（Matteo Rippa）著，李天綱譯，《清廷十三年：馬國賢回憶錄》（上海：上海古籍出版社，2004），頁 33。

〔註50〕詳見〈教宗克萊孟十一世致我們主內親愛的兒子，傑出的葡萄牙和阿爾加維

山大的宗主教嘉樂（Carlo Ambrogio Mezzabarba，1685～1741）接替多羅主教為宗座代表與宗巡閱使。並辯解是康熙特使龍、薄、艾、陸等人（乃至整個耶穌會）蓄意誤導中國皇帝（可以看到德理格等人報告的影響），認為禮儀問題是出在羅馬對有關情況缺乏了解，同時說明了三人（此時艾氏才出發不久）的不幸遭遇。〔註51〕為求此次使團不再重蹈多羅之覆轍，嘉樂一行於五十九年二月十七日（1720.3.25）自里斯本出發，八月廿七（9.28）日到澳，九月十一日（10.12）抵廣州，並立刻向廣東官員通報身份與來華目的。十一月年七日（12.6），使團抵京。據康熙御批《嘉樂來朝日記》，康熙接見嘉樂達十三次之多。〔註52〕

以下，便將重要旨意或嘉樂之回答擇要摘錄，一一陳列：

十一月廿六日（1720.12.25），康熙命趙昌等去琉璃河詢問嘉樂特使來華目的。嘉樂答曰：「遠臣嘉樂實是教王所使。教王使臣請皇上安，求皇上隆恩有兩件事：一件求中國大皇帝俯賜允准，著臣管在中國傳教之眾西洋人；一件求中國大皇帝俯賜允准，著中國入教之人俱依前歲教王發來條約禁止之事。」

十一月廿七日（12.26），康熙命趙昌等至拱極城傳旨：「爾教王所求二事，朕俱俯賜允准。但爾教王條約與中國道理大相悖戾。天主教在中國行不得，務必禁止。教既不行，在中國傳教之西洋人，亦屬無用。除會技藝之人留用，再年老有病不能回去之人，仍准其留存。其餘中國傳教之人，爾俱帶

國王約翰（John）〉書信，收入〔美〕蘇爾、〔美〕諾爾編，沈保義等譯，《中國禮儀之爭西文文獻一百篇（1645～1941）》，頁75～77。

〔註51〕見1719年9月30日〈教宗克萊孟十一世致難靶和中國傑出的至高權力的皇帝〉國書。〔美〕蘇爾、〔美〕諾爾編，沈保義等譯，《中國禮儀之爭西文文獻一百篇（1645～1941）》，頁78～84。

〔註52〕詳見：〔清〕黃伯祿，《正教奉褒》，收入輔仁大學天主教史料研究中心編，《中國天主教史料彙編》，頁564；康熙五十九年〈康熙硃筆刪改嘉樂來朝日記第十三〉，收入陳垣識，《康熙與羅馬使節關係文書》，頁40～85；歐陽哲生，《古代北京與西方文明》，頁304；康熙五十九年九月初四日（1720.10.5）〈兩廣總督楊琳廣東巡撫楊宗仁奏報西洋教化王使臣嘉樂到粵隨從西洋人中會技藝者十人委員伴送入京摺〉、五十九年九月十六日（10.17）〈兩廣總督楊琳廣東巡撫楊宗仁奏報接待西洋教化王使臣啟程入京摺〉、五十九年十一月十二日（12.11）〈兩廣總督楊琳廣東巡撫楊宗仁奏報接待西洋教化王使臣嘉樂啟程入京摺〉、五十九年十一月十八日（12.17）〈康熙為教化王特使嘉樂來華一事致西洋人諭〉，分別見中國第一歷史檔案館編，《清中前期西洋天主教在華活動檔案史料》（北京：中華書局，2003年），頁31～34。

回西洋去。且爾教王條約，只可禁止爾西洋人，中國人非爾教王所可禁止。其准留之西洋人，着依爾教王條約，自行修道，不許傳教。此即准爾教王所求二事，此旨既傳，爾亦不可再行乞恩續奏。……再顏璫原係起事端之人，爾怎不帶他同來？欽此。」次日康熙再次下旨，表達排斥之意：「朕之旨意前後無二，爾教王條約與中國道理大相悖謬。……爾即回去，西洋人在中國不得行教，朕必嚴行禁止。」隨著康熙康熙年歲的漸長而精力不濟，似乎開始放棄收編在華西洋天主教徒，驅逐禁教之心再起，以圖一勞永逸，但堅守中國教徒必須為朝廷所控的底線。

十一月廿九日（12.28），帝再次命人傳旨嘉樂，言明嘉樂其言行不知感恩中國皇帝的恩典，似要學多羅生事。倘或如此，必要收回恩典，將「叛徒」顏璫、德理格〔註53〕懲辦：「嚴璫、德里格等不通小人，妄帶書信，以致壞事。

〔註53〕根據馬國賢的回憶，在 1720 年 2 月 8 日，即有差官將德理格抓走。馬氏跟隨進宮詢問德氏被捕之因，被告知在早朝之時，德氏未和其他西洋人一樣，行嚴格的跪拜禮，特別是在皇后去世之時，就已經犯過類似的輕忽之罪。在該年萬壽節，馬氏等人敬獻製作的新奇禮物。幾日後，馬氏在御花園遇到皇帝，帝問馬氏德理格年齡幾何。馬氏認為這是皇帝要再度寵信德理格的預兆。由此可知，德理格更為嚴格執行羅馬的命令，而馬國賢則能變通。不想，該年十一月十八日（12.17），帝命西洋人蘇霖（Joseph Suarez，1656～1736）、白晉、巴多明、穆敬遠（Jean Mourao，1681～1726）、戴進賢（Ignace Kögler，1680～1746）、嚴嘉樂、麥大成（Jean- François Cardoso，1676～1726）、倪天爵（Jean-Baptiste Gravereau，1690～1757）、湯尚賢（Pierre-Vincent de Tartre，1669～1724）、雷孝思（Jean-Baptiste Régis，1663～1738）、馮秉正（Joseph-François-Marie-Anne de Moyriac de Mailla，1669～1748）、馬國賢、費隱（Xavier-Ehrenbert Fridelli，1673～1743）、羅懷忠（Jean-Joseph da Costa，1679～1747）、安泰（Etienne Rousset，1689～1758）、徐茂盛（Jacques-Philippe Simonelli，1680～1755？）、張安多（Antoin de Magaihaens，1677～1735）、殷弘緒（François-Xavier d'Entrecolles，1662～1741）至乾清宮西暖閣觀見。帝重申利瑪竇的規矩，怒斥多羅誤聽不通文理的顏璫。事後，康熙要求全體傳教士簽字，然德理格不簽。約第二日，康熙痛責德理格：「德立格無知光棍之類小人。昨日不寫名字，甚屬犯中國之罪人。即爾在御前面諭之際，每每關係自己之事，即推開叫別人傳說。此等姦人，中國少見。」又有數筆，告訴皇帝，德氏惑亂欽使，帝命杖之，縛以鐵索九條，因於監中。迨使者去，始放出，禁於京師法國耶穌會館。於嘉樂來京之前，康熙此舉似乎已然放棄控制全部傳教士效忠皇帝，再度提及禁教的想法。詳見：〔義〕馬國賢，《清廷十三年：馬國賢回憶錄》，頁 85～86；康熙於五十九年十月十八日〈康熙於嘉樂來時面諭西洋人第十一〉、五十九年〈康熙為德理格不寫名字諭嘉樂第十二〉，收入陳垣識，《康熙與羅馬使節關係文書》，頁 33～38、39；〔法〕樊國棟，《燕京開教畧》，頁 382。

朕因教王使臣到廣東……俱奏使臣言語順當，毫無他說。朕已經於眾西洋人前，面諭嚴襠之罪。朕不再問及德里格，亦從寬恕，德理格已經謝恩，眾西洋人亦感激涕零，同朕謝恩。不意爾如此辯論是非，又致生事。朕今以國法從事，務必救爾教主，將嚴襠送來中國正法，以正妄言之罪。德里格之罪，證亦必聲明，以正國典。」最後，康熙再次強調語言的重要：「爾西洋人，不通中國詩書，不解中國文義，如何妄辯中國道理？」

十二月初三日（12.31），嘉樂在眾多旨意之後，第一次朝見康熙。嘉樂著本國服色，行三拜九叩大禮。帝再次指明通中文字義的基本要求：「爾西洋人不解中國字義，如何妄論中國道理之是非？」

十二月十七日（1721.1.14），嘉樂第四次面聖，康熙頒旨重要旨意，即「語言必重」與通曉中國典籍的底線：「中國說話直言無隱，不似爾西洋人曲折隱藏。朕今日旨意，語言必重，且爾欲議論中國道理，必須深通中國文理，讀盡中國詩書，方可辯論。」帝再次告訴嘉樂，若傳教士有不合天主教規定之處，就盡行帶他們回西洋。

十二月廿一日（1.18），西洋人將教王禁約譯出，呈皇帝御覽。帝批曰不通漢文：「覽此條約，可說得西洋人等小人，如何言得中國之大理。況西洋人等，無一人通漢書者。說言議論，令人可笑者多。今見來臣條約，竟是和尚、道士異端小教相同，彼此亂言者，莫過如此。以後不必西洋人在中國行教，禁止也可，免得多事。欽此。」嘉樂聞之大驚，立刻回奏當日譯出《條約解說》。

次日，康熙御覽《條約解說》，似乎有些忍無可忍，再次批示：「朕理事最久，事之是非真假，可以明白。此數條都是嚴襠當日御前數日講過使不得的話。他本人不識中國五十個字，輕重不曉，辭窮理屈，敢怒而不敢言。恐其中國致於死罪，不別而逃回西洋，搬鬥是非，惑亂眾心。乃天主教之大罪，中國之反叛。……而且嚴襠不通訛字錯寫，被中國大小寒心。方知佛、道各種異端相同乎！欽此。」

十二月廿三日（1.20），嘉樂第五次觀見，皇帝召集眾西洋人，再度傳旨，說明「語言必重」：「朕前日已有旨意，辯論道理，語言必重。爾西洋人，自己流入異端之處，自己不知，反指中國道理為異端。」〔註54〕

〔註54〕以上康熙硃批或諭旨，皆引自康熙五十九年〈康熙硃筆刪改嘉樂來朝日記第十三〉，收入陳垣識，《康熙與羅馬使節關係文書》，頁40～85。

　　禮儀之爭中，部分傳教士不通中國文字，不知中國文理，不習中國典論，卻妄論中國道理，信口雌黃，敗壞康熙的天主教政策。面對教廷咄咄逼人之勢，在禮儀之爭中不肯退讓，康熙帝決意遣返除了身懷技藝、年老體弱以外西洋人。原本試圖將天主教會納入彀中的想法，面對部分傳教士的陽奉陰違與羅馬的再三阻撓，以及康熙帝的年歲漸老，大業已成，最終決定放棄這一構想，於康熙五十九年施行不嚴格的禁教政策。〔註55〕

　　年節時分，皇帝於十二月廿九日（1.26）、六十年正月十四日（2.10）、十八日（2.14）、廿一日（2.17）等日接待嘉樂。十四日，帝面諭嘉樂，使臣之事了已，特使可返西洋，帝無國書，一切皆由嘉樂傳達；廿一日，帝將贈與教宗與葡國國王的禮物交予嘉樂，並令張安多隨嘉樂赴里斯本，李秉忠護送特使至澳門；廿四日（2.20），帝再召嘉樂，出示《嘉樂來朝日記》，命其轉送教宗。〔註56〕二月初四（3.1）特使陛辭，並請釋放德理格，帝不允；初六日（2.6），特使離京南下；五月二日（5.27）抵澳，並於十一月初三日（10.3），發函所有在華及周邊國家之主教、宗座代牧與傳教士，以「八項特許」解釋《自登基之日》憲章，予以一定程度上緩和「南京禁令」，並不許譯成中文或滿文，否則受「破門律」重罰；十月廿一日（12.9），嘉樂攜多羅棺槨由澳門出發，動身返歐。〔註57〕至此，康熙朝禮儀之爭畢。

〔註55〕康熙在五十六年（1717）之「遺詔」中自述其在四十七年（1708）後身體每況愈下，且天下承平已久而生息惰之心，對許多事已心有餘而力不足：「自康熙四十七年大病之後過傷心神，漸不及往時，況日有萬機，皆由裁奪！……近日多病，心神恍惚，身體虛憊，動轉非人扶掖，步履難行。當年立心以天下為己任，許死後而已之志，今朕抱病怔忡健忘，故深懼顛倒是非，萬機錯亂，心為天下盡其血，神為四海散其形。既神不守舍，心失怡養，目不辨遠近，耳不分是非，食少事多，豈能久存？況承平日久而人心懈怠，福盡禍至，泰去否來，元首叢脞而股肱惰。至於萬事墮壞而後必然招天災人害，雜然並至，雖心有餘而精神不逮，悔過無及，振作不起，呻吟牀榻，死不瞑目，豈不痛恨於未死！」而禮儀之爭在此後又起，康熙帝難有心力反覆處理該事，也懼怕此事處理不善而招天災人禍，禁教之策確可達一了百了之效。《清實錄・聖祖仁皇帝實錄》，第6冊，頁696。

〔註56〕羅光，《教廷與中國使節史》，頁165～166。

〔註57〕〔清〕黃伯祿，《正教奉褒》，收入輔仁大學天主教史料研究中心編，《中國天主教史料彙編》，頁564；〔法〕樊國棟，《燕京開教畧》，頁381；羅光，《教廷與中國使節史》，頁165～169；1721年11月21日〈嘉樂給中國及周圍國家的主教和傳教士的牧函〉，收入〔美〕蘇爾、〔美〕諾爾編，《中國禮儀之爭西文文獻一百篇（1645～1941）》，頁86。

　　以上舉措與轉變，無一不顯著禮儀之爭除了皇帝親自處理禮儀問題外，開始注重嚴格管理天主教在華傳教士。新的種種政策表明，康熙試圖收編天主教，希望將之收為國有，使之擺脫羅馬教廷的控制。於是驅逐親近羅馬之徒，啟用親華教士，並設立嚴格的檔案管理。李天綱也持相同的觀點，他認為康熙初始之時，並不想要排教，而是想用皇帝之權威保全中國禮儀與天子顏面。由此他醞釀了一個重大計劃：「把擁有一百多年歷史的中國天主教會收歸國有。辦法是讓所有在華的傳教士忠於自己，並脫離與羅馬梵蒂岡的聯繫。」〔註58〕換言之，到了此刻，禮儀之爭已從單純的文化爭論，轉變為中西間的宗教權力爭奪。最終，隨著禁教令的推行，康熙放棄了這一選項。但康熙之令，在耶穌會士身上發揮著巨大影響力，無疑將這些歐洲人轉化為了中國人。及至乾隆朝，馬戛爾尼使團訪華，於北京住所接見情報員之時（1793年），如此敘述在華傳教士：「傳教士們穿的是當地的衣服，講的是中文。從外表看，他們和其他本地人沒有什麼區別。」〔註59〕

三、誰在收編？

　　在柄谷行人（Karatani Kojin）看來，歐洲世界在羅馬帝國之後，未能再形成「世界帝國」。但是在某種程度上，「帝國」是存在的，它以羅馬教會的形態而出現，此即「神之帝國」。要釐清教會何以成為帝國，而非神聖羅馬帝國、西、葡、英、法等國，必須先界定「帝國之原理」：它是由多數的「共同體—國家」形成，並有用超越「共同體—國家」的原理——世界貨幣、「萬民法」、「世界宗教」、「世界語言」（lingua franca）。〔註60〕而帝國與帝國主義之別，在於「第一，帝國具有統合多數民族、國家的原理，國民（民族）國家則不具有這樣的原理。第二，像這樣的國民國家擴大而支配其他民族，其他國家的時候，並不是成為帝國，而是帝國主義」〔註61〕教會之所以成為帝國，乃因它具備帝國的原理，可統合了歐洲諸王、封建領主、城市。換

〔註58〕李天綱，《中國禮儀之爭：歷史文獻和意義》，頁69。

〔註59〕轉引自《停滯的帝國》，佩氏為之定下〈已變成中國人的歐洲人〉標題，可謂一針見血。〔法〕阿朗・佩雷菲特，《停滯的帝國：一次高傲的相遇，兩百年世界霸權的消長》，頁189。

〔註60〕〔日〕柄谷行人著，林暉鈞譯，《帝國的結構：中心・周邊・亞周邊》（臺北：心靈工坊文化事業股份有限公司，2015年），頁107～110。

〔註61〕〔日〕柄谷行人著，林暉鈞譯，《帝國的結構：中心・周邊・亞周邊》，頁112。

言之，以羅馬教廷為主體的向外交流、擴張是帝國形態，而西、葡、英、法、荷等國之殖民、貿易、掠奪等活動則是帶有帝國主義色彩。同時代之中國正值大清王朝，繼承了蒙古世界帝國中四大 Ulus（古蒙古文：國家）之東亞忽必烈家族之「元」帝國。而蒙古帝國，並非來自蒙古高原，而是屬於唐帝國（唐皇既是農業國家之皇帝，也是遊牧國家的汗）在某種意義上的回歸。〔註62〕綜上之論，17～18 世紀間中西交流之兩大主體乃是帝國，禮儀之爭也是兩大帝國試圖將另一國家納入自己共同體的鬥爭。

　　沿著柄谷行人的思路，帝國之原理中世界語言是顯著特徵之一，拉丁文是歐洲帝國的世界語言，漢字則是中華帝國（包含東亞附庸國）的世界語言。而語言，正是維持相應官僚體系的必要工具，若是漢語作為東亞帝國世界語言的權威被打倒，其帝國的統治，必然面臨瓦解的危險。故而，康熙在禮儀之爭中，主張「語言必重」與傳教士需「如中國人一樣」。而羅馬則堅持，「Deus」之名，必須異化。無論是米歇爾・福柯（Michel Foucault，1926～1984）還是布迪厄，皆將語言視作構成權力的重要一環。由是，中西兩種文明的語言鬥爭，實質上是東西兩大帝國權力與意志的直接對立，是試圖同化或收編對方。羅馬的野心，路人皆知。康熙的想法，或從他的硃批與其繼任者雍正的口中，可以推測一二。康熙五十九年十一月十八日（1720.12.17），康熙帝在乾清宮西暖閣面諭眾西洋人時，言：「朕因軫念遠人，俯垂矜恤，以示中華帝王，不分內外，使爾等各獻其長，出入禁廷，曲賜優容致意～亦寓中外一家之意（原文刪去）。」〔註63〕雍正三年十月十日（1725.11.14）回覆教宗的信件曰：「現已仙逝的先帝君臨世界各國之時，普天之下莫非王土。」〔註64〕雍正之語，更為直白，康熙或曾有將帝國擴及西方的野心。康熙對天主教會歸化的堅持與收編，其中一個主要原因，便在於兩大帝國相遇時，面對西方帝國的勢力的延伸的狀況，東方帝國需要推出類似「語言尤重」的新政策，對皇權永固進行自我保護與反制。因為羅馬對於專有名詞異化的堅持，即是一場語言暴力，一種語言入侵另一種語言典型事件，語言乃是權力的延伸。

〔註62〕〔日〕柄谷行人著，林暉鈞譯，《帝國的結構：中心・周邊・亞周邊》，頁 161
　　　　～180。
〔註63〕陳垣識，《康熙與羅馬使節關係文書》，頁 34。
〔註64〕來自嚴嘉樂摘錄的覆信的官方拉丁文譯本。見〔捷克〕嚴嘉樂，《中國來信
　　　　（1716～1735）》，頁 51。

在陳波看來語言即「本部」（proper）概念中，社會—文化領屬關係的延伸與擴展。本部即包納自己的（own）、適當的（due）、完美的（perfect）等有關性質性質；與之相反的則是，陌生的（strange）、野蠻人（savages），共同／相同的（commune／common）等性質。專門有領屬關係有血親關係，歷經意義的衍生後，至語言、國族與領土／國度專屬的關係。〔註65〕「本部」概念最明顯的例子，即所謂的「中國本部」（China proper）概念——區分漢人行省與其他民族身份，早在門多薩時代（《中華大帝國史》稱 "la propia China"）至教宗致康熙書信區分中國皇帝與韃靼皇帝，乃至今天仍具有後續影響。〔註66〕如此，便意味著羅馬的禁令，乃是試圖將領屬關係依託本部完美的語言，移植至陌生的中國。須知，歐洲自然法時代的民族觀認為某種語言乃是某一民族所獨有的，因而語言的擴張便帶有民族擴張的政治意涵。〔註67〕而耶穌會士則相反，傳教之時，他們很好地利用了語言與親屬關係，學習地方語言，翻譯經典為策略，試圖成為透過語言的聯結成為族內人，提高傳教的成功率。這一點，早在依納爵創立耶穌會之時，便已定下的規矩，也是利瑪竇規矩的前身。《耶穌會會憲》（*Constitution of the Society of Jesus*）曰：「十、在會者……若本語無有多益，各宜學其住所地方之語。但存於務學者以語奧文之矩」。（《耶穌會例·公規》）〔註68〕約翰·阿摩司·康米紐斯（John Amos Comenius，1592～1670）也在論述在華耶穌會士翻譯《十誡》（*The Ten Commandments*）時，指出他們是根據中國語言的特性，而非逐字逐句根據外文翻譯。如是，中國人才真正理解《十誡》。〔註69〕耶穌會巧妙

〔註65〕陳波，〈中國本部概念的起源與建構——1550 年代至 1795 年〉，《學術月刊》第 49 卷（2017 年 4 月），頁 149。

〔註66〕陳波，〈中國本部概念的起源與建構——1550 年代至 1795 年〉，《學術月刊》第 49 卷，頁 149；門多薩將中國分為十五個省，未將澳門與廣東區隔，稱呼廣東屬於中國本部，見〔西班牙〕門多薩著，何高濟譯，《中華大帝國史》，頁 376；1719 年 9 月 30 日〈教宗克萊孟十一世致韃靼和中國傑出的至高權力的皇帝〉國書，收入〔美〕蘇爾、〔美〕諾爾編，沈保義等譯，《中國禮儀之爭西文文獻一百篇（1645～1941）》，頁 78～84。

〔註67〕陳波，〈中國本部概念的起源與建構——1550 年代至 1795 年〉，《學術月刊》第 49 卷，頁 150

〔註68〕〔西〕依納爵·羅耀拉（Ignacio de Loyola）著，無名氏譯，《耶穌會例》，收入鐘鳴旦、杜鼎克、蒙曦編，《法國國家圖書館明清天主教文獻》，頁 30。

〔註69〕Comenius, Johann Amos. *A Generall Table of Europe, Representing the Present and Future State Thereof Viz. The Present Governments, Languages, Religions, Foundations, and Revolutions Both of Governments and Religions, the Future*

的利用了語言的純潔性與血緣專屬心理的聯繫，化為族內人——「如中國人一樣」，而非執著與教廷的政策，方才在東方帝國擁有一席之地。

　　若從柄谷行人的「世界宗教」作為帝國原理的概念來看，當其他國家需要被併入帝國這個共同體時，有時並不否定被支配者的神明，而是允許其加入帝國的萬神殿（Pantheon），一起被接受崇拜。〔註70〕這反應了帝國君主與下轄酋長／豪族／國王的宗教關聯，體現在康熙身上，即嚴禁稱呼教化「皇」而僅能稱「王」且文書格式中不能如皇帝一樣擡頭。〔註71〕換言之，除了語言之外，宗教也是帝國擴張的表現：「宗教的發展，就是國家的發展」。〔註72〕羅馬教廷以天主教吸納中國入西方體系／帝國，神學家甚至不斷提出中華帝國的語言乃原初語言，試圖收編中國，將之納入西方「神之帝國」的語言原理之中。中華帝國則迫使其教會、經典、理論本色化，將西方宗教之納入東方帝國萬神殿之中。如唐景教的文獻採用佛教風格語言進行經文翻譯，而清代民間也已準備就緒，如康熙年間（1700）由龍虎山第五十四代天師張繼宗參與修訂並出版的《歷代神仙通鑑》（又名《三教同源錄》）再次將耶穌納入佛教一脈的神明之下（隸屬二集「佛祖傳燈」之下），將並其放置在漢代的位置。〔註73〕因此，沒有一神論的中華帝國，需要一個普

Mutations, Revolutions, Government, and Religion of Christendom and of the World &C./ From the Prophecies of the Three Late German Prophets, Kotterus, Christina, and Drabricius, &C., All Collected Out of the Originals, For The Common Use and Information of the English. London? : Printed for Benjamin Billingsley, 1670. Appendix，9.

〔註70〕〔日〕柄谷行人著，林暉鈞譯，《世界史的結構》（臺北：心靈工坊文化事業股份有限公司，2013年），頁275。

〔註71〕此即為翻譯中的政治。在明末時期，「Papa」之譯名「教化王」、「教化皇」、「教王」、「教皇」等譯名並行不悖。作「教皇者」，如艾儒畧之《職外方紀·意大里亞》：「教皇即居於此，以代天主在世主教，至今存焉。」作教化王者，也見艾儒畧，其《天主聖教四字經文》曰：「主將升天，恐失我教。立教化王，命比斯玻。」康熙的種種諭令，直呼教化王，將其當做普通王國之主，而非帝國之君。〔義〕艾儒畧（Giulio Aleni）著，謝方校釋，《職方外紀校釋》（北京：中華書局，1996年），頁84；氏著，《天主聖教四字經文》（清康熙二年〔1663〕江西欽一堂重刊本），收入〔義〕艾儒畧著，葉農整理，《艾儒畧漢文著述全集》（桂林：廣西師範大學出版社，2011年），下冊，頁198。

〔註72〕〔日〕柄谷行人著，林暉鈞譯，《世界史的結構》，頁275。

〔註73〕〈瑪利亞貞產耶穌〉節言：「遠西國人，云去中國九萬七千里經三載，始抵西羌界。彼國初有童真女瑪利亞，於辛酉歲（實漢元始元年），天神嘉俾阨爾恭報天主特選爾為母……母報於聖師罷德肋，取名耶穌……」。〔明〕徐道編修，

遍性的「神性」，來使下屬王國／部落／豪族屈於皇權之下，此即康熙堅持「Deus」等於「天」、「上帝」。中國之「天」，可以作為世界宗教的普遍性的神性，包納各個宗教，維持帝國統治。這便是來自康熙帝的反收編，運用此一理論，甚至可將西方諸國，皆納於中華帝國道統之下。綜上言之，禮儀之爭，乃是一場收編與反收編的「戰爭」，是西方帝國與東方帝國遭遇時的一場權力鬥爭。

四、轉圜之法：索隱主義

明天啟三年（1623），「西來孔子」艾儒略〔註74〕，著《西學凡》，明述西學詳細架構，闡發西方中世紀大學課程及其分科。「西學」這一舶來品，有了相應的「說明書」。與西學同時進入中國的，或許是傳教士有意為之的一個理念，也伴隨而生，即「古已有之」說作為「西學中源」說的雛形。此說之功效深肖佛教初入中國時，佛教所傳「老子化胡」之說。〔註75〕其後，明清之際的奉教人士，雖未明言西學中源，為闡明西學之旨卻有「禮失求諸野」的思想。〔註76〕同時代的部分西學東漸代表人物，則直言西學乃自中土。爾後，又有明末清初遺民繼承此說並予以發揚，明確且大倡「西學中源」／

〔清〕張繼宗、〔清〕黃掌綸修訂，《歷代神仙通卷·二集》（致和堂，1700 年，德國巴伐利亞州立圖書館藏，編號：BV036898577），卷 9，葉 4～5。

〔註74〕「閩中人稱為『西來孔子』，受教者甚眾」。見〔明〕韓林、〔明〕張賡合著，《耶穌會西來諸位先生姓氏》，附於《聖教信證》。全書收入周燮藩主編，王美秀分卷主編，中國宗教歷史文獻集成編纂委員會編纂，《東傳福音》，冊 3，頁 58。

〔註75〕李奭學指出，明末來華傳教士提出的「古已有之」之說，即為清代「西學中源說」的理論前提：「陽瑪諾（Emmanuel Diaz Junior，1574～659）——甚至包括利瑪竇和高一志（Alphonse Vagnoni，1566～1640）——援引的故事模式，因此絕非無的放矢，不但代表他們的立論所在是天主教的神話詮釋學，也呼應了百年後馬若瑟或他所代表的耶穌會的荷馬之見，更點名白晉諸氏的中國經解象徵論的源頭出處，從而強化了天主教在華『古已有之』的說法，為有清一代西學中源說預設了立場略異的理論前提」。李奭學，《中國晚明與歐洲文學——明末耶穌會古典型證道故事考詮》，頁 240。

〔註76〕如徐光啟曰：「又稱其測天之道，甚是精詳，豈非禮失而求之野乎？」，如李之藻（1571～1630）云：「信哉『東海西海，心同理同』」。分別見：〔明〕徐光啟撰，王重民校，〈曆書總目表〉，《徐光啟集（下冊）》（上海：上海古籍出版社，1984 年），頁 374；〔明〕李之藻，〈《天主實義》重刻序〉，收入〔明〕徐光啟、李之藻、楊廷筠著，李天綱編注，《明末天主教三柱石文箋注——徐光啟、李之藻、楊廷筠論教文集》（香港：道風書社，2007 年），頁 142。

「中學西竊」之說。〔註77〕至康熙時，由康熙帝本人作為官方代表，再次確認西學中源的學說，此說遂成主流。

首先，需得鑒別明末遺民與康熙帝之西學中源說之用意不同。前者源自「夷夏之防」的複雜形態，遺民群體無法否認西學（尤其是曆法等科學技術面向）之優勝的情況下，提出此論為「以夷變夏」的尷尬做心理疏導。而康熙則大為不同，與前者無關，而是自己「揣摩」而來。康熙出於「斷人是非」之需與「作君作師」之用的目的，以建構「道治合一」帝國聖君的形象。〔註78〕帝嘗言：

> 爾等惟知朕算術之精，卻不知我學算之故。朕幼時，欽天監漢官與
> 西洋人不睦，互相參劾，幾至大辟。楊光先、湯若望於午門外九卿
> 前，當面賭測日影，奈九卿中無一知其法者。朕思己不知，焉能斷

〔註77〕以熊明遇（1579～1649）、黃宗羲（1610～1695）、方以智（1611～1671）、王夫之（1619～1692）、王錫闡（1628～1682）等大儒為代表。熊明遇之《格致草》（1628）直言西方曆法源自赤縣：「上古之時，六府不失其官，重黎氏敘天地而別主。其後三苗復九黎之亂德，重、黎子孫，竄於西域，古今天官之學，裔土有顓門」；全祖望（1705～1755）載黃宗羲之言：「曆學則公少有神悟……嘗言句股之術，乃周公、商高之遺，而後人失之，使西人得以竊其傳」；方以智則進一步發揮熊明遇的說法，言：「往季良孺熊公，作《格致艸》……萬曆之時，中土化洽，太西儒來，脬豆合圖，其理頓顯。膠常見者，駴以為異，不知其皆聖人之所已言也。……子曰：『天子失官，學在四夷』。」；王夫之云：「西洋曆家既能測知七曜遠近之實，而又竊張子左旋之說，以相雜立論。蓋西夷可取者，唯遠近測法一術，其他則皆剽竊中國之緒餘，而無通理之可守也」；王錫闡之〈曆策〉云：「今考西秝所矜勝者，不過數端疇人子弟，骇於創聞，學士大夫喜其瑰異，互相夸耀，以為古所未有。孰知此數端者，悉具舊法之中，而非彼所獨得乎！……大約古人立一法，必有一理，詳於法而不著其理。理具法中，好學深思者自能力索而得之也。西人竊取其意，豈能越其範圍？」。見：〔明〕熊明遇著，徐光台校釋，《函宇通校釋：格致草（附則草）》（上海：上海交通大學出版社，2014年），頁9；〔清〕全祖望，〈梨洲先生神道碑文〉，收入沈善洪主編，吳光執行主編，《黃宗羲全集‧第十二冊》（杭州：浙江古籍出版社，2005年），頁11；〔清〕方以智，〈游子六《天經或問》序〉，《浮山文集後編》，收入《續修四庫全書》編纂委員會編，《續修四庫全書‧一三九八‧集部‧別集類》，頁389；〔清〕王夫之撰，嚴壽澂導讀，《船山思問錄》（上海：上海古籍出版社，2000年），頁68；〔清〕王錫闡，〈秝策〉，收入〔清〕黎庶昌等校勘，《松陵文錄》（哈佛大學燕京圖書館藏，同治十三年〔1874〕刻本，編號：990071493530203941），卷1，頁1。
〔註78〕劉溪，〈「西學中源」說與康熙帝「道治合一」形象的建構〉，《自然辯證法研究》2016年第10期（2016年10月），頁72～77；李奭學，《中國晚明與歐洲文學——明末耶穌會古典型證道故事考詮》，頁241。

人之是非？因自憤而學焉。〔註79〕

「康熙曆獄」（康熙三年［1664］～八年［1669］）一事，康熙為「斷人是非」，勤勉於曆算之學，其後漸有西學中源的想法。後禮儀問題再起，康熙作為帝國之主，勢必要收編西學，維繫帝國一統與長治。劉溪便認為，「納西入中」——將西學納入道統，是康熙建構「道治合一」聖王形象建構的最後環節與必然指歸。〔註80〕

前文曾提及，康熙於 18 世紀交接之時，開始介入禮儀之爭。約在康熙四十二年（1703）〔註81〕，帝撰〈三角形推算法論〉論斷「西學中源」：

康熙初年間，以曆法爭訟互為訐告，至死者不知其幾。……朕觀其事，心中痛恨，凡萬幾餘暇即專志於天文曆法二十餘年，所以略知其大概，不至於混亂也。論者以古法、今法之不同，深不知曆。曆原出中國，傳及於極西，西人守之不失，測量不已，歲歲增修。所以得其差分之疏密，非有他術也。〔註82〕

曆獄案與禮儀之爭康熙影響極大，在多羅到來之前，康熙已得出「西學中源」的觀點。四十四年（1705），康熙於南巡途中的御舟上接見了有類似思想的布衣梅文鼎（1633～1721）。爾後，梅氏四十七年（1708）年致李光地（1642～1718）的〈上孝感相國〉詩之第三首後註解道：「伏讀聖製〈三角形推算法論〉，謂古人曆法流傳西土，彼土之人習而加精焉。天語煌煌，可熄諸家聚訟。」〔註83〕梅氏洞察皇帝所好，並將西曆中源之說的首創之功，冠於康熙之上（實則熊明遇早已提出）。在康熙的授意下，梅文鼎的研究越走越遠，提出了詳備的西學中源理論。〔註84〕

〔註79〕〔清〕世宗纂，《聖祖仁皇帝庭訓格言》，收入〔清〕紀昀等總纂，《景印文淵閣四庫全書》，冊 717，頁 650

〔註80〕劉溪，〈「西學中源」說與康熙帝「道治合一」形象的建構〉，《自然辯證法研究》2016 年第 10 期，頁 75。

〔註81〕撰寫時間存疑，本文採取韓琦的說法。詳見：韓琦，〈康熙帝之治術與「西學中源」說新論——〈御製三角形推算法論〉的成書及其背景〉，《自然科學史研究》第 35 卷第 1 期（2016 年 3 月），頁 1～9。

〔註82〕〔清〕聖祖御製，〈三角形推算法論〉，《聖祖仁皇帝御製文集（二）‧第三集》，收入〔清〕紀昀等總纂，《景印文淵閣四庫全書》，冊 1299，頁 156。

〔註83〕〔清〕梅文鼎，〈上孝感相國〉，《績學堂詩鈔》，收入《續修四庫全書》編纂委員會編，《續修四庫全書‧一四一三‧集部‧別集類》，頁 506。

〔註84〕江曉原指出，梅氏後作《曆學疑問補》（1719～20）從三方面完善了西學中源之說：其一，論證「渾蓋通憲」即古周髀蓋天之學；其二，設想中法西傳的

　　嘉樂來華之後，康熙五十二年（1713），官方又推出了《御製數理精蘊》
（1713～1722）一書，再論「西曆中源」：「及我朝定鼎以來，遠人慕化至者
漸多。有湯若望、南懷仁、安多、閔明我，相繼治理曆法，間明算學，而度
數之理漸加詳備。然詢其所自，皆云本中土所流傳。」〔註85〕上有所好下必
甚之，在民間，如徐昂發（？～1740，康熙三十九年［1700］進士）〔註86〕，
著《畏壘筆記》，有一則言及「天主」，指陳其實出中國：

> 西洋本名鎖里國，其所祭祀之神號曰「天主」，其說誕妄不足信。
>
> 案：《班史》：「秦始皇東遊行禮，祠名山川及八神。八神，一曰天
> 主，祠天齊……」蓋天主之名見於此，疑西洋所奉即此神也。當
> 時，始皇使人齋童男童女求神仙，並由齊以入海……〔註87〕

至於數學一道，嘉樂來華那一年（1711），康熙與直隸巡撫趙宏燮談論數學原
出《易經》，西洋算數則出自中國：「夫算法之理，皆出自《易經》，即西洋算
法亦善，原係中國算法，彼時稱阿爾珠巴爾者，傳自東方之謂也。」〔註88〕
「阿爾珠巴爾」／「阿爾熱八達」／「阿爾熱八拉」，即「algebra」之音譯（源
自阿拉伯文 Al-jabr），意為「代數學」，康熙稱之「東來法」。〔註89〕康熙有此
觀點，究竟是授課耶穌會士含糊其辭，投帝之所好，以致皇帝誤解？還是耶
穌會士有意為之？則無從得知了。然此說，影響《易經》之研究甚鉅，即「西
學中源」說之根基之一，當在《易經》。

途徑和方式（根據古代羲仲、羲叔、和仲、和叔四人「分宅四方」之傳說，
提出唯有向西沒有地理之阻隔，可將「周髀蓋天之學」傳到西方）；其三，論
證西法與回回曆（伊斯蘭天文學）間的親緣關係。祝平一則指出，二人雖然
皆提出了「西學中源」，但細究立場則各異：《曆學疑問補》乃文鼎諷諫康熙
恢復中法正朔而作，其立場近於中法派，與康熙認為西學雖中源，但西學較優
的立場不牟」。見：江曉原，〈論清代「西學中源」說〉，《自然科學史研究》第
7 卷第 2 期（1988 年 7 月），頁 103～104；祝平一，〈伏讀聖裁——《曆學疑問
補》與〈三角形推算法論〉〉，《新史學》16 卷 1 期（2005 年 3 月），頁 51～84。

〔註85〕　〔清〕康熙五十二年敕撰，《御製數理精蘊（一）》，收入〔清〕紀昀等總纂，
　　　　　《景印文淵閣四庫全書》，冊 799，頁 8。

〔註86〕　司馬朝軍，《續修四庫全書雜家類提要》（北京：商務印書館，2013 年），頁 206。

〔註87〕　〔清〕徐昂發，《畏壘筆記》，收入嚴一萍選輯，《叢書名四部分類叢書集成·
　　　　　續編（第 10 輯）·殷禮在斯堂叢書（第 2 函）》（臺北：藝文印書館，1970 年），
　　　　　紀 3，頁 10。

〔註88〕　〔清〕蔣良騏撰，林樹惠、傅貴九校點，《東華錄》（北京：中華書局，1980
　　　　　年），頁 384。

〔註89〕　江曉原，〈論清代「西學中源」說〉，《自然科學史研究》第 7 卷第 2 期，頁 103。

　　曆獄案後，康熙雖對傳教士抱有好感，然依舊不許教士傳教。經耶穌會士的多年努力，至三十一年（1692），帝頒布「容教詔令」，允許公開傳教。蘇霖神父在這項重大事項的報告之中，特立專章〈基督教在中華帝國自由傳播之許可〉，敘述皇帝之要求，此要求也是多羅、嘉樂來訪時康熙一再強調的──「皇上向我們明示，為了天主教的發展，應與中華帝國的風俗習慣相適應。如果天主教不排斥有關中國的風土人情、朝廷皇權，中國人可能不會排斥基督宗教。」〔註90〕須知，耶穌會的傳教策略一直是走高層路線，尤其是討好皇帝，並在此中獲利。如耶穌會士白晉、劉應等人流利的漢語、滿文及其對中國經典的研究與讚賞，使得康熙龍心大悅。進而，當法國耶穌會士與葡萄牙耶穌會士的「保教權」（padroado）爭端中，康熙皇帝於1693年透過單獨對法籍耶穌會士賜宅的舉措，表達法人欲與葡人徹底分家意圖的支持。〔註91〕而此刻，統治者與民間相似的聲音，不得不引起耶穌會士的重視。

　　禮儀問題一再回歸，傳教大業有毀於一旦之危。萬一觸怒康熙，禁教令有如「達摩克利斯之劍」（The Sword of Damocles）會隨時斬下。解決之法，唯有護教傳統中的「古代神學」，方可響應皇帝西學中源之說，並苦學中國墳典，方可重獲聖心。由是，耶穌會索隱派於焉誕生，開始了折中之說──中西同源。這是康熙收編天主教的催生物，也是天主教回應皇帝收編的收編中國入天主教文化體系的再收編策略。白晉在此背景下開始研究《易經》（此前數年與萊布尼茨交流研究心得），並獲得康熙的器重，為禮儀問題尋找出路。某種程度上言，白晉的易學研究，是受到了康熙的影響，白晉的研究成果又反過來影響康熙。〔註92〕在多羅離開後，在康熙的安排下，白晉專研易學，韓琦謂之「御用文人」。〔註93〕須知，禮儀之爭中康熙首次派出的正使，即索隱

〔註90〕〔葡〕蘇霖（Joseph Suarez）著，梅謙立譯，《蘇霖神父關於1692年「容教詔令」的報告》，收入〔德〕萊布尼茨，《中國近事：為了照亮我們這個時代的歷史》，頁35。

〔註91〕〔美〕魏若望，《耶穌會士傅聖澤神甫傳》，頁58。

〔註92〕樊洪業認為1711年康熙對趙宏燮所言數學源自《易經》的說法，當受白晉至影響。1703年時，白晉與萊氏通信，萊氏為白氏講解二進制與易圖的關聯，促使白氏更為重視《易經》。樊氏認為1710年左右，白晉已於康熙討論了《易經》問題。樊洪業，《耶穌會士與中國科學》（北京：中國人民大學出版社，1992年），頁225～226。

〔註93〕康熙提出數學來自中國之《易經》之說的同一年（1711），康熙多次命令白晉匯報研究《易經》的研究成果。教廷圖書館保留了白氏大量的研究手稿，《周易原旨探》、《易鑰》、《易經總論稿》、《易考》、《易引原稿》（1711）、《易學外

派創始人白晉，可見康熙對此道應是認可與受用。並在嘉樂特使來訪時，皇帝在五十九年十二月廿二日（1721.1.19）再度誇獎白晉，以白氏為模範，批評顏璫等人：「在中國之眾西洋人，並無一人通中國文理者。惟白晉一人稍知中國書義，亦尚未通。」〔註94〕

　　自南京禁令始，傳教事業備受挫折，使得不少傳教士開始灰心。白晉在1707年11月15日的書信中也充斥了喪氣之感，但他認為此事並非沒有回轉的餘地。他認為如果他與他的弟子能有足夠時間擴充索隱體系的話，還是能在短短數年內重使全中國人飯依。也就是說，索隱主義是艱難境地下「唯一的希望所在」。〔註95〕上文也曾提及，正是在「南京禁令」之後，白晉的學術團體迅速擴大，加入了傅聖澤、郭中傳、卜文起、沙守信等人。自然，馬若瑟也繼承了恩師的思考，在中國古籍與文字一道著力研究，架構索隱體系。數年後（1716.5.24），白晉致耶穌會會長坦布里尼（Michel Angelo Tamburini，1648～1730），說明皇帝對他索隱主義的研究成果「不無讚許」。〔註96〕而傅聖澤在1721年12月16日在廣州致信龔當信（Cyr Contancin，1670～1733）聲言，顏璫在康熙皇帝面前爭辯時最大的錯誤便是污衊了中國文獻（尤其是古代文獻），而索隱主義則會給中國經典以至尊地位，索隱主義可以令教皇與康熙雙雙滿意。〔註97〕可惜，此道只讓中國皇帝滿意，在西方則備受攻擊，乃至在中國的長上也限制白晉等人與皇帝討論索隱主義。

　　總言之，馬若瑟再次轉向索隱主義，與禮儀之爭與康熙論令息息相關相

篇》、《大易原義內篇》、《易學總說》（1711年稍後）、《太極略說》等。並在同一年（1711），召傅聖澤進京，輔助白氏研究易學。1714年，馬若瑟被召，赴京與白晉一同工作，發展索隱主義學說。韓琦，〈白晉的《易經》研究和康熙時代的「西學中源」說〉，《漢學研究》16卷1期（1998年6月），頁191～192；〔丹麥〕龍伯格《清代來華傳教士馬若瑟研究》，頁17；康熙五十年五月廿五日（1711.7.10）〈和素等奏為白晉詮釋《易經》務必刪去其繁雜語句而寫真情事硃批奏摺〉、五十年六月初十日（7.25）〈和素奏為蘇霖等不懂《易經》等傅聖澤抵京後再行核定事硃批奏摺〉、六月廿二日（8.6）〈和素奏為西洋人傅聖澤不久幾日內可抵京城事硃批奏摺〉、六月廿五日（8.9）〈和素奏為西洋人傅聖澤已抵京並與之交談事硃批奏摺〉，中國第一歷史檔案館、中國海外漢學中心合編，安雙成編譯，《清初西洋傳教士滿文檔案譯本》，頁331～334。

〔註94〕陳垣識，《康熙與羅馬使節關係文書》，頁75。
〔註95〕書信內容轉引自：〔德〕柯蘭霓，《耶穌會士白晉的生平與著作》，頁60～61。
〔註96〕〔德〕柯蘭霓，《耶穌會士白晉的生平與著作》，頁66。
〔註97〕轉引自：〔美〕魏若望，《耶穌會士傅聖澤神甫傳》，頁242～243。

關。傳教士不通中國文字，卻妄議中國，終成康熙逆鱗。故而，勢必需一傳教士，精研漢字，扭轉局面，重獲皇帝垂青。這也解釋馬若瑟在禮儀之爭中的「短暫變節」（1717～1718）——一度放棄索隱主義後重拾此法。〔註98〕同時也了解到，索隱主義乃是皇帝容許傳教的最大公約數，其中西同源之說，或是「一說各表」之法：在皇帝看來，索隱主義即西學中源說的入門版；在傳教士看來，此乃護教傳統，是古代神學收編異教徒之法。馬若瑟此時拋出《六書實義》，可衝擊皇帝西洋人不通漢字的負面印象，不僅可以建構完整的天學體系，即自小學始而至經學，並可使皇帝放棄種種禁令，重現傳教士的黃金時代。〔註99〕從總體面向觀之，康熙「如中國人一樣」的要求，收編西人，試圖以「中國性」框架吸納西洋人的文化再生產。換言之，在華傳教士的第一身份當為「中國人」，其次才是「西洋人」，是中華帝國下的一員，是「想像共同體」（語言—文化—身份—帝國）的一部分。由是，其文化身份也須得向此靠攏並形成結盟文化〔註100〕，故可見有教士文中常言「我中國」之類的話語。如此，西洋人之文化活動或者說「文化性」必須符合中國道統，書寫出種種源自中華數千年之文化資源並兼具異質性與第一次現代性的華語系文學，是為一種特殊的中國性產物。據此，馬若瑟的漢文作品，必須如「中國人一樣」，無論從形制還是內容上，必得呈現出可以辨別的中國特質，即所謂「中國性」。此為中國皇帝收編的被動結果，也是耶穌會適應政策主動出擊的結局。

〔註98〕馬若瑟曾一度放棄索隱主義，轉而支持杜德美、巴多明和湯尚賢的觀點。但他在 1718 年便收回前言，重新支持索隱主義。〔美〕魏若望，《耶穌會士傅聖澤神甫傳》，頁 208。

〔註99〕此一觀點，大致可以從馬氏 1723 年 9 月 10 日致耶穌會會長坦布里尼時，再次訴說通過對中國古籍和象形文字的索隱主義研究，有利於向中國人傳播福音。言語之間，對此道充滿了樂觀與期待。詳見：Lundbæk, Knud. "Joseph Prémare and The Name of God in China." *The Chinese Rites Controversy: Its History and Meaning.* Ed. by Mungello D. E. 133～141。

〔註100〕蘇源熙提醒，耶穌會譯者的工作不在於對新的社會中已有的意義進行重製或重新發現，而是進行解釋性和應用性的工作，並讓這些東西對某些人產生意義，所以呈現在政治狀態上是結盟——外來的使者們需要選邊站才能成為他們所進入文化的參與者，從而建立起翻譯工作的等效性的工作坊。〔美〕蘇源熙著，盛珂譯，《話語的長城：文化中國探險記》（南京：江蘇人民出版社，2016 年），頁 39。

第二節　形式、年號、假造姓名：中國式的古籍

　　《六書實義》作於 1720 至 1721 年間，而目前可見的版本，是 1728 年由馬若瑟將該書的抄本寄給傅爾蒙後〔註 101〕，如今為法國國家圖書館收藏。全書以中國古籍的方式裝幀，形制精美，文字部分共 58 頁，分為三部分：6 頁的序，41 頁正文以及 11 頁的跋。形式上，《六書實義》承襲《儒教實義》生問儒答、温古子述的格式。問答形式在中國古代典籍並不罕見，如宋代有王應麟的《通鑒答問》，朱熹的《延平答問》，向上可以追溯至孔子師生間的問答，《論語》可為源泉。然而，馬若瑟的問答，其實化用了中國的經籍中舊有形式的酒瓶，裝入了天主教「教理問答」（Catechism）體裁的新酒，有如羅明堅的《天主實錄》與利瑪竇的《天主實義》。〔註 102〕

　　不單如此，教理問答形式的出現，與西方現代性的衝擊與宗教改革之間，有因果關聯，凱倫・阿姆斯壯之論斷切中肯綮：「改革後的天主教會和新教各宗都有一個共同點：他們都屈於現代性揚起的毀棄偶像（Iconoclasm）之風，這股風潮不斷煽動他們毀掉自己取代的東西。」〔註 103〕宗教改革者與羅馬教會爆發衝突，同時新教改革者們內部也擁有不同的聲音，以致爭論不休，呈現眾聲喧嘩（heteroglossia）的態勢。由是，論辯者們更需要論述清晰深奧的教理。新舊二教，運用出版、會議及教會決議，將彼此教義差異訂的更加細緻，努力藉由凸顯分歧而相互區隔。〔註 104〕1520 年，宗教改革者開始發行教理問答，以對話形式列出刻板問題與答案，確保信徒接受對教義的特定詮釋的文體於焉誕生。〔註 105〕如此論之，馬若瑟的教理問答體之源頭在新教，其文體本身便是現代性的結果。

　　從文本裝幀與形式，轉到內文。序、跋分別由「折中翁」於康熙庚子

〔註 101〕〔丹麥〕龍伯格，《清代傳教士馬若瑟研究》，頁 193。
〔註 102〕《天主實錄》之前身為羅氏在中國儒生幫助下，完成的《要理問答》。其拉丁文本之《要理問答》或來自歐儒來代斯馬（P. Ledesma）神父編輯的簡明《要理問答》（Catechisms），該書為《天主實錄》之內容結構、組織和段落分配提供了基礎。鄒振環，《晚明漢文西學經典：編譯、詮釋、流傳與影響》，頁 104～105。
〔註 103〕〔英〕凱倫・阿姆斯壯，《為神而辯：一部科學改寫宗教走向的歷史》，頁 239～240。
〔註 104〕〔英〕凱倫・阿姆斯壯，《為神而辯：一部科學改寫宗教走向的歷史》，頁 237～238。
〔註 105〕〔英〕凱倫・阿姆斯壯，《為神而辯：一部科學改寫宗教走向的歷史》，頁 238。

（1720）仲冬與「知新翁」與康熙辛丑（1721）孟春時所題。從曆法的選用上，馬若瑟加上了中國的年號，無疑是加強文本中國性的操作。蘇珊·巴斯奈特敏銳觀察到日期算法的作為次文本的重要性，日期算法的選擇隱含了主人公的政治、宗教立場。她指出儘管陽曆日期出現較遲，但在 16 世紀已被信奉天主教的歐洲國家普遍承認。〔註 106〕馬若瑟不選用天主教陽曆，表明西洋曆法新知非其重心，不用刻意傳予清人，反而增加暴露作者序、跋作者身份的風險。〔註 107〕但在《六書實義》中，馬若瑟與其他作品不同，特意在序、跋附加中國年號的行為，偽裝序、跋為不同二人所題，且此二人皆為中國儒生的直視感。〔註 108〕若是從後殖民主義的觀念論之，此即殖民者進入被殖民的時間而開始進行收編。同樣，也可以視為中國的反向收編天主教的操作，一份具有中國性的文本，須得將西人從天主教時間納入中國時間方才可行。從時間上，可看出二者的博弈以及最終達到平衡的結果。

在最直觀的書籍形式與曆法書寫外，馬若瑟特意虛構了三位儒生的名字，分別為：序之作者折中翁、正文作者溫古子，跋之作者知新翁。在探尋三位作者的姓名之源前，必先指明耶穌會索隱派對《易》的重視，甚至又可稱作「易經主義者」。而馬若瑟虛構的名字與《易經》淵源頗深。馬若瑟試圖從中國古代經典論證「中學西源」，承認中國文化的正當性，並迎合中國統治者及統治階層的喜好。他重構中國學統，瓦解源頭，提出中國學問乃由「天」而來，再傳之「先王」，由此按照中國所謂堯、舜、禹、湯、文、武、

〔註 106〕 〔英〕蘇珊·巴斯奈特，《比較文學批評導論》，頁 110。

〔註 107〕 使用西洋天主教紀年者，明末以來並不罕見。如艾儒略之《天主降生引義》中如此注釋聖經人物：「天主欲再叮嚀教旨，乃諭梅瑟大聖（即天主降生前一千五百十有七載）」。又如康熙五十九年之《教王禁約》重定譯本，上呈康熙的文書中，此約將中西曆法並置：「天主降生一千七百十年九月二十五日（〔右小字注〕康熙四十九年八月內），以上禁止條約之禮，屢次查明之後，仍定奪照此禁止條約遵行」。又如，順治七年，湯若望（Johann Adam Schall von Bell，1951～1666）主持修建宣武門天主堂（即「南堂」），並撰記立石，碑曰：「時天主降生一千六百五十季，為大清順治七年歲次庚寅」。分別見：〔義〕艾儒略，《天主降生引義》（清光緒十三年〔1887〕上海慈母堂刻本），收入葉農整理，《艾儒略漢文著述全集》，上冊，頁 463；陳垣識，《康熙與羅馬使節文書》，頁 93；〔德〕湯若望記，〈都門建堂碑記〉，收入〔義〕艾儒略，《天主聖教四字經文》，收入葉農整理，《艾儒略漢文著述全集》，下冊，頁 174～175。

〔註 108〕 馬若瑟其餘中文著作如《天學總論》、《夢美土記》、《儒教實義》等，均未在文末題寫年號。

周、孔一路傳承下來，而諸經中又以《易經》最為重要。而如今本義遺失，只有藉助基督宗教啟示，才能重新了解這些古籍的真義。《易經》為重的觀點，實出康熙，繼而影響白晉。馬若瑟有此論，既是對師說的傳承，亦是投帝之所好。至於馬若瑟索隱派的觀點，肖清和做了非常清晰四點總結：第一，古典經典可信，《易經》作為六經之首，地位不可動搖；第二，經典之原義遺失，漢儒、宋儒等今儒的論述未能恢復古儒原義，反而各自立說，有害經典原義；第三，天學（神學）可以用於解讀古代經典，因為人類同根同源，上帝所賦予人類之理相同；第四，如此，皈依天主不是叛儒，而是復歸真正的儒家。〔註109〕

折中翁「折中」之名，係出易學。在此之先，必先提及中國耶穌會索隱派創始人白晉。白晉是馬若瑟的老師，而馬若瑟許多索隱觀點是承襲自白晉，故不可不提。白晉至京師後，與張誠一起入宮任職，頗受康熙寵幸，並在康熙安排下學習中國文化、經典，尤其是《易經》。康熙帝對白晉學習《易經》相當關注，時常閱讀白晉撰寫研究《易經》文章並做評判，甚至在五十年（1711）安排傅聖澤入京白晉研究《易經》。〔註110〕又知，1714年馬若瑟奉召抵京，至1716年間馬若瑟亦與白晉一起工作。如此，索隱派三位代表便在北京共事。

白晉的學說，受到內閣大學士李光地（1642～1718）的賞識，且李的觀點與白晉頗為相契，甚至二人同為時為皇太子的允礽之師。〔註111〕在李光地的著述中，奉敕修撰的22卷《御纂周易折中》（1715）或是折中翁之「折中」典出之地。1861年於巴黎出版之《馬若瑟論中國一神思想，未經修訂之書信》（*Lettre du P. Prémare sur le monothéisme des Chinois*）一書，在收錄馬若瑟書信中，馬氏表達了對《周易折中》的讚賞〔註112〕，亦在《儒教實義》中援引《周易折中》〔註113〕，甚至可以推測馬若瑟在北京與白晉共事時或接觸過李

〔註109〕肖清和，〈索隱天學：馬若瑟的神學體系研究〉，《學術月刊》2016年01期，頁159。

〔註110〕參見康熙五十年五月二十五日「和素等奏為白晉詮釋《易經》務必刪去其繁雜語句而寫真情事硃批奏摺」與同年六月初十日「和素為蘇霖等不懂《易經》宜傳傅聖澤抵京後再行核定事硃批奏摺」兩份滿文奏章。安雙龍編譯，《清初西洋傳教士滿文檔案譯本》，頁331～332。

〔註111〕〔德〕柯蘭霓，《耶穌會士白晉的生平與著作》，頁73。

〔註112〕Prémare, Joseph Henri, and G Pauthier. *Lettre du P. Prémare sur le monothéisme des Chinois*. Paris: Benjamin Duprat, 1861. 26.

〔註113〕〔法〕馬若瑟，《儒教實義》，收入周燮藩主編，王美秀分卷主編，《中國宗

光地。故推測「折中翁」之名源自於。

除易學來源外，「折中翁」之名或出於《儒教實義》「信經而折中」之說：

據此眾說，則可讀古書而不惑。蓋聖人之心在經，經之大本在《易》，大《易》之學在象。是故凡燭理不明，而視象為形。假借當本意，寓言為實事，獨欲通古人之書，不可得也。是故好學者，以六書為祖，以六經為宗，以孔子為師，以諸儒為友，輔我積善，佑我明真，則無不信。倘或有自泥之處，則實不敢從。況諸儒之說，不可得而一之。宋人自好而惡漢人，明儒自是而非宋儒。故曰：智者師經而信之，友儒而折中焉。〔註114〕

此說所信之經為古經，其本在《易經》，而諸儒之說，需折中之，能證己見之說而從之，否則遠之。其道，依舊與易學有莫大聯繫，只是折中之說重點放在了「友儒」上。另外，馬若瑟中文名「馬龍出」亦可能典自易學。劉勰《文心雕龍・正緯第四》有「夫神道闡幽，天命微顯，馬龍出而大《易》興，神龜見而《洪範》燿。故《繫辭》稱河出圖，洛出書，聖人則之，斯之謂也」之語〔註115〕，其說頗似《天學總論》。

若將溫古子之「溫古」與知新翁之「知新」合至一處，顯而易見是源於《論語》。《論語・為政篇》曰：「溫故而知新，可以為師矣」，乃二人名字之源，又隱含二人之說可為俗儒之師之意。〔註116〕同時，知「新」又存有與傳統斷裂的意涵，頗具傳統／現代的二元對立之感，充滿現代性想像。至於「故」、「古」二字之異，因二字發音皆為牙聲見紐，韻又皆屬段玉裁古韻十七部之弟五部。二字屬雙聲疊韻，可假借。又《夢美土記》中，馬若瑟又自稱：「夫旅人好古」。〔註117〕可見，「溫古」之名又寄託馬若瑟個人所好。在此之外，「好古」又被馬氏賦予天學意涵——所好之古，當為中國先秦之前的天學傳統。《天學總論》言：「故瑟（旅人）聞得有中華，而知不僅為大且

教歷史文獻集成・第三編・東傳福音》，頁302。

〔註114〕〔法〕馬若瑟，《儒教實義》，頁301～302。

〔註115〕黃叔琳注，李詳補注，楊照明校注拾遺，《增訂文心雕龍校注》（北京：中華書局，2000年），頁40。

〔註116〕〔魏〕何晏集解，（宋）刑昺疏，《論語注疏》，收入〔清〕阮元校勘，《十三經注疏》，冊8，頁17。

〔註117〕〔法〕馬若瑟，《夢美土記》（法國國家圖書館藏抄本，編號：Chinois4989），頁1。

古之邦國，亦是溫古且明理之地，自漢以來，不幸陷佛老溝壑之中，而不知上帝救世之大恩，則旅人幡然有攸往，利涉大海。」〔註118〕據此觀之，其所好之「古」，實乃「上帝救世之大恩」，今之失傳的古天學。由是，此名也是馬氏的舊酒新瓶，在熟悉的儒學內涵中，注入天學思想。

折中翁與知新翁僅在《六書實義》登場，而溫古子之名，屢次出現於馬若瑟的作品之中。神秘的溫古子直到1729年《儒交信》中，正式成為小說主角，方才有了詳細的人物介紹。《儒交信》敘述的是清康熙年間江西省〔註119〕南豐縣進士司馬慎有望教之意，欲改奉天主。同縣員外楊順水便赴同縣舉人李光處嚼舌根，李光卻維護司馬慎而與楊順水辯駁。最終，司馬慎與李光二家皆受洗奉教，而楊因不奉教故，萬貫家財竟遭劫掠，性命亦未能保全。據《儒交信》，司馬慎之形象為：

> 離城十里，又有一科甲，複姓司馬，號溫古。先做了一任官，極是清廉，今歸隱林下，養性修德，人人都愛敬他。

> 但一個科甲公，五經四書，諸子百家，無所不通的高人，肯丟自己的體面，溷在愚蠢貧窮的小民中間。〔註120〕

司馬慎所用「慎」之名，似影射字聖許慎，以蘊司馬氏乃字學權威之意。作為《六書實義》之作者，司馬溫古在《儒交信》中亦不忘傳遞其字學觀點：

> 只是我們中國人，自家想不到那裡去。蓋經道失傳，字學不行，寓言難達。又未聞天主降生妙道……

> 我想元祖二人，自然望他。既望他，自然把這個事合子孫說明白了。這個子孫自然藏他於書契內中，以防口傳之失。所以說書越古，這大事的蹟，越藏得多在裏頭。〔註121〕

漢字源自元祖流傳之說，實乃韋伯的原初語言論。司馬溫古闡述字學乃天學之旨，《易經》乃眾經之首的學說。如果細細品味，可以發現司馬溫古就是馬若瑟——《儒交信》第六節中隱藏一細節，即司馬溫古受洗後的聖名乃「若瑟」，全稱「司馬若瑟」。若去掉「司」字，便是馬若瑟。而《儒交信》中的「西

〔註118〕〔法〕馬若瑟，《天學總論》，頁516。
〔註119〕《儒交信》第四回中提及南昌府。小說僅提及省城有天主堂，而南昌確在利瑪竇時期便已立堂。〔法〕馬若瑟，《儒交信》，頁86。
〔註120〕〔法〕馬若瑟，《儒交信》，頁4、16。
〔註121〕〔法〕馬若瑟，《儒交信》，頁74～75、76。

洋老爺」，亦對字學了然於胸，同為馬若瑟的化身。

根據蕭遙天的研究，姓名的假造與頂冒（託名）有明顯的分野。假造姓名用作真人的掩飾，可以隨意編造；頂冒則需有具體對象，竊取他人身份，以圖魚目混珠。〔註122〕因假名的迷惑性，易達到打入對方陣營的目標。馬若瑟於《六書實義》中，虛構折中翁、温古子、知新翁三人身份，打消中國儒生對西洋教士的疑慮，以達便於傳教的目的。同時，從禮儀之爭的大背景觀之，須知康熙曾以畢天祥之名調侃並斥責多羅、顏璫等人在翻譯、命名上問題上對異化的堅持：「今爾名叫畢天祥，何不照爾教例改爾名為畢天主慈祥耶？可見各國起名，皆遵本國語法。」〔註123〕若從康熙對起名一事歸化的要求論之，兼從嚴峻的背景觀之，馬若瑟在命名方面，也無一不透露出「戰戰兢兢，如臨深淵，如履薄冰」的意味。

第三節　不可忽視的細節：「玄」字避諱

如果說中國式的古籍是直觀的「中國性」，洋人較易偽裝。而細節用字，才是中國文化獨特現象，亦能區別書寫時代的內在「中國性」。這種細節需要對中國文化與學術有較佳的掌握，以及熟悉中國政治、官場氛圍，非久居京師的洋人相對不易掌握。最早一批到達中國的傳教士如利瑪竇、龍華民（Nicholas Longobardi，1559~1654）等，雖然也使用「中國化」的策略，無奈漢語水平有限，對中國典籍難以有深入的認識。到了清初白晉、馬若瑟、傅聖澤傳教時期，這些傳教士的漢語能力有了較大的提升，具備研究中國典籍的學養，由此才有了雷慕沙「若瑟之傳教熱忱，鼓勵其研究中國語言文字」的讚譽。這一賞識，自《六書實義》的行文便可窺見，馬若瑟對漢文掌握極佳，且精熟中國典籍。

有清一代文字獄大興，讀書人避之唯恐不急。從馬若瑟之文本可見，西洋人牽涉其中。禮儀之爭中，1710 年多羅文書將教化王擡頭，行文越分，

〔註122〕〔馬來西亞〕蕭遙天，《中國人名研究》（北京：新世界出版社，2007 年），頁 150。

〔註123〕畢天祥乃傳信部派出之遣使會士，多羅選定其為翻譯及秘書。硃批見：康熙四十五年六月十三日〈武英殿總監造赫世亨等奏報向西洋人傳宣諭旨摺〉。中國第一歷史檔案館編譯，《康熙朝滿文硃批奏摺全譯》，頁 424；畢天祥身份見：陳方中、江國雄，《中梵外交關係史》，頁 67。

擅用五爪金龍紙，康熙怒斥多羅有違慣例，遭受查問。以中國之法視多羅此舉，多有藐視皇權之意。自滿清入主中原，帝王之名方用漢名，自康熙時始有避諱，至雍正時附加孔子諱。根據李清志對《大清會典》的剖析，指出清代諸帝之避諱令，詳載於《大清會典》之中，唯未載康熙帝之避諱令，或已缺佚。但從康熙間刻本、寫本之中調查，已有許多缺筆或改字以避諱之實例。可推知清代避諱，自康熙帝之漢名「玄燁」始。〔註 124〕至於如何避諱，陳垣《史諱舉例》指出，避諱之法有三：改字、空字、缺筆〔註 125〕，而缺筆法則以缺末筆居多。然而，馬若瑟《六書實義》文本缺筆法則是缺首筆，極為罕見，可為康熙朝避諱法提供更多實證。

康熙時期，常以缺末筆為避諱之法，易「玄」為「玄」，而《六書實義》中則出現了缺首筆之法（見圖 4.1），避「玄」為「𤣥」。可見，缺筆之法無定則，可缺首筆，亦可缺末筆，甚至缺筆數目也無定法。如雍正後，孔子名諱「丘」需避諱，常作「邱」，然亦有缺倒數第二筆作「𠀋」者例。又如《紅樓夢》中，林黛玉遵循避諱之制，「他讀書凡『敏』字，他皆念作『密』字，他寫字遇着『敏』字亦減一二筆」。〔註 126〕可知，避諱出於敬畏，而其法無定章。此外，康熙帝名諱，並非僅避上字，下字亦有所諱。〔註 127〕

玄字缺首筆並非《六書實義》首創或獨見於《六書實義》文本，而不見於中國古籍。與馬若瑟關係最相近的是馬氏傳教之地江西的方志——康熙二十二年（1683）《江西通志》刻本，其中有玄字缺首筆之例（見圖 4.1）。〔註 128〕其編者于成龍（1638～1700）曾與耶穌會士安多共事，而安多又曾與白晉等人合作給康熙講授數學。此外，又有康熙二十二年之《廣信縣志》（見圖 4.1）有此諱字例。〔註 129〕除風行康熙二十年代外，康熙五十年代

〔註 124〕李清志，《古書版本鑑定研究》（臺北：文史哲出版社，1986 年），頁 211。
〔註 125〕陳垣，《史諱舉例》（北京：中華書局，2004 年），頁 1。
〔註 126〕〔清〕曹雪芹、〔清〕高鶚原著，胡汝章注釋、續錄，胡適考證，《紅樓夢 注釋 續錄 考證》（臺南：三和出版社，2003 年），頁 49。
〔註 127〕可參見《初學滿文指蒙歌》之「敬避聖諱字」，「燁」字避諱用字為「曄」。著者不詳，《初學滿文指蒙歌》（中央民族大學藏抄本，出版日期不詳，編號：41.5511/7）。
〔註 128〕〔清〕于成龍等修，〔清〕杜果等纂，《江西通志》（清康熙二十二年〔1683〕刻本），收入《中國方志叢書‧華中地方‧781》（臺北：成文出版有限公司，1989 年），頁 1666。
〔註 129〕〔清〕孫世昌，《廣信府志》（康熙二十二年〔1683〕刻本），收入上海圖書

（1711）玄字缺首筆例亦較為風靡，如《平樂縣志》〔註130〕、《南平縣志》
〔註131〕（皆見圖4.1）。除玄字缺首筆外，康熙二十三年之《寶慶府志》〔註132〕、
五十四年《漳州府志》〔註133〕又有玄字缺首筆與末筆共計二筆者（見圖4.1），
證明康熙朝確有避諱，且玄字避諱無定則。

圖4.1　「玄」字缺首筆例〔註134〕

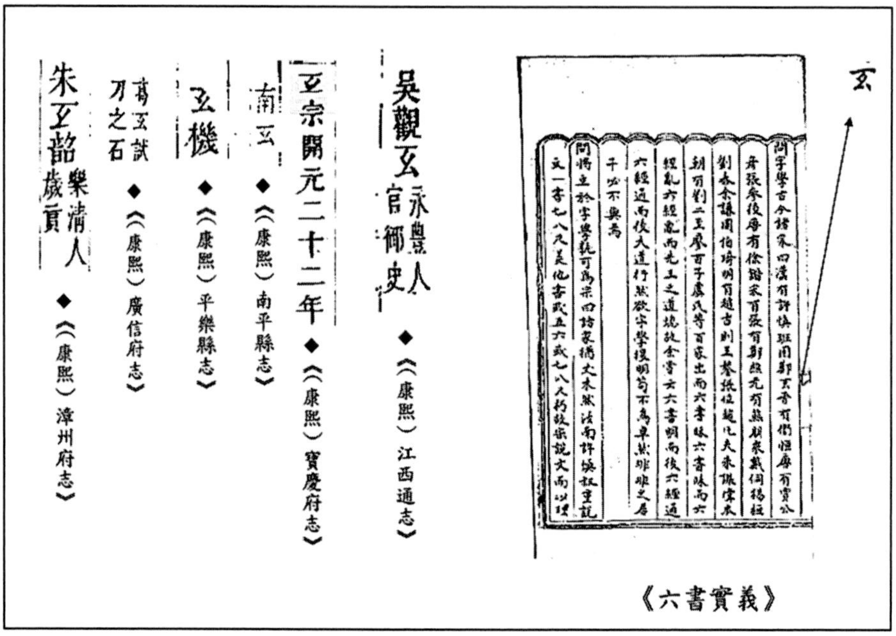

《六書實義》

　　參照馬若瑟早期作品如《天學總論》（1710），其中「鄭玄」之「玄」未曾
避諱。〔註135〕同年，《經傳眾說》中「自鄭玄之徒號稱大儒」、「舜為玄孫」句

　　　　　館編，《上海圖書館藏稀見方志叢刊》（北京：國家圖書館出版社，2011年），
　　　　　冊135，頁455。
〔註130〕〔清〕黃大成，《平樂縣志》（康熙五十六年〔1717〕刻本），卷8，頁10。
　　　　　收入北京愛如生數字化技術研究中心出版之《中國方志庫》。
〔註131〕〔清〕朱菱、文國繡修，〔清〕鄒廷機、翁兆行纂，《南平縣志》（康熙五十
　　　　　八年〔1719〕刻本），收入上海書店出版社編，《中國地方集成・福建府縣志
　　　　　輯》（上海：上海書店出版社，2000年），頁18。
〔註132〕〔清〕梁碧海修，〔清〕劉應祁纂，《寶慶府志》（康熙二十三年〔1684〕刻本），
　　　　　卷1，頁11。收入北京愛如生數字化技術研究中心出版之《中國方志庫》。
〔註133〕〔清〕魏勵彤修，〔清〕陳元麟纂，《漳州府志》（康熙五十四年〔1615〕刻本），
　　　　　卷9，頁53。收入北京愛如生數字化技術研究中心出版之《中國方志庫》。
〔註134〕方志圖片源自北京愛如生數字化技術研究中心出品之《中國方志庫》，已獲
　　　　　授權；《六書實義》書影來自利氏學社，感謝社長丁之偉神父授權。
〔註135〕〔法〕馬若瑟，《天學總論》，頁486。

皆無避諱。〔註136〕稍早於《六書實義》，筆跡與《六書實義》相同之梵蒂岡藏《儒教實義》（1715～1718），其中「鄭玄」名也未避諱。〔註137〕至於相同字跡，又晚於《六書實義》的《儒交信》，「深微玄奧」句，同樣不避諱。〔註138〕或出於對雍正禁教而不滿，或因小說題材而不需過分嚴謹之故，又或出於遠離內地，無須再貫徹康熙時代的政策，或為《六書實義》為字學專著需斟酌用字。

以上皆有可能，而本研究更傾向馬若瑟存有將《六書實義》進呈御覽之企圖。故馬氏小心翼翼，為尊者諱，避免觸怒禮儀之爭中的康熙。康熙四十九年初的多羅事件，是為馬若瑟的前車之鑒。類似的，馬氏早年所著《經傳議論》（1710）與《天學總論》（1710），即乃上呈御覽之作，除序文充斥對康熙的溢美之詞外，相當注重格式體例，擡頭、避諱、康熙紀年無有所缺者（見圖4.2）。〔註139〕職是之故，因同樣出於《六書實義》進呈中國皇帝之意，致使出現《六書實義》文本出現首字缺筆避諱之狀況。

圖4.2 《經傳議論》、《天學總論》書影兼體例圖〔註140〕

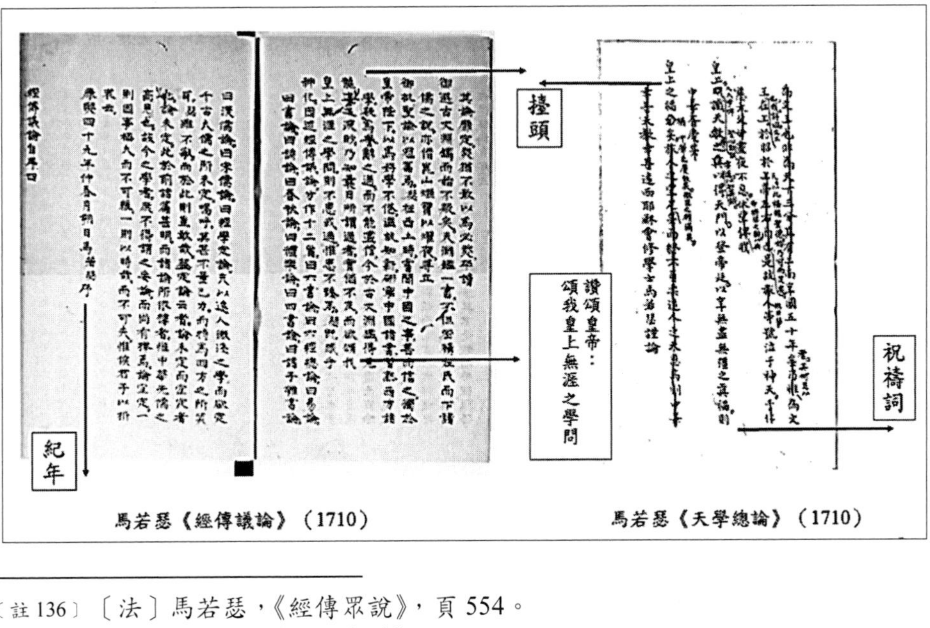

馬若瑟《經傳議論》（1710）　　　馬若瑟《天學總論》（1710）

〔註136〕〔法〕馬若瑟，《經傳眾說》，頁554。

〔註137〕〔法〕馬若瑟，《儒教實義》，頁287。

〔註138〕〔法〕馬若瑟，《儒交信》，頁72。

〔註139〕馬若瑟《天學總論》、《經傳議論》，從行文遣詞「保佑中華」、「祝禱我皇」之類祝禱詞可知，此皆為上呈康熙御覽之作。若細究版本，法國國家圖書館本《天學總論》，多有改劃痕跡，當非定本，《經傳議論》則格式嚴明，當為定稿。

〔註140〕《經傳議論》書影來自法國國家圖書館（BnF），已獲授權；《天學總論》書影來自利氏學社，已獲授權。

另外值得注意的是，馬氏文中，丘字未諱，可見玄字避諱出於禮儀問題出現後，形勢大變後，馬若瑟出於謹慎之心，而非官方明令。但玄字官方避諱並非無跡可尋，至少康熙十一年（1672）前，「玄武門」因避諱改作「神武門」。〔註141〕有清一代，「文字獄」尤多，在如此高壓的政治環境的作用下，王汎森認為產生了一種無所不到的毛細管作用，謂之「自我壓抑」現象。這一現象包含作者、讀者、出版業、官府與民間等各個面向，表現出刪竄、自我刪竄、讀者刪塗、焚書等等行為，即使是方外人士也不可避免。〔註142〕對於傳教士來說，這種自我審查的壓力，不僅來自清代嚴格的文字政策，在羅馬也存在類似的嚴厲的審查制度。傳教士稍有不慎，踩中任意一條紅線，或許都會帶來滅頂之災。

同樣的，中國年號亦在《經傳議論》之〈自序〉中出現——「康熙四十九年仲春月朔日馬若瑟序」。〔註143〕加上年號，基本可以推測，馬氏欲將此書上呈皇帝御覽，改變禮儀之爭中皇帝對傳教士的負面觀感。甚至，馬若瑟試圖將漢字收編入天學體系之中，完善自小學至經學的儒家教育體系。參照馬若瑟之師白晉，曾試圖將一部有關伏羲並深受康熙帝喜愛的小冊子，獲得翰林院的許可，列入國學的一部分。〔註144〕或許，馬若瑟希望模仿此舉，利用皇帝有收編天主教之意，趁此良機，反向操作，一舉將《六書實義》納入國學體系，與其他耶穌會士一道合理建構國學系統中的天學體系。可以說，馬若瑟收編漢字的研究，較之歐洲學者的外文專著，採用漢文寫就，其收編「野心」之大，甚至意圖將收編成果納入中國學統之中。

第四節　正俗用字：字學湛深、「確有」三人

俗字，顧名思義，乃是有別於正字的通俗字體，是一種流行於民間的，不合於六書的字體。唐代顏元孫（？～714？）《干祿字書》指陳：「所謂俗者，

〔註141〕不知確切的改易時間，但至少在康熙十一年之《清實錄・聖祖仁皇帝實錄》中已稱呼為神武門：「上隨輦步行，至神武門乘焉」。《清實錄・聖祖仁皇帝實錄》，第 4 冊，頁 506。

〔註142〕王汎森，〈權力的毛細管作用——清代文獻中的「自我壓抑」的現象〉，《權力的毛細管作用：清代的思想、學術與心態（修訂版）》（臺北：聯經出版事業股份有限公司，2014 年），頁 395～502。

〔註143〕〔法〕馬若瑟，《經傳議論・自序》，頁 4。

〔註144〕〔德〕柯蘭霓，《耶穌會士白晉的生平與著作》，頁 39。

例皆淺近，唯書賬、文案、券契、藥方，非涉雅言，用亦無爽」，即雅正俗鄙說。〔註145〕同時，《說文》大徐本作者徐鉉（916～991）亦指出俗字不合造字之法，附於正字之後，徐鉉曰：「其間說文，具有正體，而時俗譌變者，則具於注中。其義理乖舛、違戾六書者，竝列序於後，俾夫學者無或致疑。」〔註146〕俗字與正字之分，除雅俗之別外，最為重要的是規範說，即官方認定的文字為正字，此外的文字皆為俗字，如今人曾良認為：「『俗字』這一觀念是針對『正字』而言的。正字是規範字，規範正字以外的字都屬於俗字。正因如此，故蔣禮鴻先生說『正字的規範既立，俗字的界限纔能確定』。可見正字、俗字是從文字規範化的角度提出的。」〔註147〕綜言之，「正字為規範用字，與俗字有雅俗之別。二者相輔相成，正字為主導，俗字則居從屬地位；正字是文字系統之骨幹，俗字則為文字系統之補充與後備。二者關係並非一成不變，而是時移世易。」〔註148〕李奭學敏銳觀察到乾嘉之時，傳教士受當世文人、書籍出版之刻工及西方拼音文字同音字互借之觀念影響，耶穌會會士或遣使會士，皆好用異體字。〔註149〕而《六書實義》卻明辨正、俗，可見馬氏在字學一道，絕非止於升堂，實已入室。

　　俗字概念，始於許慎。《說文解字》有「俗作某」之說，只是未明確提出「俗字」名稱。古今學者判斷正、俗字，多以《說文解字》為本，其正例幾乎皆可視作正字。馬若瑟之正、俗字判斷，亦與清人相同，以《說文解字》為張本，載於說文者為正字（本字、本義），不見說文者乃俗字（叚借義或引申義）。此為字學通則，馬氏未在《六書實義》言明，然在《漢語劄記》中向西人講解時卻有詳盡說明。《漢語劄記》中，馬氏在介紹漢字歷代書寫形式時，指出隸書有古字、本字、正字、俗字、省字（即漢字簡化）、偽字

〔註145〕〔唐〕顏元孫，《干祿字書》，收入〔清〕紀昀等總纂，《景印文淵閣四庫全書》，冊224，頁245。
〔註146〕〔漢〕許慎撰，〔宋〕徐鉉增釋，《說文解字》，收入〔清〕紀昀等總纂，《景印文淵閣四庫全書》，冊223，頁380。
〔註147〕曾良，《俗字及古籍文字通例研究》（南昌：百花洲文藝出版社，2006年），頁35。
〔註148〕張湧泉，《漢語俗字研究》（長沙：嶽麓書社，1995年），頁4；依照蔡信發的深入研究，總結出《說文》俗字成因有九，而俗字對應正字之形體改易的形式有十一，自《說文》至今歷代字書中計有二十一個俗字（《說文》認定）改列為正字。詳見：蔡信發，《說文答問》（臺北：臺灣學生書局有限公司，2010年），頁41～43。
〔註149〕李奭學，《明清西學六論》，頁197～198。

六類。在俗字一項之下，馬氏說明判斷依據，即非載於《說文解字》者視為俗字。〔註150〕然而此法並非十全十美，部分所謂「俗字」也見諸《說文解字》。此時，就需了解何者為本字，何者又為叚借義。

　　馬若瑟《六書實義》正、俗之辨涉及正文多處，茲列舉如下，並攷之《說文解字》及其他經籍，以見馬氏正、俗字觀：

　　　　故气（俗作氣）字象形。（《六書實義》，頁 462，後文皆省略書名，
　　　　只書頁碼）

案：攷之《說文解字》（後文省作《說文》）可知，「气」為本字，雲氣之義。而「氣」乃米氣之義，乃後起形聲字，假借「气」為「氣」。段玉裁注曰：「气、氣古今字」，「今字（氣）叚氣爲雲氣字」。〔註151〕

　　　　道字从（俗作從）首，从辵，會意。（頁 464）

案：《說文》段注本，大徐本中從字皆作从，「从」乃「從」之本字，或曰「从」、「從」乃古今字。段注又指自「從」流行後，「从」字漸廢，清代亦將「從」作為正字。〔註152〕

　　　　凶（俗偽作㐫），本訓惡也。（頁 475）

案：㐫字首見《四聲篇海・凶部》，其注曰：「音凶。俗字」。〔註153〕

　　　　日出地上為旦，火在人上為炗（俗作光）……如兩手下為拜（俗作
　　　　拜）。（頁 479）

案：依《說文》所收錄之小篆，「光」之楷書宜為「炗」。據《康熙字典》言：「本作炗，今作光」〔註154〕，足見「光」在清時已轉為正字。但須知，《康熙字典》雖為官方之作，但馬氏對其評價不高。在他看來，《康熙字典》雖然內容廣博，卻並不實用（useless）且不準確（uncertain），故馬氏不採《康熙字典》之說源於此。〔註155〕馬氏所言俗字「光」，在隸定時，從火的偏旁

〔註150〕Prémare, Joseph-Henri de, and tr. into English by Bridgman J. G. *Notitia Linguae Sinicae*. x.; Prémare, Joseph-Henri de. *Notitia Linguae Sinicae*. 9.

〔註151〕〔漢〕許慎著，〔清〕段玉裁注，《圈點說文解字》（臺北：萬卷樓，2002 年），頁 20、336。

〔註152〕〔漢〕許慎著，〔清〕段玉裁注，《圈點說文解字》，頁 390。

〔註153〕〔金〕韓孝彥、〔金〕韓道昭撰，〔明〕釋文儒、〔明〕思遠、〔明〕文通刪補，《成化丁亥重刊改併五音類聚四聲篇海》，收入《續修四庫全書》編纂委員會編，《續修四庫全書・二二九・經部・小學類》，頁 467。

〔註154〕〔清〕張玉書、陳廷敬等奉敕纂，《御定康熙字典》，收入〔清〕紀昀等總纂，《景印文淵閣四庫全書》，冊 229，頁 123。

〔註155〕Prémare, Joseph-Henri de, and tr. into English by Bridgman J. G. *Notitia Linguae*

發生形變，蓋失其形。嚴謹地說，「光」並不合於六書，確為俗字。同時，照顏元孫《干祿字書》著錄：「光兊」〔註156〕，依其「上俗下正」之分辨原則，「光」當為俗字。至於「拜」，載於《說文》：「拜，楊雄說：『𢹬，从兩手』」〔註157〕，是為正字。而「拜」字見於《玉篇》：「拜，居竦切。《說文》云：『與収同』」〔註158〕，収即廾也，然說文之拜非「竦手」之意，故「拜」乃「拜」之俗字。

美（俗作美）……𦫵（俗作敬）……（頁480）

案：「羙」乃「美」之俗字，收錄於中研院編《宋元以來俗字譜》，常見於宋元以來通俗小說。〔註159〕「𦫵」作為「敬」之本字，其字形或為馬若瑟首創，不見他書。首先，「茍」乃「敬」之初文，「敬」是「茍」後起形聲字；「茍」、「敬」的發聲都是見紐，屬雙聲轉注字。〔註160〕換言之，相對於「敬」，「茍」是其本字，是為正字。又據《說文》，「茍」之古文作「𦱶」，羊字若不省形，即从羊从包。〔註161〕今楷書多作「蒼」，而馬若瑟隸定為「𦫵」。承馬若瑟字越古越正之原則，𦫵字當然為正字。除了該原則外，古字羊字不省形，從而突顯了該字的「天學」意涵——「借羊為聖人之象」。〔註162〕

眞，訓僊人變形而登天。本義。从匕（此化之本字）从目从𠃊（此古隱字）。八，所乘之載也。（頁481）

案：該字之訓，實出大徐本《說文》，《說文解字・匕部》云：「真，僊人變形而登天也。从匕，从目，从𠃊。𠃊，音隱。八，所乘載也。」〔註163〕馬若瑟對「眞」的解釋，援引劉凝之說，合乎天學之道。「八」即「別」也，馬若瑟解之為「別其善而登於天門，別其惡而交陷火宅。故曰：『八所乘載』」。又據

　　　Sinicae. vii.; Prémare, Joseph-Henri de. *Notitia Linguae Sinicae*. 7.
〔註156〕〔唐〕顏元孫，《干祿字書》，收入〔清〕紀昀等總纂，《景印文淵閣四庫全書》，冊224，頁247。
〔註157〕〔漢〕許慎著，〔清〕段玉裁注，《圈點說文解字》，頁104。
〔註158〕〔梁〕顧野王撰，〔唐〕孫強增補，〔宋〕陳彭年等重修，《重修玉編》，收入〔清〕紀昀等總纂，《景印文淵閣四庫全書》，冊224，頁57。
〔註159〕劉復，李家瑞編，《宋元以來俗字譜》（北平：國立中央研究院歷史語言研究所單刊，1930年），頁120。
〔註160〕蔡信發，《說文部首類釋》（臺北：臺灣學生書局有限公司，2007年），頁249。
〔註161〕〔漢〕許慎著，〔清〕段玉裁注，《圈點說文解字》，頁439。
〔註162〕〔法〕馬若瑟，《六書實義》，頁480。
〔註163〕〔漢〕許慎撰，〔宋〕徐鉉增釋，《說文解字》，收入〔清〕紀昀等總纂，《景印文淵閣四庫全書》，冊223，頁230。

《康熙字典》，《六書實義》所書「眞」為正字，「真」為俗字。〔註 164〕

　　行文未明言者，有如書「爲」不而書「為」，作「耦」而非「偶」，寫「迹」而非「跡」，皆有所本。〔註 165〕依照《說文》，儘收「爲」字而不見「為」，況𤓰從爪，正字當作「爲」；耦訓「二伐爲耦」，而偶訓「桐人也」，即「木偶」、「玩偶」之「偶」，「奇耦」當以「耦」為正體；「迹」於說文，「從辵亦聲」，並未從足，可見「迹」當為正字。〔註 166〕訓字之時，馬氏定用正字，其餘行文之中散見俗字，亦足見馬若瑟對字形正、俗之別的掌握。同時，某些俗字雖已在康熙年間轉為正字，然馬氏堅持遵從古說（索隱派的基本立場），多以本字或合六書者為正字。

　　馬若瑟憑藉深厚字學功力，以《說文》六書之法，運用本字、本音、本義訓詁文字，毫無破綻。既合乎中國小學傳統，又可注入天學之恉，足見索隱之妙，手法之高明。展現在文本之中，直言本字、正字、俗字者，相當直觀，讀者閱之即可發現。然而《六書實義》整個文本作為次文本，細細查攷，便可發現在除馬氏指出正、俗字之外，其文本用字也多有正、俗之別，甚至可達成溫古子、折中翁、知新翁「確有」三人之目的。馬若瑟為虛構三人身份，除假造姓名、附加年號等手段操縱外，還在敘述文本之時，運用不同字形，以達到分飾三人的目標。

　　從折中翁之序與知新翁之跋可知，折中翁擅長字學，而知新翁多曉西學。體現於文本，則知新翁運用俗字多於折中翁。〔註 167〕如折中翁所書：「得兔而忘蹄，得魚而忞筌，得道而忞象」一句〔註 168〕，「忘」字二形。若從小篆觀之，「忞」字乃合乎小篆的隸定；若從《宋元以來俗字譜》之觀點，「忞」乃俗字，多見於《目連記》、《金瓶梅》等。〔註 169〕若「忞」為俗字，則折中翁之序有正有俗，而知新翁之「忞」僅有俗字了。〔註 170〕雖然，按照馬若瑟

〔註 164〕〔清〕張玉書、陳廷敬等奉敕纂，《御定康熙字典》，收入〔清〕紀昀等總纂，《景印文淵閣四庫全書》，冊 230，頁 362。

〔註 165〕〔法〕馬若瑟，《六書實義》，頁 445、4581、458。

〔註 166〕〔漢〕許慎著，〔清〕段玉裁注，《圈點說文解字》，分別見頁 114、186、387、70。

〔註 167〕〈序〉、〈跋〉書寫字形，前後具有一貫性，然從出現頻率來說，知新翁高於折中翁。

〔註 168〕馬若瑟，《六書實義》，頁 448。

〔註 169〕劉復，李家瑞編，《宋元以來俗字譜》，頁 32。

〔註 170〕如「念念心心，不忞救世者」句。馬若瑟，《六書實義》，頁 495。

之設定，折中翁對西學所知寥寥，而此亦句出自《莊子‧外物》。此外，知新翁之「解」字又特與溫古子、折中翁之「觧」相異。〔註171〕據《康熙字典》，「觧」乃「解」之俗字。〔註172〕然在馬若瑟眼中，從羊之字更合天學，是故多書「觧」字將之當做傳教士的「正」字，然為分作二人，不得不用正字「解」——當時教會人士有關之行文用字中，「觧」字並不罕見。〔註173〕

　　馬若瑟「溫古子」之名，「溫」皆書作「温」，依《康熙字典》，「温」已成正字，而將「溫」作為本字。〔註174〕其正文部分多本字、用典，以與折中、知新二人作區別，及展示其字學學養，如溫古子回答「六書之實」部分言：

> 今世書生得側ヽ勒一弩｜趯亅策ノ掠ノ啄ノ磔ヽ以為畫母，則俗字
> 不難成，竟視六書之妙法以為無用之學而不精究之，將使中國之奧
> 文與四荒之蠻書大溷。哀哉！〔註175〕

溫氏在該部分中感歎俗字大行，六書溷淆，與蠻族文字無異。其畫母之論，即典自「永字八法」。其中，「溷」字攷之《說文》可知，「溷」訓為「亂也」，而「混」則釋作「豐流也」。〔註176〕可見，「溷」乃本字，今「混」作「亂」解，實假借「溷」之義也。綜上所述，可推知馬若瑟為分飾三人，在用字上，確是下了一番功夫。

　　自馬若瑟的敘述可知，此君極重六書，注意區別不合「六書之妙法」的俗字。認為唯有本字存有原祖（或作：元祖）二人流傳下來的天學意涵，而俗字卻混淆了古字，使得中國文字之天學內容不彰。若不區別本字、俗字，中國文字最終會流落與番邦文字無異的境地。中國古籍除卻印刷外，皆用手抄，故書寫文字字形不定，又有書法加以孳乳，或有國家分裂致使文字混亂不一，以致俗字流行，別字日增。《顏氏家訓‧雜藝第十九》云：

> 晉宋以來，多能書者。故其時俗，遞相染尚，所有部帙，楷正可觀，

〔註171〕知新翁有「折中子未聞西學，故有不解」，折中翁有「次序形意之解」句，溫古子有「許氏以下能明六書，而以本義本訓解古字者，南豐劉凝二至一人而已」句。〔法〕馬若瑟，《六書實義》，分別見頁491、445、453。

〔註172〕〔清〕張玉書、陳廷敬等奉敕纂，《御定康熙字典》，收入〔清〕紀昀等總纂，《景印文淵閣四庫全書》，冊231，頁142。

〔註173〕如：陳垣識，《康熙與羅馬使節關係文書》，頁72。

〔註174〕〔清〕張玉書、陳廷敬等奉敕纂，《御定康熙字典》，收入〔清〕紀昀等總纂，《景印文淵閣四庫全書》，冊230，頁173。

〔註175〕〔法〕馬若瑟，《六書實義》，頁451。

〔註176〕〔漢〕許慎著，〔清〕段玉裁注，《圈點說文解字》，頁551、555。

不無俗字，非為大損。到梁天監之間，斯風未變。大同之末，訛替
滋生。蕭子雲改易字體，邵陵王顏行偽字……朝野翕然，以為楷式，
畫虎不成，多所傷敗。……爾後墳籍，略不可看。北朝喪亂之餘，
書迹鄙陋，加以專輒造字，猥拙甚於江南。乃以百念為憂，言反為
變，不用為罷，追來為歸，更生為蘇，先人為老，如此非一，徧滿
經傳。〔註177〕

其感慨與馬若瑟同，馬氏云：「百家出，而六書昧。六書昧，而六經亂。六經
亂，而先王之道熄。」〔註178〕而其師劉二至之說，則可作為絕佳之補充：「世
人學術事功，昧其本原，不獨文字為然，而文字尤甚。夫文字者，所奉以為
治察之具，乃黠者好為臆造，畢者樂意因循，遂使俗字日增，舛乖日甚……
域天下之耳目，窒天下之心思。」〔註179〕俗字之增加，敗壞學術與人心，以
致王道教化之不行。故而，馬氏又云：「後世俗字，則無本之書。大非古意，
實不足觀。」〔註180〕

當然，馬氏的行文用字也並非完美無瑕，錯漏之處也散見《六書實義》。
若將「假使」之義的「苟」，書作訓「自急敕也」之「茍」；將《易經》之「易」，
寫作「會易」之「昜」。〔註181〕此皆時人俗寫常用之字，非馬氏之疏。然有些
錯漏卻有失馬氏字學行家的本色。如「禪，本訓『衣不重』。借為禪代」，誤
也。訓「衣不重」者，乃「襌」字，禪當訓「祭天也」。〔註182〕前者從「衣」，
後者從「示」，差異甚小，此乃馬氏紕漏也。

所謂「名師出高徒」也，馬氏從師劉二至，對其推崇備至，稱讚許慎之
下能明六書者，惟南豐劉凝一人而已。〔註183〕劉氏雖「尤精古六書之學」，
「國朝字學之美」，並有「七十年之功」。〔註184〕實則於有清小學興隆之朝，

〔註177〕〔隋〕顏之推，《顏氏家訓》，收入〔清〕紀昀等總纂，《景印文淵閣四庫全
書》，冊848，頁986～987。

〔註178〕〔法〕馬若瑟，《六書實義》，頁452。

〔註179〕〔清〕劉凝，〈說文解字夾序〉，收入〔清〕鄭釴修，〔清〕劉凝等纂，《南豐縣
志》（康熙二十二年〔1683〕刊本），收入《中國方志叢書‧華中地方‧第八二
五》，頁1152。

〔註180〕〔法〕馬若瑟，《六書實義》，頁451。

〔註181〕〔法〕馬若瑟，《六書實義》，頁462、468。

〔註182〕〔法〕馬若瑟，《六書實義》，484；〔漢〕許慎著，〔清〕段玉裁注，《圈點說
文解字》，頁398、7。

〔註183〕〔法〕馬若瑟，《六書實義》，頁453。

〔註184〕前句出自渾鶴生所撰之劉凝傳，後句見《經傳議論》、《六書實義》。〔清〕柏

劉說幾不見經傳，難成一家之言。意即，在當時，劉氏於小學一途，並非望重士林之輩。實則，劉氏之說，多為學者清代字學所不屑。《四庫全書總目》為劉氏所下之判語，多為負面，可謂嚴厲——「失於穿鑿也」、「根本先謬，又加以意為增減，彌起糾紛」。〔註185〕故其著多有亡佚，以及馬氏觀點有誤，可以想見，亦在情理之中。

　　總言之，馬氏雖有少許錯謬，然依舊在合理範圍之內，足推論出馬氏字學功底當為眾西洋人中首屈一指。馬若瑟對漢字的正、俗之辨，首先是為展示其字學功底，即所謂的表演性。再而闡明其俗字混亂六書而使六經昧，終致天學之道熄的學說。最次是為分飾三人，已達確有不同三人參與創作之目的。

第五節　索隱基石：從互文看《六書實義》參攷漢籍

　　互文性理論，得益於茱莉亞·克莉斯蒂娃，隨後又有羅蘭·巴特（Roland Barthes，1915～1980）、熱奈特、里法泰爾（Michael Riffaterre，1924～2006）等學者各自陳述，充實互文性概念。總體可分為意識形態與詩學形態兩種路徑：前者以克里斯蒂娃、巴赫金（M. M. Bakhtin，1895～1975）、羅蘭·巴特、德里達（Jacques Derrida，1930～2004）為代表，融匯、整合結構主義、馬克思主義、精神分析等理論資源，考察文本內外身份、主體、意義、社會歷史的動態聯繫與轉換；後者以熱奈特、里法泰爾為主要代表，主要以文學為研究對象，圍繞文學意義的生成與解讀，只針對文本，討論人物形象、故事情節、結構方式、母題、文類風格等眾多因素的描述、轉換與模仿。〔註186〕

　　緒論嘗徵引索萊爾斯之語，即一篇文章必然聯繫多個文本。熱奈特更是提出了兩種最易操作的形式——「引用」與「抄襲」。本節即從明顯的「引語」與「秘而不宣的借鑒」兩種互文入手，初步整理馬氏所參考之中文典籍。

　　　　春修，〔清〕魯琪光等纂，《南豐縣志》（同治十年〔1871〕刊本），收入《中國方志叢書·華中地方·827》，頁1108；〔法〕馬若瑟，《經傳議論》，自序，頁1；氏著，《六書實義》，頁453。

〔註185〕〔清〕永瑢、〔清〕紀昀等撰，《欽定四庫全書總目·經部》，收入〔清〕紀昀等總纂，《景印文淵閣四庫全書》，冊1，頁910～911。

〔註186〕李玉平，《互文性：文學理論研究的新視野》（北京：商務印書館，2014年），頁38～39。

下文即將原文摘錄，並與所援引之典籍原句一併附上。為求簡明，故繪製成表，茲列與下：

表4.3　《六書實義》參攷文獻互文表

《六書實義》	參　攷　文　獻
夫象也者，筌蹄也。蹄所以在兔，筌所以在魚，象所以明道。得兔而忘蹄，得魚而忘筌，得道而忘象。（頁447～448）	故言者所以明象，得象而忘言；象者，所以存意，得意而忘象。猶蹄者所以在兔，得兔而忘蹄；筌者所以在魚，得魚而忘筌也。……得意在忘象，得象在忘言。〔註187〕 出自：王弼《周易略例・明象》
《易大傳》云：「上古結繩而治，後世聖人易之以書契，蓋取諸夬。」（頁449）	上古結繩而治，後世聖人易之以書契，百官以治，萬民以察，蓋取諸夬。〔註188〕 出自：孔子《周易・繫辭下》
羅泌引《博古傳》云：「河圖洛書皆天神設言，以告王。先王受之於天，傳之於百世，百官以治，萬民以察，謂之書契。」（頁450）	鄭《六藝論》云：「河圖洛書皆天神語言，以告王者。」 稽夬象，肇書契，以代結繩之政，百官以治，萬民以察，而文藉由是興矣。〔註189〕 出自：羅泌《路史》
許慎曰：「篆文隸從古文之體」。臣鉉等云：「未詳古文所出。」（頁450）	篆文隸從古文之體。臣鉉等：「未詳古文所出。」〔註190〕（徐鉉《說文解字》）
則於《說文長箋》若干卷何不述之？（頁476）	臣鉉等：「未詳古文所出。」〔註191〕（趙宧光《說文長箋》）
劉二至云：「古文之時，篆尚未作。」（頁450）	案：按馬氏之語推測，其所用《說文解字》當是劉凝所注版本，今已亡佚。從《說文解字》引文看，應以大徐本為底本。又據馬若瑟1728年致

〔註187〕〔晉〕王弼著，〔唐〕邢璹注，〔明〕程榮校，《周易略例》（明萬曆二十年〔1592〕刊「漢魏叢書」影印本），收入嚴靈峯編輯，《無求備齋易經集成》（臺北：成文出版社，1976年），冊149，頁22～23。

〔註188〕〔魏〕王弼注，〔晉〕韓康伯注，〔唐〕孔穎達正義，《周易正義》，收入〔清〕阮元校勘，《十三經注疏》，冊1，頁168。

〔註189〕〔宋〕羅泌，《路史》，收入〔清〕紀昀等總纂，《景印文淵閣四庫全書》，冊383，頁42、75。

〔註190〕〔漢〕許慎撰，〔宋〕徐鍇增釋，《說文解字》，收入〔清〕紀昀等總纂，《景印文淵閣四庫全書》，冊223，頁127。

〔註191〕〔明〕趙宧光，《說文長箋一百卷首二卷解題一卷（二）》（首都圖書館藏明崇禎四年〔1631〕趙均小宛堂刻本），收入四庫全書存目叢書編纂委員會編，《四庫全書存目叢書・經部一九六》（臺南：莊嚴文化事業有限公司，1997年），頁196。

許氏以下能明六書，而以本義本訓解古字者，南豐劉凝二至一人而已。惜乎！瘞其書於山穴，無人表彰，而行世七十年之功將盡泯。（頁453）	傅爾蒙的信札所言：「我有他的這本書（《長箋》），不過已由一位研究《說文解字》長達60年的中國人親筆修訂過。這是我的私人財富，在中國沒有別人有！」〔註192〕 出自：馬若瑟家藏劉凝注趙宧光《說文長箋》
趙凡夫云：「理、數可法，不可象故，故曰指事」，又云：「理之形謂奇、耦，數之形爲一、二」。	理、數出類，無形出形歟。理出形，謂畸、偶；數之形，謂一、二。理數可濾而不可橾，故曰指事。〔註193〕（趙宧光《六書長箋·六義这筦十六條》）
漢有許慎、班固、鄭玄，晉有衛恒，唐有賈公彦、張參，後唐有徐鍇，宋有張有、鄭樵，元有熊朋來、戴侗、楊桓、劉泰、余謙、周伯琦，明有趙古則、王鏊、張位、趙凡夫、朱謀瑋。（頁452）	案：以上諸家，皆見《六書長箋》。〔註194〕 出自：馬若瑟家藏劉凝注趙宧光《六書長箋》
蓋六書有三類：一曰文。文，母也。一曰字。字，子也。一曰書。書，典也。獨體爲文，指事、象形是也。合體爲字，形聲、會意是也。（頁454）	小學之義，第一當識子母相生……獨體爲文，合體爲字。〔註195〕 出自：鄭樵《通志·六書略》
《綱鑑補》云：「人在一上爲上，人在一下爲下，各有其處，事得其宜，故曰指事。」（頁457）	三曰指事，謂上下之類，人在一上爲上，人在一下爲下，各有其處，事得其宜，故曰指事。〔註196〕 出自：袁黄《歷史綱鑑補》
大小之殺（頁459）	無上下大小之殺也。（〈釋丘第五〉）
人，本訓「仁人也。」（頁472）	人，仁也，仁生物也。（〈釋形體第八〉）〔註197〕 出自：劉熙《釋名》

〔註192〕〔丹麥〕龍伯格，《清代來華傳教士馬若瑟研究》，頁41。

〔註193〕〔明〕趙宧光，《六書長箋》（據上海圖書館藏明崇禎四年趙均崇禎四年〔1631〕小宛堂刻本影印），收《續修四庫全書》編纂委員會編，《續修四庫全書·二○三·經部·小學類》，頁454。

〔註194〕〔明〕趙宧光，《六書長箋》（據上海圖書館藏明崇禎四年趙均崇禎四年〔1631〕小宛堂刻本影印），收《續修四庫全書》編纂委員會編，《續修四庫全書·二○三·經部·小學類》，頁414。

〔註195〕〔宋〕鄭樵，《六書略》（臺北：藝文印書館，1976年），通志六書略一，頁4；通志六書略二，頁20。

〔註196〕〔明〕袁黄編，《鼎鍥趙田了凡袁先生編纂古本歷史大方綱鑑補三十九卷首一卷（一）》（明萬曆三十八年〔1610〕雙峰堂余氏刻本），收入四庫禁燬書叢刊編纂委員會編，《四庫禁燬書叢刊·史部第六七冊》（北京：北京出版社，1998年），頁126。

〔註197〕〔漢〕劉熙，《釋名》（北京：中華書局，1985年），頁16、26。

《周禮‧保人》序六藝，獨云：「五曰六書。」（頁 454）	保氏：掌諫王惡，而養國子以道。乃教之六藝：一曰五禮，二曰六樂，三曰五射，四曰五馭，五曰六書，六曰九數。〔註 198〕 出自：《周禮‧地官司徒‧保氏》
或云：「太極是理，陰陽，是氣。」（頁 462）	太極，理也，陰陽，氣也。 案：出自朱熹對周敦頤「太極圖」解附中的自注。〔註 199〕 出自：朱熹注《太極圖說》
又云：「五行，陰陽也；陰陽，太極也。」（頁 462）	五行，一陰陽也；陰陽，一太極也。〔註 200〕 出自：周敦頤《太極圖說》
又云：「陰陽，一氣也。」（頁 462）	陰陽只是一氣。〔註 201〕 出自：朱熹《朱子語類》
非是徐鍇謂：「一者，天地人之氣。」（頁 462）	臣鍇曰：「一者，……象天地人之气。」〔註 202〕 出自：徐鍇《說文繫傳》
古傳所云：「天子祀神，三一於郊。」（頁 464）	亳人謬忌奏祠太一方，曰：「天神貴者太一，太一佐曰五帝。古者天子以春秋祭太一東南郊，用太牢，七日，為壇開八通之鬼道。」於是天子令太祝立其祠長安東南郊，常奉祠如忌方。其後人有上書，言「古者天子三年一用太牢祠神三一：天一、地一、太一。」〔註 203〕 出自：司馬遷《史記‧封禪書》
若老子所云：「道生一，一生二，二生三，三生萬物。」（頁 464）	道生一，一生二，二生三，三生萬物。〔註 204〕 出自：老子《道德經》
天位乎上，地位乎下。（頁 468）	天位乎上，地位乎下，人位乎中。〔註 205〕 出自：程顥《二程遺書‧明道先生語一》

〔註 198〕〔漢〕鄭玄注，〔唐〕賈公彥疏，《周禮注疏》，收入〔清〕阮元校勘，《十三經注疏》，冊 3，頁 212。

〔註 199〕〔宋〕周敦頤撰，王雲五主編，《周子全書》（上海：商務印書館，1937 年），頁 2。

〔註 200〕〔宋〕周敦頤撰，王雲五主編，《周子全書》，頁 13。

〔註 201〕〔宋〕朱熹，《朱子語類》，收入《朱子全書》（上海：上海古籍出版社，合肥：安徽教育出版社，2002 年），冊 16，頁 2156。

〔註 202〕〔南唐〕徐鍇撰，（南唐）朱翱反切，《說文繫傳》，收入〔清〕紀昀等總纂，《景印文淵閣四庫全書》，冊 223，頁 387。

〔註 203〕〔日〕瀧川龜太郎，《史記會註考證》，頁 508。

〔註 204〕〔魏〕王弼注，樓宇烈校釋，《老子道德經校釋》（北京：中華書局，2008 年），頁 117。

〔註 205〕〔宋〕程顥、〔宋〕程頤著，王孝魚點校，《二程集》（北京：中華書局，1981 年），頁 117。

《中庸》曰：「致中和，天地位焉，萬物育焉。」（頁469）	致中和，天地位焉，萬物育焉。〔註206〕 出自：孔伋《中庸》
夫大易者，其無形之聖乎！而聖人者，其有形之易乎！（頁470）	易者，無形之聖人；聖人者，無形之易。〔註207〕 出自：王申子《大易緝說》
「徯予后，后來其蘇。」（頁472）	攸徂之民，室家相慶，曰：「徯予后，后來其蘇。」〔註208〕 出自：《尚書・商書・仲虺之誥》
又知，羊有角而不用，執之而不鳴，殺之而不號。（頁480）	羔有角而不任，設備而不用，類好仁者；執之不鳴，殺之不諦，類死義者；羔食於其母，必跪而受之，類知禮者；故羊之為言猶祥與！〔註209〕 出自：董仲舒《春秋繁露・執贄第十六》
是僊與覂同爲一字，訓「升高也。」（頁481）	覂……《類篇》：本要字，或從巳。升高也。〔註210〕 案：雖自《類篇》，然有多處引文，也自《康熙字典》，並馬氏嘗自言擁有此書。故馬氏應當參考的是《康熙字典》。 出自：《康熙字典》
詩曰：「於昭于天。」（頁482）	文王在上，於昭于天。〔註211〕 出自：《詩經・大雅・文王之什・文王》
如《大學》所云：「惡惡臭，好好色。」	所謂誠其意者，毋自欺也，如惡惡臭，如好好色，此之謂自謙，故君子必慎其獨也！〔註212〕 出自：《大學》
心，訓「土藏」，一曰「火藏」。神明	心者，神之舍也。〔註213〕

〔註206〕〔宋〕朱熹，〈中庸章句〉，《四書章句集注》，收入〔清〕紀昀等總纂，《景印文淵閣四庫全書》，冊197，頁201。
〔註207〕〔元〕王申子，《大易緝說》，收入〔清〕紀昀等總纂，《景印文淵閣四庫全書》，冊24，頁274。
〔註208〕〔漢〕孔安國傳，〔唐〕孔穎達正義，《尚書正義》，收入〔清〕阮元校勘，《十三經注疏》，冊1，頁111。
〔註209〕〔漢〕董仲舒原著，蘇輿撰，鍾哲點校，《春秋繁露義證》（北京：中華書局，1992年），頁419～420。
〔註210〕〔清〕張廷玉、〔清〕陳敬書等奉敕纂，《御定康熙字典（三）》，收入〔清〕紀昀等總纂，《景印文淵閣四庫全書》，冊231，頁129。
〔註211〕〔漢〕毛亨傳，〔漢〕鄭玄箋，〔唐〕孔穎達正義，《毛詩正義》，收入〔清〕阮元校勘，《十三經注疏》，冊2，頁553。
〔註212〕〔宋〕朱熹，〈大學章句〉，《四書章句集注》，收入〔清〕紀昀等總纂，《景印文淵閣四庫全書》，冊197，頁7。
〔註213〕〔唐〕王冰注，〔宋〕史崧校正、音釋，《靈樞經》，收入〔清〕紀昀等總纂，《景印文淵閣四庫全書》，冊197，頁426。

	心是神明之舍，為一身之主宰。〔註214〕
之舍也。	案：以上二書皆有可能 出自：《黃帝內經・靈樞經・大惑論》或《朱子語類》

　　檢視馬氏《六書實義》，引用《易經》二十餘次，徵引〈繫辭〉、〈雜卦傳〉、〈文言傳〉，乾、坤、否、泰、蠱卦等諸多卦辭，無愧於索隱派另兼「易經主義者」的稱號，也無違馬氏「惜吾中國，有書契，有《易經》，乃上古之大寶，而不識其價」之言。〔註215〕另外，馬氏也大量使用除《易經》外的經部書籍，如《中庸》、《說文長箋》、《尚書》、《詩經》。再結合前文之命名原則，又可添上《論語》、李光地《周易折中》等書籍。總結上表，從直言引用與不明言引用兩個角度互文，可得出馬氏所參考之文獻有：經部，《易經》、王弼《周易略例》、王申子《大易緝說》、李光地《周易折中》、孔伋《中庸》、《尚書》、董仲舒《春秋繁露》、《論語》、《詩經》、《大學》、《周禮》、徐鍇《說文繫傳》、徐鉉《說文解字》、鄭樵《通志・六書略》、馬若瑟家藏劉凝注趙宧光《說文長箋》、《康熙字典》、劉熙《釋名》；史部則有羅泌《路史》、袁黃《歷史綱鑑補》、司馬遷《史記》；子部，則有朱熹與周敦頤之《太極圖說》、《朱子語類》、《黃帝內經》。由此可得知，索隱派所注重之文獻，以經部即儒學為主，此乃字利瑪竇以來的耶穌會規矩。索隱派則加以突破，大大加重了其中的「易學」比重，而馬若瑟此作，則在索隱派大量運用「經部・易類」基礎上，兼取大宗的「經部・小學類」著作，以達其著述目的。

　　除了可以從互文確定馬若瑟確有參考的書籍外，亦不乏些許難以斷定者，一併列舉如下：

表4.4　《六書實義》疑似參攷書籍表

《六書實義》	疑似文獻
或重體制，許慎《說文》、呂忱《字林》、荊公《字說》等書是也。或重訓詁，郭氏《爾雅》、揚雄《方言》、劉成國《釋名》、陸元朗《經典釋文》等書是也。或從音韻，《廣韻》、《集韻》、《韻會小補》、《佩文韻府》等書是也。（頁455）	案：行文敘述中提到所有書籍（《釋名》、《說文》除外）

〔註214〕〔宋〕朱熹，《朱子語類》，收入《朱子全書》，冊17，頁3305。
〔註215〕〔法〕馬若瑟，《六書實義》，頁501。

衛恒云：「在上為上，在下為下」。（頁457）	案：馬氏引用不少衛恆《四體書勢》之語，然衛氏之說亦收錄於《六書長箋》。〔註216〕故難以確定馬氏僅參考了《六書長箋》，還是翻閱原文。 疑似文獻：衛恆《四體書勢》
太古之時，雲上於天，將雨未雨，四方需之、俟之……	卦體下乾上坎，乾為天，坎為雲。雲上於天，將雨，而猶未雨，有須待之意，需之象也。〔註217〕 疑似文獻：《日講易經解義》
今借以指人之大體，不聚不散，無形無象，不隨小體而亾。（頁486）	案：此論或自《孟子》。《孟子・告子上》言：「孟子曰：『從其大體為大人，從其小體為小人』」。〔註218〕 疑似文獻：《孟子》

　　總結之，馬若瑟或許還參考了呂忱《字林》、王安石《字說》、郭璞注《爾雅》、揚雄《方言》、陸元朗《經典釋文》、陳彭年等奉敕編《大宋重修廣韻》、丁度等奉敕編《集韻》、李維楨《古今韻會舉要小補》、康熙朝官修之《御定佩文韻府》、御纂《周易日講解義》、衛恆《四體書勢》、《孟子》。另外，根據馬氏書信，或許還參考了劉凝的《六書夬》手稿。〔註219〕

　　以上之書籍，無論是確定參考，還是疑似參考之書，大多可與馬氏藏書相互印證。劉凝相關之《長箋》、《六書夬》是馬氏的私人藏本，而1728年10月16日馬氏致傅爾蒙信札中羅列了馬氏的個人藏書目錄，相合者有《十三經》、《周易日講解義》、《周易折中》、《老子》、《莊子》、《山海經》、《路史》、《康熙字典》、《佩文韻府》。此外馬氏擁有的《性理大全》與《正字通》或是馬氏引用宋人理學與正體字選擇的來源。〔註220〕又據《經傳議論自序》，馬氏又有《十三經》（包含《易經》、《中庸》、《尚書》、《論語》、《詩經》、《大學》、《周禮》、《孟子》）、《廿一史》（包含《史記》）、鉉鍇兄弟（徐鉉、徐鍇）集注

〔註216〕〔明〕趙宧光，《六書長箋》，收入《續修四庫全書》編纂委員會編，《續修四庫全書・二〇三・經部・小學類》，頁415；〔晉〕衛恆，《四體書勢》，收入〔唐〕房玄齡等撰，《晉書》（北京：中華書局，1974年），冊4，頁1061。

〔註217〕〔清〕牛鈕等奉敕撰，《日講易經解義》，收入〔清〕紀昀等總纂，《景印文淵閣四庫全書》，冊37，頁266～267。

〔註218〕〔漢〕趙岐注，〔宋〕孫奭疏，《孟子注疏》，收入〔清〕阮元校勘，《十三經注疏》，冊8，頁204。

〔註219〕見馬若瑟1731年8月19日致傅爾蒙的書信。見〔丹麥〕龍伯格，《清代來華傳教士馬若瑟研究》，頁192。

〔註220〕〔丹麥〕龍伯格，《清代來華傳教士馬若瑟研究》，頁36～41

《說文》。〔註 221〕最終，這些典籍構成了馬若瑟的龐大的中文藏書室／資料庫，甚至吸引中國學者前來翻閱。〔註 222〕

　　禮儀之爭中，不僅統治者要求傳教士遍讀詩書，民間的聲音亦是如此。期間，中國天主教徒夏瑪弟亞作《禮記祭禮泡製》（1698）一書，其建議與康熙帝的諭令如出一轍——「欲議論中國道理，必須深通中國文理，讀盡中國詩書，方可辯論」：

> 若要免人妄証，須先明透中國本性之情。若要明透中國本性之情，
> 需先博覽中國之書籍。中國之書籍，即為中國之本性也。未有不讀
> 中國之書籍，而能透識中國之本性者。……若對中國讀書之人，講
> 道解經，開口便要博引中國古籍為証。若是能引中國書籍，出自何
> 經載在何典。他便低首下心，無不心悅誠服。若不詳引中國書籍，
> 辨折他心。縱有千言萬語，他心不服……〔註 223〕

索隱派本就以掌握中文典籍為本職而冠以「尊經派」，尤為重視康熙所推重西學中源之核心《易經》，又被稱作「易經派」，這一點在馬氏文中皆可找到印證。而索隱之功用除了迎合皇帝之令外，對收編知識分子之亦有妙效。夏氏「辨折他心」與「心悅誠服」之論，可謂一針見血。馬氏深明此道，於《六書實義》中，徵引龐大的經部著述，將表演性發揮到極致，必要讓中國帝王與儒生「心悅誠服」。當然從馬氏參考之漢籍目錄，可知馬氏於漢學一道，可謂下足了工夫，無愧為傳教士中字學一道第一人的美譽。

第六節　小結：從「語言必重」到「辨折帝心」的雙向收編

　　禮儀之爭面臨的傳教窘境，與康熙皇帝拋出的「如中國人一樣」、「語言必重」、「西學中源」的命令與想法，對走上層傳教路線的耶穌會全體產生了重要影響。依託於護教傳統，古代神學再次復興，化為耶穌會索隱派。學派創始人白晉，正是在此情此景中，在康熙皇帝的示意下，對中國古經（尤其

〔註 221〕〔法〕馬若瑟，《經傳議論》，自序，頁 1～2。
〔註 222〕見 1707 年 12 月 26 日致白晉的書札。〔美〕魏若望，《耶穌會士傅聖澤神甫傳》，頁 142。
〔註 223〕〔清〕夏瑪弟亞，《禮記祭禮泡製》（法國國家圖書館藏手稿，1698 年，編號：Chinois 7157），頁 10。

是《易經》）展開了的索隱主義研究。隨後，該群體迅速擴及至其弟子馬若瑟與助手傅聖澤，繼而影響其餘傳教士如沙守信的人。馬若瑟的獨立完成的一份索隱主義著作《夢美土記》，便是在多羅來訪及領票制度出台後不久。此後數年，又相繼撰寫了《天學總論》、《經傳議論》、《經傳眾說》等作品。而嘉樂特使來訪，禮儀問題再起，皇帝頒布「語言必重」旨意，馬氏在此期間便撰寫了《六書實義》，多有回應皇帝之意。其後數年，馬氏又再度著述多份索隱主義論文，試圖為禮儀之爭找尋出路。

　　馬若瑟以索隱主義解讀漢字及六書，雖不能被時儒者全盤接受，但也是對部分儒者受洗耶教提供了思想依據，更是外來宗教嘗試中國化的典型。其彌合耶儒的努力，為西方學者解釋中國典籍、中國典籍翻譯等，做了獨特的嘗試。總的來說，在中華文化與基督宗教文化的初接觸中，索隱派相較於利瑪竇更為圓融，並提出了一套論證基督宗教合法性的理論體系。索隱派的思想雖未必為中國學者所接受，也未能說服耶穌會內部及梵蒂岡，但其在中西文化交流中所做的中國化的努力，有其時代性與獨特性，足以值得學界重視。

　　馬若瑟在《六書實義》中從形式至內容，模仿中國風格（Chinoiserie），試圖偽裝成一本中國典籍。族性一直與民族文學風格聯繫緊密，伏爾泰曾說：「從寫作的風格來認出一個義大利人、一個法國人、一個英國人或一個西班牙人，就像從他們的面孔的輪廓，他的發音和他的行動舉止來認出他的國籍一樣容易。」〔註224〕各族文學皆有其民族風格，風格成為識別族性的標桿。邁耶爾・夏皮羅（Meyer Schapiro，1904～1996）1953 年為《今日人類學：百科全書條目》（*Anthropology Today: An Encyclopedic Inventory*）一書撰寫「風格」（style）詞條，其後遂成〈風格〉名篇。依其定義，風格之意為：「通常是指個體或團體藝術中的恆常形式——有時指恆常的元素、品質和表現」，對綜合的文化史家或者歷史哲學家來說，「風格乃是作為一個整體的文化的某種表現，是其統一性的可加符號」。〔註225〕換言之，夏氏所謂恆常的元素或者符號，正是馬若瑟所加以模仿並運用至創作中，成為

〔註224〕〔法〕伏爾泰撰，薛詩綺譯，楊豈深校，《論史詩》，收入伍蠡甫等編，《西方文論選・上》（上海：上海譯文出版社，1979 年），頁 323。

〔註225〕〔美〕夏皮羅（Meyer Schapiro）著，沈語冰、王玉冬譯，《藝術的理論與哲學：風格、藝術家和社會》（南京：江蘇鳳凰美術出版社，2016 年），頁 50、51。

可識別的「中國性」。

　　從版本觀之，《六書實義》先有文言文版本，隨後馬氏又譯出法文譯本寄往法國（今亡佚）。〔註226〕意即，此部著作，當世時有中西文兩個版本。不同版本與語言，自會形成不同的受眾，達到不同的收編目的。出於康熙收編天主教的需要，以中國為主體、中國人馬若瑟之立場角度觀之，此書為中國收編天主教文明之作；若從西方為主體——馬氏立場為西洋人之角度論之，此書及其法文譯本，實乃收編中國學術與文字的大成之作，足以震動歐洲學界並揭開「中文鑰匙」的神秘面紗。遂可以言，《六書實義》實質上，是一個雙向收編，中西間互利、共贏的典範文本。

　　最後，從《六書實義》之中國性角度分析，馬氏確實深諳字學，遍讀中國詩書，符合康熙帝對傳教士諸多期待。可是說，馬氏此作，即乃禮儀之爭中，為迎合皇帝之期待而誕生的表演性著作，展示傳教士之漢學學養並使皇帝折服，貫徹「學術傳教」路線，以及解決禮儀問題中產生的諸多傳教困局。

〔註226〕龍伯格發現馬若瑟在 1728 年將《六書實義》的一個抄本與法文譯本一同寄給傅爾蒙，但法譯寄遺失了。龍氏認為法譯本可能並不完整，可能只是一份摘要。依照手稿收藏家克拉普洛特（Julius Klaproth）之《書目》記錄，法文版《六書實義》之作者為中國哲人溫古子，非馬若瑟。詳見〔丹麥〕龍伯格，《清代來華傳教士馬若瑟研究》，頁 193。

第五章　建構「新六書」：論馬若瑟
對漢字與學術體系的收編

　　「六書」乃是中國文字的造字之法，其名始自《周禮》，由許慎《說文解字》附加定義，遂成小學（文字、聲韻、訓詁三學）中「文字學」的核心工夫。馬若瑟拋棄了難以為時儒所接受的拆字法〔註1〕，轉而研究經學中小學部分最根本的六書及《說文》，希望從中國正統的文字研究方法中證明耶穌基督存在的痕跡。〔註2〕故而馬氏摒棄了原先的簡易拆字索隱法，他在《六書實義·序》中言：「余於字學六書，慕其法而究其義」，「余乃摒棄眾說，獨宗《說文》」。〔註3〕或可以言，馬氏為由六書衍生出的拆字法確立了六書角度的正當性與支撐理論，使得索隱漢字神學奧秘不再各說各話、體系雜亂、無甚學理、備受詬病。

　　《六書實義》乃用嫻熟文言文寫成，馬氏為自己取名為「溫古子」，並通過書生問，溫古子答的形式寫成，內容廣包儒家思想、道家理論、神學索隱、神秘主義等。從行文看，幾乎難以辨別出西人所作，足見馬若瑟的漢語功底。

〔註1〕若王安石、程子、朱子之法，皆為有清文字學家所譏諷。馬若瑟在乾嘉之前，便深明此道，可謂先行者。

〔註2〕馬若瑟在1731年8月29日致傅爾蒙的信中如是說：「中國人一直認為漢字有六種造字法或原則，根據這些原則，所有漢字的書寫都可以得到解釋。我們發現《說文》中有大量的漢字都是用這種原則來進行分析的，使我們了解到了這些漢字美妙的含義。」；馬若瑟：「天主教是和世界一樣古老的，而且毫無疑問，發明了漢字的中國人一定知道『神』」。〔丹麥〕龍伯格，《清代來華傳教士馬若瑟研究》，頁189。

〔註3〕〔法〕馬若瑟，《六書實義》，頁443、193。

由於六書的研究，已經不再是簡單拆字的研究，論述更為複雜且成體系，極具學術性。馬若瑟能夠以索隱法研究六書，除了其老師白晉外，與中國天主教徒兼小學家劉凝有很大的關係，當然也不止於此。從六書理論探求馬氏六書理論之來源，即第一節之主軸，可以發掘出馬氏六書論，幾乎承襲了唐賈公彥（生卒年不詳）、宋鄭樵（1104～1162）、明趙宧光（異名：趙頤光、趙宧光，參考中研院史語所「人名權威檔」資料庫）等諸家、以及清代劉凝之體系，可謂集宋元明之大成。在中國文字學史上，應當具有一定之地位。

學界有一個未有定論的觀點，即利瑪竇及其繼承者認宋代理學家誤解了中國的經典著作，因此為了更好尋根問底，必須要依據原始經典。故而，利瑪竇設立之回歸古籍路線，在一定程度上（多大程度未有定論）影響了顧炎武（1613～1682）的訓詁考據運動。這一路徑隨後又發展成清代中期戴震和章學誠所提倡的「漢學」。〔註4〕戴密微便主張這種看法，他指陳明朝晚期及清代前期（16～19 世紀）的中國思想史，受到強大文學考證運動所主宰。在18 世紀被稱作「漢學」的，是一種反宋學家而主張恢復漢代儒家經典詮釋學術路線。這種思想有時候呈現出一種文藝復興的表現，中國學者如梁啟超、胡適等人亦執此說。〔註5〕在戴氏看來，雖然西方對清代產生影響並促使清代學術萌發一種類似像文藝復興態勢的學術景象，但這種影響是壓抑的、隱微的、極容易被忽略的——「間接的、不明顯，甚至是無意識的（或隱藏在潛意識之中）的影響，而且這種影響越深刻就越難以被發現，越是表現隱秘。」〔註6〕如馬若瑟的「四體二用」與「四經二緯」說，組成了上述路徑中的其中一環，亦呈現了戴密微所說的，越是影響重大，越是容易被忽略——類似馬氏的理論為戴震發揚光大，至今仍在文字學界通行。此為第一節之第二部

〔註4〕〔美〕魏若望，《耶穌會士傅聖澤神甫傳》，頁 136；當然也不能忽略中國自身思想發展的理路，有學者便指出清學考據傳統的形成並非全依託西學之刺激。如余英時便提出「內在理路」說：「其實若從思想史的綜合觀點看，清學正是在『尊德性』與『道問學』兩派爭執不決的情形下，儒學發展的必然歸趨，即義理的是非取決於經典」。余英時，《論戴震與章學誠：清代中期學術思想史研究》（北京：生活·讀書·新知三聯書店，2000 年），頁 310。

〔註5〕〔法〕戴密微，〈中國與歐洲早期的哲學交流〉，收入〔法〕謝和耐、〔法〕戴密微等著，耿昇譯，《明清間耶穌會士入華與中西匯通》（北京：東方出版社，2011 年），頁 211～212。

〔註6〕〔法〕戴密微，〈中國與歐洲早期的哲學交流〉，收入〔法〕謝和耐、〔法〕戴密微等著，耿昇譯，《明清間耶穌會士入華與中西匯通》，頁 226。

分，呈現馬氏在文字學史上的完整地位——承宋元明而啟乾嘉。〔註7〕

第二節求證馬氏《經傳議論》自序中的為學經歷，並結合《六書實義》、
艾儒畧《西學凡》等西學著作，釐清「西學」與「天學」之意涵，以及馬若瑟
試圖建構之中國式的學術體系——字學、後儒之學與諸子百家、六經、聖人／
先王之道、天，並提出相應之治學之道——信經不信傳的基本態度、索隱主義
作根本方法、記憶術為輔助技藝。

第三節先釐清馬氏索隱體系中的漢字源流——其論承襲韋伯與部分萊布
尼茲之觀點，認定漢字與《易經》當由亞當、厄襪所創，意在記錄人類墮落的
歷史以及與天主有關彌賽亞的約定。其次，剖析《六書實義》，一一闡述馬氏
指事、象形、會意、形聲、轉注、假借之六書蘊藏之神學奧秘，一併將馬氏錯
漏指出，以圖呈現馬氏完整之六書學說面貌以及錯謬之處。最後，第三節第
二部分嘗試另闢蹊徑，從馬氏所言記憶術出發，討論為何廣義象形文字在西
方具有特殊地位。總言之，本章一共分作三端，其一論馬氏六書論之來源與
開創性，其二論馬氏建立之學術體系，其三剖析馬氏六書學理及提供記憶術
的解釋。

第一節　承宋元明而啟乾嘉：馬若瑟六書理論

曾國藩（1811～1872）嘗言「漢學」，謂其核心在崇尚文字考校：「當乾
隆中葉，海內魁儒畸士，崇尚鴻博，繁稱旁證。考核一字，累數千言不能休，
別立旗幟，名曰『漢學』，深擯宋儒朱子義理之說，以為不足復存。」〔註8〕
曾文正公之語，道出兩點：其一，所謂「漢學」或「乾嘉之學」，旨在斥宋
儒而復古儒之言。此論當受西儒（馬若瑟也位列其中）影響，此點將在下一
節論及。其二，「漢學」之基本工夫在於「考據」，而考據之本在「小學」，
故而隨著乾嘉學派一起興盛的還有「小學」。第一要點，遠西泰儒確實功不
可沒。而第二要點之小學，傳教士是否參與其中，學界尟作討論。職是之故，

〔註7〕嚴格而言，下啟乾嘉難以從影響角度予以證明。蓋因《六書實義》在中國的
　　　　文本尚未發現，其流通與讀者群體也難以考究，清儒又多不言自身學術思想
　　　　受西學影響。故「啟」一詞取「開啟」之意，不取「啟發」之意。即便排除影
　　　　響力，單論學術史成就，馬氏「四體二用」論確實呈現承上而開啟乾嘉的學
　　　　術貢獻。

〔註8〕〔清〕曾國藩著，王澧華校點，〈歐陽生文集序〉，《曾國藩詩文集》（上海：
　　　　上海古籍出版社，2013年），頁286。

本節欲針對馬若瑟《六書實義》中的六書理論進行考校，探求馬氏六書理論
中國學統之源頭。即在前章針對形式探析之後，開始進入內容梳理。

經過細緻明辨後可以發現，馬若瑟之《六書實義》，運用了大量的宋元明
及少部分唐代小學家的六書說。通常觀點認為，對宋元明六書理論之集大成
要至乾嘉之學興起，戴震之徒吸納前代學說並在此基礎上提出新論。而馬若
瑟卻弔詭的在康熙末年，便已將宋元明六書學成果加以繼承並予以闡發，且
遠在乾嘉學者之先。換言之，馬氏的六書理論其實包納複雜的訊息，其文本
在文字學史上，乃跨宋元明與清乾嘉之間的清初六書學研究，為文字學史增
添了重要的研究素材。本節即從「六書」之名與次第，「四體二用」說，「形
聲」與「轉注」理論，表明馬氏參與並組成了清代字學研究學術路徑中的相
當緊要卻又備受忽視之環節，即呈現了戴密微所說的，具有重要意義又備受
忽略的影響——馬氏之大部分六書說在乾嘉時期由諸位博學鴻儒再提類似觀
念，影響至今。

一、「六書」之名與次第

「六書」之名，最早見於《周禮·地官·保氏》，西漢末年劉向（77～6
B.C.）父子之《漢書·藝文志》標出其名，並言六書皆「造字之本」。其後鄭
眾（？～83），再提六書。至東漢許慎《說文解字》，不僅標出六書之名，且對
六書作了說明與舉例。馬若瑟為作品取名為「六書實義」，乃「接櫫六書真正
含義」之意，承續利氏以來實學之風。《六書實義》借溫古子之口敘述正文，
第五問即書生詢問六書之名：

> 問六書之名？

> 曰：一曰指事，一曰象形，一曰形聲，一曰會意，一曰轉注，一曰
> 假借。〔註9〕

馬氏選用何種六書之名與次第，便蘊含了馬氏字學的取向。

如今皆採用劉向父子之六書次第而取許慎六書之名：象形、指事、會意、
形聲、轉注、假借，而馬氏並非執此次序。為求簡明，將自劉向父子迄至馬若
瑟及其後之字學名家或馬氏參考學者有關六書之名與次第之論，匯聚成表，
列舉於下，以求馬氏定訂六書之名與次序的蛛絲馬跡：

〔註9〕〔法〕馬若瑟，《六書實義》，頁451。

表 5.1　各家六書之名與次第表

學　者	六書之名與次第	出　處
西漢・劉向父子／班固	象形、象事、象意、象聲、轉注、假借〔註10〕	《漢書・藝文志》
東漢・鄭眾	象形、會意、轉注、處事、假借、諧聲〔註11〕	《周禮鄭司農解詁》
東漢・許慎	指事、象形、形聲、會意、轉注、假借〔註12〕	《說文解字》
東漢・鄭玄	象形、會意、轉注、處事、假借、諧聲〔註13〕	《周禮注疏・鄭注》
晉・衛恆	指事、象形、形聲、會意、轉注、假借〔註14〕	《四體書勢》
唐・賈公彥	象形、會意、轉注、處事、假借、諧／形聲〔註15〕	《周禮注疏・賈疏》
南唐・徐鍇	象形、指事、會意、形聲、轉注、假借〔註16〕	《說文繫傳》
宋・張有／明・吳均	象形、指事、會意、諧聲、假借、轉注〔註17〕	《增修復古編》
宋・鄭樵	象形、指事、會意、轉注、諧聲、假借〔註18〕	《六書畧》
元・戴侗	指事、象形、會意、轉注、龤聲、假借〔註19〕	《六書故》

〔註10〕蔡信發指出，班固（32～92）《漢書・藝文志》實際上抄自劉向父子之《別錄》、《七略》，一般學者說班固提出的六書之名與次第，應歸劉向父子。蔡信發，《說文答問》，頁11。

〔註11〕〔漢〕鄭眾，《周禮鄭司農解詁一卷》（玉函山房輯佚書秦漢古籍佚書影印本），收入文懷沙主編，《四部文明・秦漢文明卷・三十六》（西安：陝西人民出版社，2007年），頁720。

〔註12〕〔漢〕許慎著，〔清〕段玉裁注，《圈點說文解字》，頁762～763。

〔註13〕鄭玄引用了鄭眾的觀點。〔漢〕鄭玄注，〔唐〕賈公彥疏，《周禮注疏》，收入〔清〕阮元校勘，《十三經注疏》，冊3，頁213。

〔註14〕〔晉〕衛恆，《四體書勢》，收入〔唐〕房玄齡等撰，《晉書》，冊4。

〔註15〕〔晉〕衛恆，《四體書勢》，收入〔唐〕房玄齡等撰，《晉書》，冊4。

〔註16〕〔南唐〕徐鍇撰，〔南唐〕朱翱反切，《說文繫傳》，收入〔清〕紀昀等總纂，《景印文淵閣四庫全書》，冊223，頁288～389。

〔註17〕〔宋〕張有撰，〔元〕吳均增補，《增修復古編四卷》（北京圖書館藏明初刻本），收入四庫全書存目叢書編纂委員會編，《四庫全書存目叢書・經部一八八》，頁252。

〔註18〕〔宋〕鄭樵，《六書略》，通志六書略一，頁4～5。

〔註19〕根據陳惠美的研究，《六書故》以四庫版最為流行，卻刪改嚴重，破壞體制，喪失原貌。故採用英國漢學家金璋（L. C. Hopkins，1854～1952）之英譯本。英譯本參考之《六書故》，乃1320年的版本，當屬陳惠美所言《六書故》中最早之版本——元仁宗延祐七年趙鳳儀刻本，最近原貌。見：陳惠美，〈戴侗「六書故」之研究〉，《東海中文學報》第10期（1992年8月），頁88；〔宋〕戴侗，《六書故》，收入〔清〕紀昀等總纂，《景印文淵閣四庫全書》，冊226，頁1～618；Tai, T'ung, translated by Lionel Charles Hopkins, and W. Perceval

元·楊恆	象形、會意、指事、轉注、形聲、假借〔註20〕	《六書統》
元·周伯琦	象形、指事、諧聲、會意、轉注、假借〔註21〕	《說文字原》
明·趙古則	象形、指事、會意、諧聲、假借、轉注〔註22〕	《六書本義》
明·吳元滿	象形、指事、會意、諧聲、假借、轉注〔註23〕	《六書正義》
明·趙宧光	指事、象形、形聲、會意、轉注、假借〔註24〕	《說文長箋》
清·劉凝	指事、象形、形聲、會意、轉注、假借〔註25〕	〈六書夬自序〉
清·馬若瑟	指事、象形、形聲、會意、轉注、假借	《六書實義》
清·戴震	指事、象形、諧聲、會意、轉注、假借〔註26〕	〈答江慎修先生論小學書〉
清·段玉裁	指事、象形、形聲、會意、轉注、假借〔註27〕	《說文解字注·敘》
清·王筠	指事、象形、形聲、會意、轉注、假借〔註28〕	《說文釋例》
今·通行論	象形、指事、會意、形聲、轉注、假借	

今採用六書之名與次序，依照上表，即徐鍇之論。單論次第，不論六書
命名之差異，則有兩大宗：一，以劉向父子與班固開闢之以象形為首的次第
——象形、指事、會意、形聲、轉注、假借，即今通用之次第；另一大宗，則

Yetts. *The Six Scripts, or the Principles of Chinese Writing.* Cambridge: University Press, 1954. 17～18.

〔註20〕〔元〕楊恆，《六書統》，收入〔清〕紀昀等總纂，《景印文淵閣四庫全書》，冊227，頁4。

〔註21〕〔元〕周伯琦，《說文字原》，收入〔清〕紀昀等總纂，《景印文淵閣四庫全書》，冊228，頁76。

〔註22〕〔明〕趙撝謙，《六書本義》，收入〔清〕紀昀等總纂，《景印文淵閣四庫全書》，冊228，頁289。

〔註23〕〔明〕吳元滿，《六書正義十二卷》，收入《續修四庫全書》編纂委員會編，《續修四庫全書·二〇三·經部·小學類》，頁1。

〔註24〕〔明〕趙宧光，《六書長箋》，收《續修四庫全書》編纂委員會編，《續修四庫全書·二〇三·經部·小學類》，頁415～416。

〔註25〕劉凝關於說文之作，皆已亡佚。從其〈六書夬自序〉管窺，序中劉氏讚賞趙凡夫之六書次第，故推測劉二至的觀點當與趙氏同。另，馬若瑟之次序也是如此，故劉凝之次第當與二人相同。〔清〕劉凝，〈六書夬自序〉，收入〔清〕鄭釴修，〔清〕劉凝等纂，《南豐縣志》，收入《中國方志叢書·華中地方·第八二五》，頁1142。

〔註26〕〔清〕戴震，《戴震集》（臺北：里仁書局，1980年），頁75。

〔註27〕〔漢〕許慎著，〔清〕段玉裁注，《圈點說文解字》，頁762。

〔註28〕〔清〕王筠，《說文釋例二十卷釋例補正二十卷》（清道光二十八年〔1848〕王氏自刻咸豐二年〔1852〕補刻本），收入《山東文獻集成》編纂委員會編，《山東文獻集成·第二輯·冊12》（濟南：山東大學出版社，2007年），頁13～105。

以許慎砥定的指事為首之次序——指事、象形、形聲、會意、轉注、假借，即所謂之「遵許派」與「遵班（劉）派」。從上表言之，許慎之次第，採用之徒，甚為廣矣。單論有明趙凡夫始至乾嘉說文諸家，多照此次第，馬氏亦在其中。須知，馬氏首尊許慎，諸說皆求諸《說文》——「余乃摒棄眾說，獨宗《說文》。」〔註29〕職是之故，馬氏六書與次第，皆採許叔重之論可明矣。且馬氏案頭書籍《長箋》，字學之師劉凝，皆從此例，馬氏位列其中，亦不為奇。

　　如此選擇，必然有馬若瑟自己的考量，而不是盲從前輩。《六書實義》書中，馬氏對今天通行次序展開了激烈的批評，直指是鄭玄（127～200）與賈公彥乃是罪魁：

　　　　問《周禮》六書：一象形，二指事，三會意，四諧聲，五轉注，六
　　　　假借，然乎？

　　　　曰：非也。《周禮・保人》序六藝，獨云：「五曰六書」。鄭玄、賈公
　　　　彥姿觧而亂之也。子之所引二氏之謬也，非《周禮》之文也。〔註30〕

當然，馬氏如此排序更有其天學意涵。以象形為首還是以指事為首，二者之別，在於文字之初剏，究竟是因事而起，還是模仿自然而擬文字。前者當取指事為造字之始，後者當擇象形為造字之元。顯然，指事為首，若王筠之言：「一畫開天，無所不統矣」，當合於索隱派之心，馬氏便嘗有類似之語：「許叔重云：『維初太始，道立於一，造分天地，化成萬物。』善乎！」。〔註31〕依照許說，「一」乃首創之字，《說文解字》以「一」開篇並以之為第一個部首，即「惟初太始，道立於一，造分天地，化成萬物」。「一」是指事，或言文字之初乃伏羲製八卦，故言造字自指事始，而在索隱派中，自可言所謂之「一」即乃指天主創世，也與萊布尼茨伏羲之文乃「創世圖景」說相合。然《說文解字・序》另言，「倉頡之初作書，蓋依類象形，故謂之文」，或伏羲創八卦之本在模擬自然之象：「仰則觀象於天，俯則觀法於地，視鳥獸之文與地之宜，近取諸身，遠取諸物」，可成別家以象形為六書第一之理由。〔註32〕但所觀之物，皆為天主所造，非指天主本質，故難符六書首位的神聖地位，故在索隱字學

〔註29〕〔法〕馬若瑟，《六書實義》，頁443。
〔註30〕〔法〕馬若瑟，《六書實義》，頁454。
〔註31〕〔清〕王筠，《說文釋例二十卷釋例補正二十卷》，收入《山東文獻集成》編纂委員會編，《山東文獻集成・第二輯・冊12》，頁5～6；〔法〕馬若瑟，《六書實義》，頁464。
〔註32〕〔漢〕許慎著，〔清〕段玉裁注，《圈點說文解字》，頁761～762。

中象形必須要次一等。

　　若嚴謹而論，六書當以象形為首，還是以指事為首，實難辨明。王筠於《說文例釋》中議論各家六書次第時，指出：「六書之名，後賢所定，非皇頡先定此例，而後造字也」，皆「以意逆志」也。〔註33〕王論揭櫫：並非先有六書，再依六書造字。而是先有文字，再依其結構，分析、推導與總結出其原理，故難言六書有其明確之先後。此說灼然，但對馬氏來說，次序之前後，關乎天學奧義，此將在後文詳述。本小節之重心在於揭露，若將馬氏作為有清一朝之小學家，其《六書實義》，單從六書之名與次第出發，即有上承明代之說，下啟乾嘉諸家的承接地位。對馬氏《六書實義》的研究，有助於補全宋元明清至乾嘉時期之間的康熙年間之小學研究成果，補足此一期間的文字學史的空白與學術發展脈絡，完善學術發展的歷史。

二、文字學史之遺珠：馬若瑟「四體二用」與「四經二緯」說

　　「四體二用」說，意指六書之中，象形、指事、會意、形聲為文字之體，轉注、假借則為文字之用。進一步言之，前四者為造字之法，後兩者為用字之法。此字學理論，依學界普遍之共識，多認為由清代碩儒戴震確立。在此之前，通行之論，當屬六書皆為造字之法。該說由班固首開，其《漢書・藝文志》言：

> 古者八歲入小學，故《周官・保氏》掌養國子，教之六書，謂象形、
> 象事、象意、象聲、轉注、假借，造字之本也。〔註34〕

戴東原則在〈答江慎修先生論小學書〉云：

> 震謂「考」、「老」二字屬諧聲、會意者，字之體；引之言轉注者，
> 字之用。……大致造字之始，無所馮依，宇宙間事與形兩大端而已：
> 指其事之實曰指事，一二、上下是也；象其形之大體曰象形，日月、
> 水火是也。文字既立，則聲寄於字，而字有可調之聲；意寄於字，
> 而字有可通之意。是又文字之兩大端也。因而博衍之，取乎聲諧，
> 曰諧聲；聲不諧而會合其意，曰會意。四者，書之體止此矣。於是
> 其用者，……其意相轉為注，曰轉注。……曰假借。所以用文字者，

〔註33〕〔清〕王筠，《說文釋例二十卷釋例補正二十卷》，頁 6。
〔註34〕〔漢〕班固，《漢書》（北京：中華書局，1962 年），頁 1720。

斯其兩大端也。〔註35〕

戴氏論六書，亦延續了自傳教士影響下的實學與古學復興的路線，批評宋儒
之說，確立乾嘉學派。如戴震批評言：「如程子、朱子論『中心爲忠，如心爲
恕』，猶失六書本法，歧惑學者。」〔註36〕戴氏批評之法，也是馬氏之前的利
瑪竇或同時之白、傅等人慣用之類似會意的拆字法。

　　小學至乾嘉爲極盛，戴東原肇開四體二用之論。嗣後，諸家繼起，體用
論拔出於眾流之中。戴氏弟子金壇段玉裁（1735～1815），接續師說：「戴先
生曰：指事、象形、形聲、會意四者，字之體也；轉注、叚借二者，字之用
也。」〔註37〕另一位大宗則爲「說文四大家」之一的王筠，則提出相類似的
「經緯」說：

　　《通志》曰：「獨體爲文，合體爲字」是也。觀乎天文，觀乎人文，
　　而文生焉。……故文統象形、指事二體。字者，孳乳也而寖多也。
　　合數字以成一字者，即是會意、形聲二體也。四者爲經，造字之本
　　也；轉注、假借爲緯，用字之法也。〔註38〕

至此，六書分類，劃分兩大陣營及其變體，一方採體用論，一方取六書
皆爲造字之法。後世多認爲「四體二用之說」不可採，幸有寧鄉魯實先先生
（1913～1977）提出「四體二輔六法」，統合諸說。〔註39〕所謂「六法」者，
即指六書皆造字之法；「四體」者，謂象形、指事、會意、形聲四者，爲造字
本體，亦即基本造字法；「二輔」者，謂轉注、假借爲造字之輔翼，即輔助造
字之法。〔註40〕此說確然無誤。

　　而備受忽略的是，馬若瑟稍早在康熙末年，便已然提出「四體二用」與
「四經二緯」之論，其言辭甚肖段氏與王筠經緯之說：

〔註35〕〔清〕戴震，《戴震集》，頁 74～75。
〔註36〕〔清〕戴震，《戴震集》，頁 67。
〔註37〕〔漢〕許慎著，〔清〕段玉裁注，《圈點說文解字》，頁 762。
〔註38〕有學者將「經緯」說，視爲鄭樵之發明，大謬也。然鄭樵查《通志・六書略》，
　　　　並無此段，王筠當僅僅引用「獨體爲文，合體爲字」句，多爲後世句讀有誤。
　　　　〔清〕王筠，《說文釋例二十卷釋例補正二十卷》，收入《山東文獻集成》編
　　　　纂委員會編，《山東文獻集成・第二輯・冊 12》，頁 6。
〔註39〕「準是而言，文字因轉注而緜衍，以假借而構成字，多爲會意形聲，亦多有
　　　　象形指事。是知六書乃造字四體六法，而非四體二用，斯則百世以竢來哲而
　　　　不惑」。魯實先，《假借遡原》（臺北：文史哲出版社，1978 年），頁 258～259。
〔註40〕許錟輝，《文字學簡編・基礎篇》（臺北：萬卷樓，1998 年），頁 94。

惟意為貴而聲為賤，事、形、意、聲四者在先而為體，注、借而二
者在後而為用。體，經也；用，緯也。〔註41〕

戴震並非不曉西學之徒。是否可以適度懷疑，馬氏《六書實義》或嘗為戴氏
所閱。〔註42〕

　　早在清末，鄧實（1877～1975）便已指出戴震與西學之間存有莫大聯繫。
〔註43〕今人許蘇民則補充：

在中國學者的密切合作下，傳教士們在中國出版了大量西學著作，除
了介紹西方科學技術、哲學、邏輯學、教育學等方面的知識外，傳教
士們亦積極參與了中國思想界的爭鳴，認為原始儒學是「真儒」，而
宋明新儒學則是「偽儒」，為正在中國興起的啟蒙思潮推波助瀾。清
朝康熙末年雖然開始驅逐西方傳教士，但仍然不得不任用少數精通
天文曆算、建築及繪畫的傳教士在朝為官，並保留了北京的兩所天主
教堂（南堂和北堂）。同時，令人奇怪的是，滿清政府對於明末清初
與傳教士相交往的先進的中國人李贄、徐光啟、馮應京、方以智等人
的著作都列為「禁書」，康熙皇帝還下令將宣傳西方科學知識、主張
人的思維器官是大腦而不是心、並主張哥白尼太陽中心說的中國人

〔註41〕　〔法〕馬若瑟，《六書實義》，頁453～454。
〔註42〕　此外，馬氏在《六書實義》中的「六書明而後六經通，六經通而後大近行」
　　　　　「假借明而六經如指掌，六經明而聖人之道又如指掌也」觀念，在以戴東原
　　　　　為代表之皖派之治學特色中見到類似的說法。戴氏：「由字以通其詞，由詞以
　　　　　通其道」、「夫六經字多假借，……故訓明，六經乃可明。」此說僅為本研究
　　　　　之推論，因《六書實義》之文本在中國流通之狀況依目前的文獻，無法得知，
　　　　　還待後人考證。〔法〕馬若瑟，《六書實義》，頁452，487～488；〔清〕戴震，
　　　　　《戴震集》，頁183、200。
〔註43〕　　　鄧實曰：「考西學之入中國，自明季始。（按摩西古教之來華在前漢時，
　　　　　景教之入中國在唐時，為時甚遠，然所傳者為宗教之經文，不足以言學術）
　　　　　利瑪竇諸人，接踵東來，著書譯經，布教之外，旁及曆數象器之學。而愛約
　　　　　瑟即以法理醫文四科之學說，傳之中土。而士大夫多習其學（如徐光啟、張
　　　　　爾歧、黃宗羲皆深信西學。）至於國初，且用湯若望、南懷仁輩，為之定曆
　　　　　明時。而宣城梅文鼎之算學、大興劉獻廷之字學、地文學，江都孫蘭之地理
　　　　　學，皆於西土之學有淵源，至若江永、戴震之徒，則非但涉獵其曆數之學，
　　　　　且研究其心性，而於彼教中之大義真理，默契冥會，時竊取之，以張漢學之
　　　　　幟，而與宋儒敵，今其所著之書可按也。（如「孟子義疏證」中，時有天主教
　　　　　之言。）」〔清〕鄧實，〈古學復興論〉，收入張枬、王忍之編，《辛亥革命前
　　　　　十年間時論選集·第二卷》（北京：生活·讀書·新知三聯書店，1963年），
　　　　　頁58。

朱方旦等判處死刑、立即執行，——這是康熙二十一年的事；但是，
　　對於西方傳教士在華出版的著作，卻沒有宣佈其為「禁書」。〔註44〕
許氏之說，提供了一種可能性的解釋。即前章所論及的在權力的毛細管作用
下，清人有著自我審查的現象。這一現象，在禮儀之爭後，擴及到了西學。
李天綱也論及乾嘉時代的本體論、認識論，受到了利氏《天主實義》等書的
影響，並補充道：

> 戴震這一代清儒，處中西禮儀之爭後的西學退潮、中西交惡時期，
> 他們雖然讀西書，治西學，著述中卻沒有袒露過他們受耶穌會的直
> 接影響。他們雖然諱言西學，但又資料證明，乾嘉時代的士林，仍
> 流行閱讀西方神學著作，一些學術和社會地位較低的儒生，還在公
> 開談論西方神學。〔註45〕

當時西學於儒林中盛行之況，或超出今人想像。戴震不能明言，甚至不敢徵
引西學，唯恐涉及「禁書」，鋃鐺入獄。且戴氏出生之徽州，奉教者為數不少。
現有史料，亦無法提供大量論證，僅能從作品中分析出戴氏確曾受西學影響，
如梁啟超言：「戴震全屬西洋思想，而必自謂出孔子。」〔註46〕

　　當然，體用之說或經緯之說，馬氏並非首創之人。但兼用體用、經緯者，
馬氏當屬第一，且其所倡時域，又早於乾嘉，位在康熙末年，其前導之功，不
可等閒視之。職是之故，馬氏應在中國文字學史中，有其相應之地位。

　　綜觀六書之分類，許叔重作《說文》，運以六書、部首，使漢字各有歸屬，
卻未對六書進行分類。其後，有南唐徐鍇（920～974），倡「六書三耦」之說，
將六書予以分類：

> 大凡六書之中，象形、指事相類，象形實而指事虛；形聲、會意相
> 類，形聲實而會意虛。轉注則形事之別。然立字之始，類於形聲而
> 訓釋之義，與假借為對。假借則一字數用，……轉注則一義數
> 文，……凡六書為三耦也。〔註47〕

此三分之說，在相當長的一段時間內，無人繼承。至南宋時，鄭樵出焉，刱「獨

〔註44〕許蘇民，《戴震與中國文化》（貴陽：貴州人民出版社，2000 年），頁 178。

〔註45〕李天綱，《中國禮儀之爭：歷史・文獻和意義》（上海：上海古籍出版社，1998
年），頁 321。

〔註46〕梁啟超，《清代學術概論》（上海：上海古籍出版社，2005 年），頁 74。

〔註47〕〔南唐〕徐鍇撰，〔南唐〕朱翱反切，《說文繫傳》，收入〔清〕紀昀等總纂，
《景印文淵閣四庫全書》，冊 223，頁 389。

體為文，合體為字」與「子母」之說，將六書分作二類：「獨體為文者，象形、
指事；合體為字者，會意、諧聲、轉注者；二者兼具者，假借也」。〔註48〕此說
亦見《六書實義》，書曰：「獨體爲文，指事、象形是也。合體爲字，形聲、會
意是也。」〔註49〕足可推論馬氏此論之直接來源，當自鄭樵。其後，六書分類
之學不絕，各家各書層出。對此發展之脈絡，近人沈兼士（1887～1947）有著
精要的概括：

> 若以六書隸栝《說文》全書，其法創自鄭氏。自爾戴侗之《六書故》、
> 周伯琦之《六書正譌》、楊恆之《六書統》、魏校之《六書精蘊》、趙
> 古則之《六書本義》、趙宧光之《六書長箋》演之，遂成六書分類之
> 學。餘韻流風，迄清尤盛。〔註50〕

鄭氏的文、字之分，可言四體二用說之基礎，其後數輩，紛而演化之，漸生
「體用」與「經緯」之說。

明時趙古則（1351～1395），發揮鄭氏之說，在「六書」之中分立「四書」，
謂之「正生」，實乃「四體」之雛形：

> 獨體為文，合體為字。象形、指事，文也。象形，文业純；指事，
> 文业加也。會意、諧聲，字也。諧聲，字业純；會意，字之間也。
> 假借、轉注，則文字业俱也。肇於象形，滋於指事，廣於會意，葡
> 於諧聲，至於聲則𥿌不諧矣。四書不足，然後假僭日通其聲。聲有
> 未合，而又轉注㠯演丌聲。象形、指事，一也，象形有加為指事。
> 會意、諧聲，一也，會意主聲為諧聲。假僭、轉注，一也，假僭叶
> 聲為轉注。明兮此，則六書之能畢矣。

> 六書歸之四書（叚僭、轉注不生故也）。四書歸之象形、指事，則又

〔註48〕鄭樵於〈寄方禮部書〉云：「其字書，謂字家之學，以許慎為宗。許慎雖知文
與字之不同，故立以攝字。然又不知制文字之機，故錯說六書也。」鄭氏認
為，許慎發現了文、字之別，但未洞悉其機制與分類。〈通志總序〉提出了解
決之道：「書契之本，見於文字。獨體為文，合體為字。文有子母，主類為母，
從類為子。……文字之本，出於六書。象形、指事，文也。會意、諧聲、轉
注也，字也。假借者，文與字也」〔宋〕鄭樵著，吳懷祺校補、編著，《鄭樵
文集》（北京：書目文獻出版社，1992年），頁32；氏著。王樹民點校，《通
志二十略》（北京：中華書局，1995年），頁5。

〔註49〕〔法〕馬若瑟，《六書實義》，頁454。

〔註50〕沈兼士，〈影印元至治本鄭樵六書略序〉，收入沈兼士著，葛信益、啟功整理，
《沈兼士學術論文集》（北京：中華書局，1986年），頁331。

出於象形者也。象形，一太極，本無極，下學上達，可於此而得之。
〔註51〕

趙氏「正生」、「純」、「加」等說，與「四書」、「正生」之〈六書相生總圖〉，
參考鄭氏及其〈六書圖〉（首創「正生」、「側生」、「託生」等論）。〔註52〕更
有意思之處，在於趙氏將象形比於太極之說，大有索隱派之意味，深合馬氏
六書之旨。馬氏於《六書實義》中，以太極之說，解三一論；以八卦之說，言
書契之源。〔註53〕

　　趙氏之後，楊慎（1488～1559）穎出，創「四經二緯」之說。其《古音後
語》一書云：

　　　升庵子曰：「六書當分六體……六書以十爲分，象形居其一，象事
　　　居其二，象意居其三，象聲居其四，假借借此四者也，轉注注此四
　　　者也。四象爲經，假借、轉注緯。四象之書有限，假借、轉注無窮
　　　也」。〔註54〕

馬若瑟「四經二緯」之論，最初源頭當於此。嗣後，吳元滿（生卒年不詳）拔
出，明確提出「四體二用」論：

　　　獨體爲文，合體成字。象形，文之純；指事，文之加也……《六書
　　　正義》分門類十一有二，立統部五百三十四，象形、指事、會意、
　　　諧聲，推廣二十九體，假借、轉注敷衍一十六用。

　　　六書形、事、意、聲，四者爲體，假借轉注，二者爲用。〔註55〕

從吳氏的表述中，可以看到鄭樵於趙古則的影響。至趙凡夫，則言「五體一
用」──「五書爲體，叚借爲用」。〔註56〕馬氏之後，萬光泰（1712～1750）

〔註51〕〔明〕趙撝謙，《六書本義》，收入〔清〕紀昀等總纂，《景印文淵閣四庫全書》，
　　　　冊 228，頁 289～290、296。
〔註52〕〔宋〕鄭樵，《六書略》，六書一，頁 1～3。
〔註53〕〔法〕馬若瑟，《六書實義》，頁 462～463、496。
〔註54〕〔明〕楊慎，《轉注古音略（附《古音後語》)》（北京：中華書局，1985 年），
　　　　頁 183
〔註55〕〔明〕吳元滿，《六書正義十二卷》，收入《續修四庫全書》編纂委員會編，
　　　　《續修四庫全書・二〇三・經部・小學類》，頁 1、3；氏著，《諧聲指南一卷》
　　　　（中國科學院圖書館藏明萬曆十二年〔1584〕刻本），收入四庫全書存目叢書
　　　　編纂委員會編，《四庫全書存目叢書・經部一九四》，頁 667。
〔註56〕〔明〕趙宦光，《六書長箋》，收入《續修四庫全書》編纂委員會編，《續修四
　　　　庫全書・二〇三・經部・小學類》，頁 455。

踵至，言：「指事、象形、形聲、會意，每二字一體一用，轉注、假借二字皆
用」〔註57〕，亦在戴震之前。

綜上言之，楊、吳二氏皆在馬氏之先，為若瑟「體用」說與「經緯」說的
思想源泉。然不可否認，馬氏論及此二說之時，確在戴震乃至萬氏之先，在有
清一朝，足可稱有先導之功。以吳敬恆（1865～1953，吳稚暉）為代表部分學
者雖突破了舊論──「六書四體兩用，發端於楊升庵經緯之論，而成立於戴東
原，此實不刊之定義」，但依舊止步與楊慎。〔註58〕從上文推導而知，在楊慎之
先，趙古則已有將六書作四、二之分的雛形。黨懷興認為，以楊慎為體用說的
發端已然不妥，而學術界至今有學者認為「四體二用」說是戴震首創，難符學
術發展之事實。宋、元、明學者先導之論，成為戴震之直接源頭。「六書體用說
的形成有一個過程，其真正的源頭應該是明代趙古則，楊慎、吳元滿繼起闡發。
清代學者僅僅是繼承者而已」。〔註59〕此說洵然，惟中國六書學研究，忽略「中
國人」馬若瑟成果，甚為可惜。今將馬氏「四體二用」說與「經緯」說，放置於
戴震之先。即使戴氏未參閱馬氏之文，亦可補全「體用」說形成過程中的，重
要的、備受忽略、壓抑的、無意識的一環。

三、其餘先河眾說：子母相生與轉注說

馬氏《六書實義》，除卻「六書」之名與次第，「體用」與「經緯」說，還
有其餘它說秉承宋元明之成果，肇基清初小學研究。其一，如文字子母相生
之說。馬氏「一曰文。文，母也。一曰字。字，子也」之論，即典型的文字子
母說。〔註60〕

前文已提及，子母說始自鄭樵。鄭氏昔言：

> 小學之義，第一當識子母之相生……立類為母，從類為子。母主形，
> 子主聲。……臣舊作《象類書》，總三百三十母，為形之主；八百七
> 十子，為聲之主。合千二百文而成無窮之字。許氏定《說文》，定五

〔註57〕〔清〕萬光泰，《轉注緒言》，收入〔清〕謝啟昆撰，《小學考》（臺北：藝文
印書館，1974 年），頁 464。

〔註58〕吳敬恆，〈吳敬恆說文詁林補遺敘〉，收入《說文解字詁林正補合編》（臺北：
鼎文書局，1977 年），頁 31。

〔註59〕黨懷興，〈清代對宋元明六書學的繼承與發展〉，《中國文字研究》2009 年第
1 輯（2009 年 6 月），頁 28；氏著，《宋元明六書學研究》（北京：中國社會
科學出版社，2003 年），頁 264。

〔註60〕〔法〕馬若瑟，《六書實義》，頁 454。

百四十類爲字之母。然母能生，而子不能生。今《說文》，誤以子爲
母者二百十類。……皆子也。子不能生，是爲虛設。此臣所以去其
二百十而取其三百也。〔註61〕

鄭樵之「子母」說，是由「獨體爲文，合體爲字」之論推導而來。馬氏乃四體
二用論之擁蕫，自然接受子母之說。至於「獨體爲文，合體爲字」之論，源頭
乃自《說文》：

倉頡之初作書，蓋依類象形，故謂之文。其後形聲相益，即謂之字。
文者，物象之本；字者，言孳乳而浸多也。著於竹帛謂之書。書者，
如也。〔註62〕

馬氏則曰：

蓋六書有三類：一曰文。文，母也。一曰字。字，子也。一曰書。
書，典也。獨體爲文，指事、象形是也。合體爲字，形聲、會意是
也。在方策爲書，轉注、假借是也。因文而生字，因字而生書，而
書契之法，於是備焉。

始於母而終於子，由獨體而之多體。〔註63〕

三者相較，可推論馬氏「文字論」與「子母論」兼採許、鄭二家之言。黨懷興
總結鄭氏子母說的三個基本理論特點：一，「母主形」，文之母即爲形符；二，
「子主聲」，即聲符，子需依附母而造字；三，子母相生，以母統子，母能生
而子不能生。〔註64〕又依馬氏《六書實義》：「曰：指事、象形，母也；形聲、
會意，子也。母先而子後，形聲之字，不得不多體。」〔註65〕，可見其子母
說，即包含了鄭氏子母說的三大特點。

　　唐蘭（1901～1979）曾如此評價提出子母說的鄭樵：「鄭氏在文字學的
革新運動裡的成績，比王荊公好的多了。他雖排斥說文，但是所用的還是許
慎的方法，以子之矛攻子之盾，不由人不相信。所以他的說法，後來有不少

〔註61〕〔宋〕鄭樵，《六書略》，通志六書略第五，頁11；通志六書略一，頁4。
〔註62〕〔漢〕許慎著，〔清〕段玉裁注，《圈點說文解字》，頁761～762。
〔註63〕〔法〕馬若瑟，《六書實義》，頁454、456、475～476。
〔註64〕參見黨懷興與劉艷青的研究，黨乃劉氏導師，故劉氏研究成果與黨氏有一定
　　　　程度之重合。見：黨懷興，《宋元明六書學研究》，頁60～61；劉艷清，〈清
　　　　代「六書」學研究〉（陝西師範大學古典文獻學博士論文，2010年），頁110
　　　　～111。
〔註65〕〔法〕馬若瑟，《六書實義》，頁456～457。

的信徒。大家紛紛去研究六書。」〔註66〕此說誠然，在鄭氏的開拓之下，
元代戴侗提出「父以聯子、子以聯孫」的文字孳乳系統，周伯琦繼之以字源
說，明趙古則倡文字孳生說，趙凡夫再言文字子母說。馬氏之後，有清一
朝，如江聲（1721～1799）亦言子母說，龍學泰（生卒年不詳，光緒二十四
年〔1898〕進士）提「六書三耦」說。〔註67〕馬氏觀點與上述觀點相較，更
接近鄭樵之說，鮮見後世諸家之色彩。《六書實義》中，馬氏曾批評趙宧光
的形聲理論，可作為例證之一：

> 曰：趙凡夫云：「形聲之道聆音察理、心目符契之妙。」非也。使凡
> 夫果有此心目符契之妙法，則於《說文長箋》若干卷何不述之？又
> 何復牽強字義，爲舍形聲而得會意乎哉！殊不知，凡受造之物也，
> 其類多矣。諸類之不同者，於象形明見之魚是魚，鳥是鳥。使於形
> 聲可得總類中各物之理，則果妙矣。〔註68〕

此處，馬氏之論揭露趙氏之缺——過於抬高由子母論衍生出的形聲之妙道。
趙氏所言之意頗有「聲符兼義」之意味，有類後世段玉裁提出之「凡從某聲
兼有某義」之論，而馬氏則認為聲為「末」為「賤」。〔註69〕此外，馬氏對子
母分類說的讚賞，乃出自戴侗《六書故》以來至趙凡夫《六書長箋》，依子母
說產生之按事分類系統。

鄭樵之六書研究，開闢出了聲符之研究，形聲字的研究於此大興。宋代
之前的成果，馬氏並不忽視或不參酌。《六書實義》論及「形聲字」時，提出
形聲字「六等」之說：

> 形聲之字，不可勝紀，總有六等：一左形而右聲，一左聲而右形，
> 一上形而下聲，一上聲而下形，一外形而內聲，一外聲而內形是也。
> 〔註70〕

此說可見於趙氏《六書長箋》載錄唐代賈公彥之言：

> 但書有六體，形聲實多。若江、河出類，是左（氵）形右（又）聲。

〔註66〕唐蘭，《古文字學導論（增訂本）》（濟南：齊魯書社，1981 年），頁 368。

〔註67〕詳見：黨懷興，《宋元明六書學研究》，頁 66～93、342～327；曾紀澤，〈江氏
六書說書後〉，收入《說文解字詁林正補合編》，頁 326；毛曉陽，《清代江西
進士叢考》（南昌：江西高教出版社，2014 年），頁 576。

〔註68〕〔法〕馬若瑟，《六書實義》，頁 476～477。

〔註69〕馬氏對「聲」的態度，詳見後文。

〔註70〕〔法〕馬若瑟，《六書實義》，頁 476。

　　鳩、鴿之類，是右形左聲。草、藻之類，是上形丁聲。圃、國之類，是外形內聲。闕、闇（二字□□□□）、衡銜（□）之類，是外聲內形。形聲之等有六也。〔註71〕

賈氏之論，源自《周禮注疏》中賈氏對〈保氏〉之疏。〔註72〕此處，難以確認馬氏參考了《周禮注疏》還是《六書長箋》，但依照馬氏對《長箋》引用高頻率而言，馬氏參引《長箋》之概率高於直接引用原著《周禮注疏》。馬氏既採賈氏之說，又在文中呵斥賈氏，可見言馬氏辯證地看待賈公彥的學說，就事論事。

　　形聲之後，與聲音相關的便是轉注。轉注歷來說法眾多，體系龐雜，問題出在許氏之定義晦澀難明：「轉注者，建類一首，同意相受，考、老是也」。〔註73〕許氏義界過於言簡意賅，舉證亦未明訓，以致諸說流行，「類」、「一首」、「相受」皆有不同之理解。〔註74〕自古及今，各種轉注之說，大小異同，知名者，就有四十餘家。〔註75〕以上紛紜之說，大致歸納，可以化約為五類：〔註76〕

　　其一，形轉說，「謂轉注是形體的正反倒側相轉」。此說以有唐賈公彥，有元戴侗與周伯琦為代表。

　　其二，義轉說，「謂轉注是字義的相轉」。此類之說，始於南唐徐鍇之《說文繫傳》。其下又分三派：形聲派，「謂轉注近於形聲」，以清代曾國藩為代表；部首派，「謂轉注是立以字類為部首，使同意之字互相承受」，以清代江聲為代表；互訓派，「謂轉注是立一字類為基首，使同意之字互相承受」，以

〔註71〕「□」表原稿文字難以辨認。〔明〕趙宧光，《六書長箋》，收《續修四庫全書》編纂委員會編，《續修四庫全書・二○三・經部・小學類》，頁 427。

〔註72〕〔漢〕鄭玄注，〔唐〕賈公彥疏，《周禮注疏》，收入〔清〕阮元校勘，《十三經注疏》，冊 3，頁 213。

〔註73〕〔漢〕許慎著，〔清〕段玉裁注，《圈點說文解字》，頁 763。

〔註74〕「類」之解釋，主要有三說：形類（形取同類）、聲類（聲取同類）與義類（意取同類）。「一首」之解，主要有四：部首（說文五百四十部首）、語首（語根）、義首（數字同一意）與字首（初文、母字）。「相受」之解，主要有二。其一，相，互相；受，承受。指二字同義，互相訓釋。其二，相，語詞，表由彼加此之意；受，承受。指承受初文之原義而孳乳新字。詳見：許錟輝，《文字學簡編・基礎篇》，頁 192～193。

〔註75〕《說文解字詁林》蒐集了四十四家轉注說，而陳光政蒐集了三十七家之說。陳光政，《轉注篇》（高雄：復文圖書出版社，1983 年），頁 1。

〔註76〕參考許錟輝的分類及定義。詳見：許錟輝，《文字學簡編・基礎篇》，頁 193～197。

戴震與劉師培（1884～1919）為代表。三派之說，皆本乎小徐。

其三，聲轉說，「謂轉注是立一同一語基之聲類，使同意相受」。以章太炎（1869～1936）為代表。

其四，形音義並轉說，「謂轉注不僅語基相同，意義相同，形體上表類別義的也應相近義通」，以朱宗萊（1881～1919）為代表。

其五，初文造字說，「造聲韻同類之字，出於一文；此聲韻同類之字，皆承一文之義而孳乳」，以魯實先先生為代表。〔註77〕

馬氏假借之說，內容短小，又涉及諸家之論，體系龐蕪，殊難辨明：

> 兩字相釋，然後可轉注。聲同意同，由此之彼，考、老是也。衛氏云：
> 「以老壽考」，此一語盡之。苟於本字求轉注，不溷形聲、會意，則
> 鄰於假借。《長箋》一書……劉成國《釋名》，善轉注之法也。劉二至
> 云：「反切之法，其轉注之遺乎！古無反切，而有轉注。……」……
> 及其聲音也，雖有形聲、轉注，必待於口傳焉……。〔註78〕

首提衛恆轉注之解，其說由賈公彥闡發後實乃是第一種「形轉說」。〔註79〕但馬氏「兩字相釋，然後可轉注」，又頗有後世戴震「互訓說」的味道。段玉裁注「轉注」更是明言其如「互訓」：

> 建類一首，謂分立其義之類而一其首，如《爾雅釋詁》第一條說是
> 也。同意相受，謂無慮諸字意指略同，義可互受，相灌注而歸於一
> 首，如：初、哉、首、基……其於義或近或遠，皆可互相訓釋，而
> 同謂之始也。〔註80〕

按此理，馬氏之言當屬「義轉說・互訓派」。又《釋名》之體例仿《爾雅》，馬氏讚賞劉氏《釋名》，故又可歸於義轉說之下。而「聲同意同，由此之彼」、「苟於本字求轉注」句，即為趙宧光之理論。趙凡夫倡「同聲」轉注之說，屬義轉說。他將《說文》之中的形聲字分屬兩類：「同聲」者為一類，屬「轉注」；「異聲」者為一類，屬「形聲」。〔註81〕此說調整自徐鍇的轉注說，趙氏將徐氏同部首而不同聲符的同義詞視為轉注，而趙氏則修改為「聲義共

〔註77〕蔡信發，《說文答問》，頁169。
〔註78〕〔法〕馬若瑟，《六書實義》，頁482～483。
〔註79〕許錟輝，《文字學簡編・基礎篇》，頁193；鐘如雄，《轉注系統研究》（北京：商務印書館，2014年），頁122～123。
〔註80〕〔漢〕許慎著，〔清〕段玉裁注，《圈點說文解字》，頁763。
〔註81〕鐘如雄，《轉注系統研究》，頁131。

用」，即馬氏「聲同意同」之謂也。〔註82〕。故言，趙凡夫之轉注論當屬「義轉說」，馬氏之轉注理論亦同為「義轉說」。

另外，章太炎指明：

> 由段氏之所推之，轉注不繫於造字，不應在六書。……余以轉注、假借，悉為造字之則。泛稱同訓者，後人亦得名轉注，非六書之轉注也。……方語有異，名義一也，其音或雙聲相轉，疊韻相迤，則為更製一字，此所謂轉注也。〔註83〕

他認為轉注源自方言導致的聲音分化，故而需要更製一字。且其說法，認為作為造字法的專注當屬聲轉說，而互訓派之轉注則屬用字法，而馬氏之論亦屬四體二用，故更可證明馬氏轉注理論偏向義轉說。

會意不涉及聲，放在第三節討論，其參考者，有趙宧光、鄭樵、吳元滿、趙古則。要而言之，馬氏之六書詮釋與分類，承續了唐賈公彥，宋鄭樵，明楊慎、吳元滿、趙古則、趙宧光，清劉凝的體系。

第二節　西體中用：馬氏的治學論

上一節勾沉馬若瑟繼承前學何種學說，欲指明馬氏將宋元明六書字學理論發揚光大，揭櫫其對清代六書之大成有著前導之功。而至本節，馬氏理論中西方色彩增加，開始中西並重，以「西體中用」的姿態來架構治中國學問之道。

第四章提及的「禮儀之爭」，被牛津大學欽定教會史講座榮譽教授約翰‧麥克曼勒斯（John McManners，1916～2006）定性為：遵守「利瑪竇規矩」的傳教士（尤其是耶穌會士）曾希望在中國建立一個能為國家政權所能容忍，又能集儒教與中國古老智慧於一體的新的偉大教會。但是，禮儀之爭導致了教士百年來的努力功虧一簣。〔註84〕此說誠然，但須知雖然傳教之大廈將傾，但耶穌會士數年掙扎，力圖回天，索隱主義於是大盛甚至有走火入魔之勢。如何建立一個集儒教與中國古老智慧於一體的新教會，勢必涉及知識架構、教育、知識再生產等項，索隱派及耶穌會士必須從中國學統的源頭入手，移

〔註82〕黨懷興，《宋元明六書研究》，頁 165。
〔註83〕章太炎，《國故論衡》，頁 36。
〔註84〕McManners, John. *The Oxford Illustrated History of Christianity*. New York: Oxford University Press, 1990. 328.

植、嫁接西學，並修改中國的學問之道。本節即從這一角度切入，探析馬氏如何結合西學論中學，如何建立新的為學次第，以及提出何種與天主教相合又不違背儒家的治學方法與態度之體系。

一、移植西學：西學六科與馬氏治學歷程

在《六書實義》的〈跋〉中，馬若瑟借用知新翁的身份，將《六書實義》定義為「西學」之作。由此觀之，西學已進入清代儒生的學術討論範圍。同時，既然馬氏將之定性為西學作品，又將「新六書」歸置於西學之下，則勢必需要明示何謂「西學」，及其學術架構、系統與治學順序，方能知悉馬若瑟觀念中的中國學問體系。

「西學」一詞中的「西」，在明清之際，內涵開始轉移。它從唐時用於稱呼印度以及「佛學」（當時之西學），明時鄭和下西洋所謂之「西洋」還泛指「印度洋」一帶。至明末，天主教傳教士不遠萬里，乘槎渡海而來，自謂「極西」、「泰西」、「遠西」。耶穌會士在華製作世界地圖，訴說世界地理，遂將西洋一詞內涵搶奪，專謂歐羅巴，遂將印度洋改為「小西洋」。〔註85〕隨後，又撰寫專書，介紹歐羅巴之學，命名曰「西學」。由是，西方的學問概念，經由泰西儒生竄改與譯介，由印度佛學被敘述成了歐羅巴之學。此時，大量的詞義在西士的操作之下，進行了詞義的轉移，如道教之「上帝」，儒家之「天主」等等。如此，便牽涉到了「歸化翻譯」（domestication translation），旨在貼近讀者，試圖減少異質性帶來的衝擊以及對中國舊有語言、文學體系的挑戰，以達到緩步、平穩建構新文化之目的。換言之，這一舉動也屬操縱──替換了舊有詞義，注入新的意涵，並牢牢佔據，正反應了劉禾所謂的跨語際實踐。〔註86〕同時，耶穌會一向以學術傳教與合儒為政策。為此，西士必須把西學包裝成一門體系嚴謹、次序分明、內容深廣並且不遜色於中華儒學教化的一門學問。如此，方可遍折華夏中心主義，使中國儒生與統治集團正視西學，

〔註85〕〔義〕艾儒畧著，謝方校釋，《職方外紀校釋》，頁 23～24。
〔註86〕「在這個意義上，翻譯已不是一種中性的、遠離政治及意識形態鬥爭和利益衝突的行為；相反，它形成了這類衝突的場所，在這裡被譯語言不得不與譯體語言對面遭逢，為它們之間不可簡約之差別決一雌雄，這裡有對權威的引用和對權威的挑戰，對曖昧性的消解或對曖昧的創造，直到新詞語或新意義在譯體語言中出現」。〔美〕劉禾著，宋偉傑等譯，《跨語際實踐：文學，民族文化與被譯介的現代性：中國，1900～1937》，頁 115。

好奇之、欽佩之、學習之、運用之，最終達到信教的地步。

　　耶穌會士明確譯介西學，乃是 17 世紀初，由高一志《童幼教育》的〈西學〉篇、艾儒畧之《西學凡》與《職方外紀》之歐羅巴洲部分之紹介共同完成。〔註 87〕因二作差異較小，而艾著更為周詳，故取艾氏之言為主，高氏之論為補。首先，艾儒畧將西學分作「六科」，其義界需要通過《西學凡》（1623）與《職方外紀》（1623）相互印證。艾儒畧《職方外紀》針對歐洲學制有明釋，其言曰：

> 歐邏巴諸國皆尚文學。國王廣設學校，一國一郡有大學、中學，一鄉一邑有小學。小學選學行之士為師，中學、大學又選學行最優之士為師，生徒多至萬人。其小學曰文科，有四種：一古賢名訓，一各國史書，以各種詩文，一文章議論。學者自七八歲學，至十七八學成，而本學之師儒試之。〔註 88〕

艾儒畧這些之介紹，可以在馬若瑟的治學經歷得到應驗。馬氏《經傳議論》的自序中，如此回顧他的小學經歷：

> 瑟也，西土歐邏巴人也。七年而入小學，辨色乃赴「共院」。昏而罷歸，喜為文辭，好賦新詩。〔註 89〕

《西學凡》論述之第一科，即為文科，謂之「勒鐸理加」，即今「修辭學」之拉丁文 "Rhetoricae"。馬若瑟七歲入小學，在文科四種（「古賢名訓」、「各國史書」、「各種詩文」、「自撰文章議論」）之中尤好詩文，相當接近今天所謂之「文學」。〔註 90〕

　　小學畢，經考校〔註 91〕，優秀者得入中學，習「理科」：

> 優者進於中學，曰理科，有三家。初年學落日加，譯言辯是非之法；二年學費西加，譯言察性理之道；三年學默達費西加，譯言

〔註 87〕高一志的《西學》，完成於明萬曆四十三年（1615），嗣後收入崇禎五年（1632）於絳州出版之《童幼教育》一書之中。〈西學〉篇之開頭，高氏即言，此稿脫胎於 17 年前，並予「同志」參閱，而此同志即為《西學凡》之作者艾儒畧。〔義〕高一志（Alphonse Vagnoni）著，〔法〕梅謙立編注，譚杰校勘，《童幼教育今注》（北京：商務印書館，2017 年），頁 7、216。

〔註 88〕〔義〕艾儒畧著，謝方校釋，《職方外紀校釋》，頁 69。

〔註 89〕〔法〕馬若瑟，《經傳議論》，自序，頁 1。

〔註 90〕〔法〕馬若瑟，《經傳議論》，自序，頁 1。

〔註 91〕考校過程有五端，詳見〔義〕艾儒畧，《西學凡》，收入葉農整理，《艾儒畧漢文著述全集》，上冊，頁 98。

察性理以上之學。總名斐錄所費亞。學成，而本學之師儒又試之。
〔註92〕

「理科」為西學六科之第二科，又名「斐錄所費亞」，即今之「哲學」，乃
"Philosophia" 之音譯。《西學凡》中，艾氏將「斐錄所費亞」與「小學」相
對，訓之「義理之大學也。以義理超於萬物，而為萬物之靈。格物窮理，則於
人全而於天近」。〔註93〕小學、大學，皆作歸化翻譯，以合中國學制。

《職方外紀》此處（後文有所補充）只言三家，而《西學凡》則言五家，
分別為：「落日家」（邏輯學，Logica）——「明辯之道，以立諸學之根基」、
「費西加」（物理學，Physica）——「察性理之道，以剖判萬物之理」、「默達
費西加」（形上學，Metaphysica）——「察性以上之理也。所謂費日加者，止
論物之有形。此則總論諸有形，並及無形之宗理」、「瑪得瑪第加」（數學，
Mathematica）——「察幾何之道，則主乎審究形物之分限則也」、「厄第加」
（倫理學，Ethcia）——「修齊治平之學……察義理之學」。〔註94〕此外，《西
學凡》補充，中學第四年為總理前三年之學，並學幾何學與倫理學。艾氏並
言此學以經院哲學思想來源之「亞理斯多」（亞里士多德）為宗，讚之曰其學
雖在天主降生之前，但依舊可為天學之先導與輔助。〔註95〕馬氏則自言十五
歲入中學，棄「文科」，習「理學」：

> 至十有五，乃謝而落，於是始絕文章，志於窮理而學焉（西土所謂
> 「理學」是也）。因天地萬物之當然，而求其所以然。〔註96〕

按西士之表述，中國諸子百家，除卻古經外的後儒之說（如宋儒「理學」），當
歸入中學之學「理學／哲學」科之下。

大學則分作四科／學〔註97〕，可自由選擇：

〔註92〕校者謝氏句讀有誤，作「三年學默達費西加，譯言察性理。以上之學總名斐
錄所費亞」，實則不然。今按《西學凡》予以修正。〔義〕艾儒畧著，謝方校
釋，《職方外紀校釋》，頁69；〔義〕艾儒畧，《西學凡》，收入葉農整理，《艾
儒畧漢文著述全集》，上冊，頁92。

〔註93〕〔義〕艾儒畧著，謝方校釋，《職方外紀校釋》，頁69；〔義〕艾儒畧，《西學
凡》，收入葉農整理，《艾儒畧漢文著述全集》，上冊，頁91。

〔註94〕〔義〕艾儒畧著，謝方校釋，《職方外紀校釋》，頁69；〔義〕艾儒畧，《西學
凡》，收入葉農整理，《艾儒畧漢文著述全集》，上冊，頁91～93。

〔註95〕〔義〕艾儒畧著，謝方校釋，《職方外紀校釋》，頁69；〔義〕艾儒畧，《西學
凡》，收入葉農整理，《艾儒畧漢文著述全集》，上冊，頁93～94。

〔註96〕〔法〕馬若瑟，《經傳議論》，自序，頁1。

〔註97〕《職方外紀》謂之「科」，《西學凡》謂之「學」。

學成，而本學之師儒又試之。優者進於大學，乃分爲四科，而聽人
自擇。一曰醫科，主療病疾；一曰治科，主習政事；一曰教科，主
守教法；一曰道科，主興教化。〔註98〕

上述四科，皆用歸化翻譯，使中國儒生理解無礙。「醫學」（Medicina）──「操
外生死之權」、「法學／治科」（Legies）──「操外生死之權」、「教學」（Canonies）
──「操內心生死之權」、「道學」（Theologia）──「西文曰：『陡祿日亞』，
乃超生出死之學」。以上四科，以「道學」為最尊。毫無意外，二十五歲的馬
若瑟，其大學之選擇必為「道科」，又名「天學」或「超性之學」：「二十有五，
而達『上學』（『超性之學』，西土爲上）」。〔註99〕

　　此處，一學三名，即天學、道學、超性之學。道學即為意譯，而天學與超
性之學，各有相對。先言馬氏從學之「超性之學」，利類思言此學即「陡祿日
亞」：

超性學，本名陡祿日亞。論非人性之明所能及者。乃出天主親示之
訓，用超性之實義，引人得永福也。……性者，天主所為造化諸物
所以然之公理。〔註100〕

有「超性之學」，必有「性學」。利類思《超性學要》（此書實為聖托馬斯《神
學大全》第一部中譯本）主論超性之學兼論性學，而艾儒畧《性學觕述》則
專論性學，言魂之三分、言萬物之生成、人性等等。概括之，性學即「斐錄所
費亞」、即「理學」、即「哲學」。而所謂「超學」，則有二義：

超學之分有二：一為超有形之者，是因性之「陡錄日亞」，即「默達
費西加」，其論在於循人明悟所及，以測超形之形；一為超性者，西
文專稱「陡錄日亞」，其論乃人之性明所不能及者，出於天主親示之
訓，用超性之實義，引人得永福也。〔註101〕

〔註98〕　〔義〕艾儒畧著，謝方校釋，《職方外紀校釋》，頁69
〔註99〕　〔法〕馬若瑟，《經傳議論》，自序，頁1。
〔註100〕　〔義〕利類思，《超性學要》，收入張西平、任大援、〔義〕馬西尼（Federico
　　　　　Masini）、〔義〕裴佐寧（Ambrogio M. Piazzoni）主編，《梵蒂岡圖書館藏明
　　　　　清中西文化交流史文獻叢刊（第一輯）》（鄭州：大象出版社，2014年），冊
　　　　　10，頁21。
〔註101〕　《名理探》實乃《亞里士多德辯証法大全疏解》（*Commentarii Collegii*
　　　　　Coimbricensis e Societate Jesu: In Universam Dialecticam Aristotelis
　　　　　Stagiritae）之中譯本。該書西文原本在1931年，為徐宗澤在北堂圖書館
　　　　　發現。按照方豪之說，該書全名當譯作《耶穌會立科英布拉大學講義：斯

形上學之所以可為超學，艾氏指出此學論及天神，卻未達「陡祿日亞」的境界，相較其餘諸學，離「天學」更進一步。〔註 102〕

「天學」亦為「道學／科」之他名，利類思言：「大西之學凡六科，惟道科為最貴且要。蓋諸科人學，而道科天學也。」〔註 103〕由此言可知，「天學」實乃與「人學」相對。「人學」一詞，高一志便已言及：「人學之上尚有天學……夫天學已備，即人學無不全，而修齊治平之功，更明且易，行道之力更強矣。」〔註 104〕艾氏同時補充，天學當以「多瑪斯」（多瑪斯・阿奎那〔St. Thomas Aquinas，c.1225～1274〕）所著《陡祿日亞略》（《神學大學》〔*Summa Theologiae*〕）為宗。〔註 105〕馬氏則有《天學總論》一書，專論「天學」，繼承利瑪竇之遺續，將其與「空學」、「偽學」相對，並介紹天學之源頭、演變、流傳與中國之關聯。〔註 106〕《六書實義》，也一併論及「超性之學」，將在後文討論。〔註 107〕

至此，西學完成了移植與譯介，在明末建構了完整的西學內涵，並在傳教士的不斷敘述之下，完成了詞義的轉移，成為了馬氏論學的思想源頭。西學概念中的「理學」與「天學」以及部分「文科／小學」，在「補儒」、「合儒」的政策下，迅速與儒家體系相結合，形成獨特的中國式的為學次第。這既是有利於宣教的手段，更是在中國創立一個合乎中國之新教會的必由途徑。只有掌握知識的再生產，才能加快中國人信教速率，方能實現耶穌會士的偉大願景。

大琪人亞里士多德辯證法大全疏解。一六一一年，在德國科隆城首次出版》（注：原文作「高因勃拉大學」，依今通行譯名修改為「科英布拉」）。像這類作品，顯示了翻譯過程中作者的「隱形」（invisibility）。〔葡〕傅汎際（François Furtado）譯義，〔明〕李之藻達辭，《名理探》（臺北：臺灣商務印書館，1965 年），頁 9；方豪，《李之藻研究》（北京：海豚出版社，2016 年），頁 175。

〔註 102〕〔義〕艾儒畧，《西學凡》，頁 92。

〔註 103〕〔義〕利類思，《超性學要》，收入張西平、任大援、〔義〕馬西尼、〔義〕裴佐寧主編，《梵蒂岡圖書館藏明清中西文化交流史文獻叢刊（第一輯）》，冊 10，頁 13。

〔註 104〕〔義〕高一志著，〔法〕梅謙立編注，譚杰校勘，《童幼教育今注》，頁 220～221。

〔註 105〕〔義〕艾儒畧，《西學凡》，頁 96。

〔註 106〕〔法〕馬若瑟，《天學總論》，頁 483。

〔註 107〕〔法〕馬若瑟，《六書實義》，頁 492。

二、構建新的治學次第：小學、中學與大學

　　一種思想、一個概念或者是一種文學體系，皆有其原生環境——特定社會、歷史與文化的產物。因此，當異文化、思想、文學、概念「旅行」乃至移植異地時，必然受到當地不同之意識形態與文化的排擠。為求進入新的時空環境，原來之文化、思想、文學、概念、理論、體系等，需要迎合新環境而進行變異。在比較文學中，視這種跨文化交流過程中滋生變異的機制稱為「文化過濾」（cultural filtering）——「文學交流過程中接受者的不同文化背景和文化傳統對交流信息的選擇、改造、移植、滲透的作用。也是一種文化對另一種文化發生影響時，接受方的創造性接受而形成對影響的反作用。」〔註108〕這種不同的文化背景或文化傳統的天然「篩選器」，葉維廉稱之「文化模子」——涉及宇宙觀、自然觀、美感經驗、語言模式，文學創作中的文類、體制、主題、母題、修辭規律、人物典範。〔註109〕前一節提到的歸化翻譯，以及本節探析的學制改易，都是在文化模子過濾機制在導致的移植與改造。

　　如何建構一套適應天主教信仰，又不排斥儒家與古老智慧組成之舊有中華學統，成為歷代在華傳教士首要摸索的方向。而馬若瑟依照自身在西方所受的完整教育，對比在華研習中國經典的從學經歷，給出了馬氏版本（索隱派）的答案：

> 以古書為實，乃自足矣。蓋理學也，固由經學而立。而經學也，必由字學而通。舍經斯理繆，舍字斯經鬱。……愚所以究文字之義，惟欲通古籍之旨而已。然古籍有等，而經典為上，傳疏次之，諸子又成一端。史志自立一家，性理亦開一門。若文詞詩賦，不乎本道，而區區富麗之言者，皆學之末也。〔註110〕

此言道出馬氏心目中的治學次第，即以古書經學為最尊，理學居中，文學最末，分別對應西學之大學道科「陡祿日亞」、中學理科「斐錄所費亞」與小學文科「勒鐸理加」。這裡最末之文科，當指今之所謂之狹義文學，並非總包文字學的小學（前者為學制，後者為學科）。文字之學在馬氏看來乃是經

〔註108〕曹順慶主編，《比較文學教程》（北京：高等教育出版社，2005年），頁99。
〔註109〕葉維廉，〈東西方文學中「模子」的應用〉，收入吳家榮主編，《比較文學經典導讀》（合肥：安徽教育出版社，2008年），頁54。
〔註110〕〔法〕馬若瑟，《經傳議論》，自序，頁1～2。

學入門之基石，不在末流，反為最基礎之學，此論與中國治學次第相同。故
而馬氏言，為學當從中國之經學中的小學出發，至理學，最後通於經學，以
求聖人之言：

> 初入學者，師於諸儒，以漸進於《五經》，愚求聖人之心於箋疏。然
> 愈求之而愈溟之。……三載，乃屏眾說而復古經，不信先儒生，惟
> 師先聖而已。以聖人之言，而求聖人之心，而百不惑一者，此豈謂
> 吾聰明也哉。〔註111〕

由此，基本的為學次第架構完成，即字學、後儒之學與諸子百家（理科）、經
學，最終合於聖人之心。

上述次第，與西學相對應則為：文學、字學與史學即小學、後儒之學與
諸子百家即中學、經學即大學。這一觀點，《四庫全書總目·子部》針對《西
學凡》已經論斷：「其教授各有次第，大抵從文入理，而理為之綱。文科，
如中國之小學。理科，則如中國之大學。」〔註112〕此之謂小學，也為學制，
《周禮》言八歲入小學，饒魯（1193～1264）言：「小學者，小子之學也。」
〔註113〕此言，當可反應官方對西學的認知。至於學界，依照朱熹所撰《小
學》，小學之教內容有六：「立教」、「明倫」、「敬身」、「稽古」、「嘉言」、「善
行」。〔註114〕「六書」屬「立教」一科第十年之學：「十年，出就外傅，居
宿於外，學書計，衣不帛襦褲，禮帥初，朝夕學幼儀，請肄簡諒」，註曰：
「書，字體；計，算法，即六書九數也」。〔註115〕至於「大學」，朱子〈大
學或問〉釋之為：

> 學之大小，固有不同，然其為道則一而已。是以方其幼也，不習之
> 於小學，則無以收其放心，養其德性，而為大學之基本。及其長也，
> 不進之於大學，則無以察夫義理，措諸事業，而收小學之成功。是
> 則學之大小所以不同，特以少長所習之異宜而有高下、淺深、先後、

〔註111〕〔法〕馬若瑟，《經傳議論》，自序，頁2。
〔註112〕〔清〕紀昀等總纂，《景印文淵閣四庫全書》，冊3，頁707。
〔註113〕〔宋〕朱熹撰，〔明〕陳選集註，《御定小學集註》，收入〔清〕紀昀等總纂，
　　　　《景印文淵閣四庫全書》，冊699，頁524。
〔註114〕〔宋〕朱熹撰，〔明〕陳選集註，《御定小學集註》，收入〔清〕紀昀等總纂，
　　　　《景印文淵閣四庫全書》，冊699，頁521～605。
〔註115〕〔宋〕朱熹撰，〔明〕陳選集註，《御定小學集註》，收入〔清〕紀昀等總纂，
　　　　《景印文淵閣四庫全書》，冊699，頁527。

緩急之殊。〔註116〕

依朱子之解，「大學」之內涵為「察理」，西學之定義，此乃理學「斐錄所費亞」，果屬中學之學。若如是，則中國無西學所謂之大學最尊之學「道科」，違背華夏中心觀，定遭排斥，宣教舉步維艱。由是，馬若瑟拋出了索隱派版本的「天學」。

馬氏有言「古書為寶」、「經典為上」，中國道學／天學當在古代經典。首先，馬若瑟於《天學總論》中，將傳授學問之人劃分四等，由低到高依次為：「儒」、「賢」、「聖」、「天」。天學之流傳，也是依序由高到低，一層一層向下傳授：

> 今之學者，孰不曰願師仲尼。仲尼力師先王，先王能師天，是大道聖學原出於天明矣。天以之與先王，先王筆之於經，仲尼信經而欲傳之於後世，然有經之言焉。亦有經之意焉。噫！孔子欲授聖經之奧意，而無受之者。當是之時，天下無道久矣。夫子之文章，七十子可得而聞也。夫子之言性與天道，七十子不可得而聞也。是以不傳焉。〔註117〕

即由「天」——三位一體之天主，將天學授予先王。聖人先王再將之傳予聖人孔子，而孔子將其學教予孔門七十賢人。賢人只得「經之言」，天道之意（「經之意」）於賢人處已開始失傳。至於其後儒生，更不可得。職是，馬氏得出結論，自孔子歿，天道開始失傳。〔註118〕學問之源如此，對應在從學從師，也當擇此等第，故為學之道當遵守如此原則：「儒希賢，賢希聖，聖希天。」〔註119〕

天道真學雖然在孔子之後失傳，但先王與孔子已然預見這一狀況，故修撰經書留與後世：

> 孔子憂之，於是將《詩》、《書》、《禮》、《樂》，刪定其文，以俟聖人而後明。但因大《易》一經，為詩書禮樂之模範，而天道天學，一易以貫之，則孔子晚而讀《易》，好而翼之，以待其人而後行。孔子

〔註116〕〔明〕胡廣等奉敕撰，《四書大全》，收入〔清〕紀昀等總纂，《景印文淵閣四庫全書》，冊205，頁49。
〔註117〕〔法〕馬若瑟，《天學總論》，頁484～485。
〔註118〕〔法〕馬若瑟，《天學總論》，頁485。
〔註119〕〔法〕馬若瑟，《天學總論》，頁483。

與先王之道也，其大略如此。〔註120〕

《詩》、《書》、《禮》、《樂》，皆存先王、孔子之言，而以《易》為最尊。易學最尊，馬氏於《六書實義》亦反復申述，如：「惜吾中國，有書契，有《易經》，乃上古之大寶，而不識其價。」〔註121〕孔子唯恐天學難解，又作〈十翼〉輔之，以待後人挖掘天道之旨。由是，中國天學經典建構完成，即指孔子參與修訂的經書。尤其是《周易》一書，此為索隱派觀點成立的基本要件。

中國既有天學，則要西學何用。故而，馬若瑟又提出，漢時真學滅絕，至宋而成大患之說。〔註122〕換言之，天學傳至兩漢之後，已然不傳，甚至愈加曲解原意。正所謂「禮失求諸野」，中國天學失傳，而西洋未曾斷絕，更宜相互參酌，共解天學：「中國既失聖王先師大訓之所藏妙意，求之於有道有學之邦，不亦宜乎？」。〔註123〕如此，中國可重獲先王之道，再現天主之言，回返上古治世，乃至榮登天堂，享受無盡真福。但是如此言說，也易造成中國精英攻訐，即指責西士之論，獨尊西洋，貶低中華，發問為何中華福地，居天下之中，反而遺失真道？由是，馬氏再次解釋，西方境遇也曾與中國一樣，異端之說紛紜，難辨真偽。雖然天學在西洋昌明，實際此學源自東方如德亞國，而非獨寵一國。退一步言之，東海西海，心同理同。進一步言之，天下萬民原出一家，即源自原聖二人，何必分彼此之學。〔註124〕據此之言，天學俱傳東西，無高下之別，無多少之分，中國儒生當卸下心防，從師西學，共治天學。故中國之學統，需要西學來補足，《六經》需要與《聖經》相互參照，以明天道，不入歧途，此即補儒之論。

至此，馬若瑟完成了新學制的建構，從文字之學、詩詞歌賦、史書對應小學，到後儒諸子百家之說對應中學，以《六經》對應天學。此既是中國學徒當遵從的治學次第，更是馬若瑟的索隱體系論中國學的最基本架構。馬

〔註120〕〔法〕馬若瑟，《天學總論》，頁 485

〔註121〕〔法〕馬若瑟，《六書實義》，頁 501。

〔註122〕〔法〕馬若瑟，《天學總論》，頁 486～487。

〔註123〕〔法〕馬若瑟，《天學總論》，頁 490。

〔註124〕前者，《六書實義》言：「東海、西海之別，渾善而無惡，誠實而無妄，是謂大當。及於後世，異端雖萬千，真道仍一。」後者，《六書實義》言：「倘視之以為西土之道學，是不知天下烝民皆為同胞而原為一家」，《天學總論》言：「夫當太始之時，吾人之祖宗，乃是一家，同仰一天帝，以為其父母，以為其君，以為其師，以為其所學而已矣」。分別見：〔法〕馬若瑟，《六書實義》，頁 501；氏著，《天學總論》，頁 489～490。

若瑟言：「而以知言爲本，以次序先後爲要，以慎思明辨爲務」，即此理也。
〔註 125〕

三、治學方法：信經不信傳、索隱主義與記憶術

當爲中國儒生搭建起一個象徵性實境（symbolic reality）與相應的學術體系之後，馬若瑟再次建構了一套相應之治學方法，即以信經不信傳爲基本態度——明字學，宗《六經》，排後儒，棄佛道；以索隱主義爲根本大法——解構經書與文字之奧象；以記憶術爲輔助法門——幫助儒生記含兼有西中的龐大學術知識，堅實治學基礎，裨益天學研究。

（一）信經而求聖人之心：字學爲祖，《六經》爲宗，孔子爲師，《聖經》爲準

由上一小節馬若瑟建構的治學體系可知：天學爲諸學中最尊，唯習此科方能知曉天道，「以得天門，以登帝廷，以享無盡無疆之真福」。〔註 126〕而中國諸學中，以《六經》爲天學經典，是由天人授之先王與聖人，而聖人轉述之，以爲後世繼承天學。然自孔子歿，聖人之道絕，賢人、儒人繼起，注解古經，各自議論，遂致天學各說紛紜。隨著時代之演變，後儒愈加誤入歧途，所言所行偏離天學原旨，終使儒家學問中的天學本義亡佚。由是，馬氏認爲治學首要之旨意，須如朱熹小學首科「立教」一般，明確中國天學正統爲何——古經而非後學傳疏。故而，馬氏在其各著之中，念茲在茲，告誡學者乃至勸說皇帝，當「信經而不信傳」，並撰《經傳眾說》專論此道。〔註 127〕「信經而不信傳」可分兩部分——「信經」、「不信傳」，而本小節先論「信經」部分，以明此道乃馬氏索隱派論學之根本態度。

《經傳眾說》分爲四部分——「求真經而信之」、「道亡而經不明」、「道既然亡誰亡之」、「宋儒於道何如」，集結儒門宗師如孔孟、班固、韓愈（768～824）、朱熹、鄭樵、歐陽修（1007～1072）、二程等各說，用以證明「信經而不信傳」。〔註 128〕此法甚妙，以子之矛，建立索隱理論，敵視儒者也難言馬氏言論乃西方妄語。

〔註 125〕〔法〕馬若瑟，《經傳議論》，自序，頁 2。
〔註 126〕〔法〕馬若瑟，《天學總論》，頁 522。
〔註 127〕〔法〕馬若瑟，《經傳議論》，自序，頁 2。
〔註 128〕〔法〕馬若瑟，《經傳眾說》，收入鐘鳴旦、杜鼎克、蒙曦主編，《法國國家圖書館明清天主教文獻》，冊 26，頁 525～533。

　　「求真經而信之」部分，旨在明確信經學說之合法性，其後在明辨經與傳之別。馬氏徵引諸家高論之後，下一按語，指明唯《六經》可稱為「經」，其餘當謂之「傳」：

　　　　愚按：《易》也，《書》也，《詩》也，《禮》也，《樂》也，《春秋》
　　　　也，謂之《六經》。《六經》之外，謂之傳。又按：《六經》之道一而
　　　　已。一也者，大也，真也，善也，妙也。而道之不一者，則非大、
　　　　非真、非善、非妙之道也。是以凡傳有合於一者，則取之；有不合
　　　　於一者，則舍之。然此至大、至真、至善、至妙之道於今之所存之
　　　　《六經》，其可得而求歟？此旅人豈敢私定焉。〔註129〕

馬氏判定，中國經典之中惟有《六經》存有天學大道，也惟有研究《六經》，才能了解「至大、至真、至真、至善」之天道。至於傳疏，是合於天學之言者取之，不合天學之傳則棄之。否則，學生將深陷諸子紛多雜亂之言，茫茫然而不知正道在何方。故而，《六書實義》之言：「六經明而聖人之道又如指掌也。」〔註130〕忽略假借的部分，即可知馬氏對《六經》連結聖人之道，深以為然，奉為真理。為列出明證。馬若瑟以自身治學經歷的醒悟為範例，指明摒棄眾說，根植《六經》，方才是從師聖人（師者四等中的第二等），以聖人之言而求聖人之心：

　　　　三載，乃屏眾說而復古經，不信先儒生，惟師先聖而已。以聖人之
　　　　言而求聖人之心，而百不惑一者，此豈謂吾聰明也哉。〔註131〕

聖人之上唯有天主，《六經》在中華即為孔聖人轉述天主之言。故而，從學需要直接承襲孔子之論，以孔子為師，得天學真道賢儒為友，方才為好學的基本態度。

　　《六經》既為文本，欲求聖人真義，必得依託文字，即六書。六書對於經學之重要性，不僅馬氏推崇，華夏碩儒亦視之為解經的根本路徑。馬氏言：

　　　　六書明，而後六經通。六經通，而後大道行。（《六書實義》）

　　　　六書又可為先王之遺寶，而猶六經亦大驗天學之真。（《天學總論》）

<hr>

〔註129〕〔法〕馬若瑟，《經傳眾說》，收入鍾鳴旦、杜鼎克、蒙曦主編，《法國國家
　　　　圖書館明清天主教文獻》，冊26，頁533。
〔註130〕〔法〕馬若瑟，《六書實義》，頁487～480。
〔註131〕〔法〕馬若瑟，《經傳議論》，自序，頁2。

愚所以究文字之義，惟欲通古籍之旨而已。(《經傳議論》)〔註132〕

中國教徒劉凝言：

> 欲明字者，先明六書。六書不明，猶汎溟勃者，指南而弗用，徒向
> 海若而亡耳。
>
> 故常曰：字學之於《說文解字》，猶理學之於《六經》。〔註133〕

非教徒之碩儒曰：

> 經術之不明，由小學之不振。小學之不振，由六書之無傳。聖人之
> 道，惟藉《六經》。《六經》之作，惟藉文言。文言之本在於六書，
> 六書不分，何以見義。(鄭樵《六書畧》)
>
> 毋論經傳，即凡內外大小百家出戲，迖不出兮語言文字，文字不能
> 逃於六書。(趙宧光《說文長箋》)
>
> 經術之不明，由小學之不振。小學之不振，由六書之無傳。聖人之
> 道，惟藉《六經》。《六經》之作，惟藉文言。文言之本在於六書，
> 六書不分，何以見義。(戴震〈六書畧序〉)〔註134〕

小學為經學之本，為中／西、天／儒學者共同之論。二者的區別，只在儒家
用以明經學，修齊治平而臻至境；索隱派在於通天學，指出天主遺存。

六書既尊，其學又需要有經典為依歸。於是，《六書實義》又提出一大問
題，即字學以誰為宗：

> 問：將立於字學，孰可為宗？
>
> 曰：諸家猶丈木然。汝南許慎叔重，《說文》一書，七八尺美。他書
> 或五六，或七八尺朽。故宗《說文》而以理師之，不亦善乎？許氏
> 之訓，本訓也。許氏之義，本義也。許氏又與古不甚遠。所以多存
> 古人之遺訓。受之於先，授之於後，然能達其旨，鮮矣。〔註135〕

〔註132〕〔法〕馬若瑟，《六書實義》，頁452；氏著，《天學總論》，頁513；氏著，
《經傳議論》，自序，頁1。

〔註133〕〔清〕劉凝，〈六書夬自序〉，收入〔清〕鄭釴修，〔清〕劉凝等纂，《南豐
縣志》(康熙二十二年〔1683〕刊本)，收入《中國方志叢書·華中地方·
第八二五》，頁1141；氏著，〔清〕劉凝，〈說文解字夬序〉，收入〔清〕鄭
釴修，〔清〕劉凝等纂，《南豐縣志》(康熙二十二年〔1683〕刊本)，頁1152。

〔註134〕分別見：〔宋〕鄭樵，《六書略》，通志六書略一，頁4；〔清〕戴震，《戴震
集》，頁77；〔明〕趙宧光，《說文長箋》，頁413。

〔註135〕〔法〕馬若瑟，《六書實義》，頁452～453。

馬若瑟堅持，六書之學以字聖許叔重為宗。其《說文解字》一書所收錄之文字皆為正字，且訓詁咸本義。本義即文字初朔之時的意涵，所以《說文解字》對文字的解釋都為古義。須明在馬氏理論中，文字乃先王古聖乃至亞當、厄襪所造，文字本義即蘊含天學要道。後世不知此理，蓋因後世失傳，而非漢字本義本無天學意涵。馬氏撰寫《六書實義》之目的，乃在「然欲字學復明」，為往聖繼絕學。〔註136〕由是，為求文字與《六經》之中的天學本義，馬氏日夜苦學六書，以求熟知文字本義：「此愚所以將許慎《說文解字》，鉉、鍇兄弟集注，宦光趙氏《長箋》等書，夙夜反復熟讀，以求文字本義。又得南豐劉二至先生著述若干卷。」〔註137〕如此，馬氏架構起了清儒可以接受的解經路徑：六書─小學─理學─經學／天學。

另外還有值的注意的一點，除了中國經典外，馬若瑟還推崇與西方經典相互闡釋。因中國《六經》中有關天學部分的「經之意」失傳，只存「經之言」，則務必以西方未絕之天學為依歸，即以「經之言」與「經之意」咸備之《聖經》為準繩：「況吾西土學者，篤信上天《聖經》，以為萬學真偽之衷準。夫《天經》也者，不刪削，不遭火，自開闢以來不絕者也。」〔註138〕中華之學，正因為缺少了「經之意」這把神學鑰匙，以致古經之意不能辨明，又致傳疏紛紛卻未明真義：「由此觀之，則從漢迄今，中華之學者，欲注『古經』，俱不能有定論。其所以燊者非他也，未聞聖者之明言故也。」〔註139〕此處之「古經」，當有二義：對於《聖經》而言，「古經」為《古經》，即《舊約》；對於中國經典而言，「古經」即《六經》。從某種角度言之，馬氏將中國古經與《聖經》相互比擬，認為中國《六經》之地位，類似《聖經》之《舊約》。若《聖經》僅有《舊約》，而無天主降生成人，講授《新約》，則勢必與中國一般，困於《古經》難明之奧文。同樣的，中國《六書》缺少《新經》這把鑰匙：「無《新經》而索古典者，誠是無形而求景，無聲而求望響，豈可得乎？」。〔註140〕據此言，中國天學之缺失，實在耶穌降生之後的部分。對天父創世、人類之墮落、大洪水等等，乃至聖子降生之預表，都掩藏在《六經》經之言中，亟待教徒挖掘，這正是天主教學者應有之學術立

〔註136〕〔法〕馬若瑟，《六書實義》，頁452。
〔註137〕〔法〕馬若瑟，《經傳議論》，自序，頁1。
〔註138〕〔法〕馬若瑟，《經傳議論》，自序，頁2。
〔註139〕〔法〕馬若瑟，《經傳議論》，自序，頁3。
〔註140〕〔法〕馬若瑟，《經傳議論》，自序，頁3。

場，也是耶穌會索隱派的又一學術原則與基本態度。

綜上，中國儒生治學的第一原則，乃是信經（《六經》）而不信傳，宗聖人之言而非後儒諸子之眾說，並以六書為入門途徑，以《聖經》為繩尺。馬氏在《儒教實義》中，精要且切中肯綮地點出了這一點：「是故好學者，以六書（指事、象形、形聲、會意、轉注、假借謂之六書）為祖，以六經為宗，以孔子為師，以諸儒為友，輔我積善，佑我明真，則無不信。」〔註141〕

（二）治實學：斥宋儒、排佛道而復古學

馬若瑟將《六書實義》命名作「實義」，除了存有揭示六書真義的意涵外，又承襲利氏以來的「實學」傳統。利氏時代之「實學」，多針對陽明心學，稱陽明學為「虛學」，以示鄙夷。〔註142〕《天學總論》開篇即下定義，將以「知天為本」的天學，定性為「真學」、「實學」，不知天者則為「偽學」、「空學」，甚至不能稱之為學。〔註143〕可知，馬若瑟「實義」之題名，沿襲了利瑪竇的傳統，意指天學相合的學問方為「實學」，直截明白道出《六書實義》乃是天學之一。

《六書實義》記述了書生詢問老夫關於歷代文字學家權威有幾家，又該如何評判的問題。老夫分別列舉漢之許慎、班固、鄭玄，晉之衛恆，唐之賈公彥、張參，後唐之徐鍇，有宋之張有、鄭樵，元之熊朋來、戴侗、楊桓、劉泰、余謙、周伯琦，明之趙古則、王鏊、張位、趙凡夫、朱謀瑋，清之劉二至、廖百子、虞氏諸大家，並下評判云：「百家出，而六書昧。六書昧，而六經亂。六經亂，而先王之道熄。」〔註144〕許慎《說文解字》為經，其餘後說為傳，後學通古義者，唯有馬氏字學導師劉凝。

六書學說的混亂，導致文字本義不清，遂致解經有誤，《六經》詮釋混亂。根據《天學總論》的描述，《六經》之衰是一個長期的過程——衰退長達四階段而歷經五百餘年：其一，孔子歿，天學無繼，真道始衰；其二，戰國禮崩樂壞，秦皇焚書，致真學一度絕跡；其三，漢興經學，經學一度中斷，致經學恢復之時，傳注如山，眾說橫行，始亂《六經》；其四，《六經》亂，王道熄，異端興起，佛門入華，巫覡假借老子之說成立「邪」教，二教皆祀

〔註141〕〔法〕馬若瑟，《儒教實義》，頁301～302。
〔註142〕李奭學，《明清西學六論》，頁5。
〔註143〕〔法〕馬若瑟，《天學總論》，頁483。
〔註144〕〔法〕馬若瑟，《六書實義》，頁452。

邪神，播毒中國。至此，以兩漢之間，三教成立為標誌，預示天學真道就此滅絕。〔註145〕

　　馬氏認定《六經》即天學，故要「信經」。又言經學本義喪失，蓋因後儒謬解「經之言」，「經之義」不傳，由是傳疏雜出亂行，儒學不能定於一尊，故曰「不信傳」。從實學角度論之，天學已定，則需要辨別非天學之異端。由是，所謂「傳」，可歸於「虛學」、「偽學」、「空學」。天學的衰微，除了儒家自身的問題，還有佛、道二教趁著天學真道熄滅之際，趁亂興起，異端邪說蠱惑人心，遂至先王之道真正滅絕。其實這兩條路線，依舊是利瑪竇路線的延續——「補儒」與「驅佛」。本節即從這兩個角度入手，說明馬氏治學的第二基本原則——「治實學」。

　　三教之後，儒學至宋又大變，脫離漢儒體系，新立「理學」，外文名之"Neo-Confucianism"，道出其與舊儒學有所分別。對於宋儒之「創新」，馬若瑟給予了更為激烈的批評：

> 宋興而儒術益隆，濂洛關閩之徒，卓然自尊，咈然黜漢唐之學，謂
> 之凡說義禮，只與說夢相似。……如不合之中，或有一合之處，乃
> 理氣之說，以為主宰是也。然斯之果為天學之大患矣。是故朱子雖
> 善言夫氣與理者，照詩書之明文，奚得不稱昊天上帝，以超出庶類，
> 而為萬物之真主也耶。惜乎！朱子何不執此真實之理，而非佛老詭
> 謬之妄，使後之學者，不得讒吾儒而有三教歸一之鶻說焉。〔註146〕

馬氏以「說夢」、「大患」、「鶻說」定性宋儒之學。馬氏認為，宋儒以「理」之名取代天主／「上帝」，又試圖開闢三教合一之說，實乃罪大惡極。〔註147〕至於明儒，馬氏一石二鳥，借批評司馬遷之際，一併指責有類似說法之明儒：「司馬遷不知所取捨，作《史記》，而謬降《書經》之大道，以區區為史耳。」〔註148〕

〔註145〕〔法〕馬若瑟，《天學總論》，頁485～486。
〔註146〕〔法〕馬若瑟，《天學總論》，頁487～488。
〔註147〕馬氏撰寫《天學總論》時為禮儀之爭高峰，羅馬禁止傳教士使用上帝，而馬氏
　　　　作為索隱派一員，不惜得罪教會，也堅持使用「昊天上帝」、「皇天上帝」等術
　　　　語，足見其對索隱主義之堅持。如《儒交信》言：「然據儒教的《六經》，言上
　　　　天、神天、上帝、皇天上帝，其與西儒言天主，一些也不差」〔法〕馬若瑟，
　　　　《儒交信》，頁26～27。
〔註148〕〔法〕馬若瑟，《天學總論》，頁486。

　　經書本質為史書之論，首先想到的是清章學誠之「六經皆史」論。〔註149〕
而在章氏之前，王陽明更早提出了「五經皆史」的觀點：

　　　愛曰：「先儒論《六經》，以《春秋》為史。史專記事，恐與《五經》
　　　事體終或稍異。」

　　　先生曰：「以事言謂之史，以道言謂之經。事即道，道即事。《春秋》
　　　亦經，《五經》亦史。《易》是包犧氏之史，《書》是堯、舜以下史，
　　　《禮》、《樂》是三代史。其事同，其道同，安有所謂異！」。

　　　又曰：「《五經》亦只是史。……」〔註150〕

作為「虛學」代表的陽明學，其論自然不符天教「實學」。從馬氏的批評可
以得出，隨著時代之演進，儒學離古義愈遠，其說愈壞，不能返真。只有部
分大儒遵從古儒訓示，馬若瑟將這些鑽研天學，師經而奉上帝的儒生稱為
「醇儒」。〔註151〕故為學當信經而不能信傳，兼採「醇儒」，方能不誤，以
求真道而合聖人之心。這些學說，後來皆無意識地影響了清人，掀起了清代
的「文藝復興」，並以乾嘉學派為高潮與標誌。另外，「醇儒」的提出，實則
為儒家化的「天學」建立了新的儒學譜係，與程朱／陸王之譜係相對。

　　研究實學的第二個要點便是闢佛、道。耶穌會一向承繼利瑪竇「闢佛」
的傳統，這馬氏漢語索隱主義作品中極為常見，如：

　　　蓋浮屠所謂禱場、施食、燒紙、破獄，皆釣愚夫愚婦之餌，以求供
　　　佛飯僧之術。無根之謬妄，無理之左道，君子者所必不履也。（《儒
　　　教實義》）

　　　邪神之窩，在佛老之徒，亦謂之廟。（《儒教實義》）

　　　佛老之法，幻妄也，非教也。（《儒教實義》）

　　　夫異端作孽，莫勝立佛老二氏，以抗上帝。（《儒教實義》）

　　　先王之道既熄，則異端乘其隙而蜂起。佛法流入，而播其毒於中國，
　　　道巫假老子之學，媚於邪神，妄調不死藥以害生。（《天學總論》）

〔註149〕　《文史通義》言：「《六經》皆史也。古人不著書，古人未嘗離事而言理，《六
　　　　　　經》皆先王之政典也」。〔清〕章學誠、孫德謙著，《文史通義·太史公書義
　　　　　　法》，頁1。
〔註150〕　〔明〕王守仁著，〔明〕徐愛錄，葉鈞點註，《傳習錄》（臺北：臺灣商務印
　　　　　　書館，1974年），頁25。
〔註151〕　〔法〕馬若瑟，《儒教實義》，頁286。

> 至於佛老等異端之邪說，從來君子所共惡者，自可泯滅也。（《天學
> 總論》）

> 司馬公道：「未入聖教的時節，弟也是不信的，也知佛老是左道異
> 端，但我的話說也好聽，我的行實難告人。……」《儒交信》〔註152〕

馬若瑟對待異端宗教與偶像崇拜，用詞用語相當之重，動輒言「異端」、「邪
說」、「邪神」、「毒」、「害」、「惡」、「妄」、「左道」、「非教」等詞，與「聖教」
相對應，可謂高下立判。但值得注意的是，馬氏有意識地區別了道家與道
教，放了老子一馬——「道巫假老子之學」。所以《六書實義》方可引用老
子之書，如「曰：若老子所云：『道生一，一生二，二生三，三生萬物。』
善乎？否乎？」，便引用《老子》四十二章。〔註153〕由於《周易》與老子之
說相輔相成，難以割裂。索隱派首重《周易》，借《周易》之言闡述觀點時，
難免藉助老子之言。故而，馬若瑟將《老子》一書及其學說，視為「斐錄所
費亞」中的「默達費西加」，有如亞里士多德的學說一般，可助益天學解說。

對於經文在闡釋以及西學觀點的敘述，其說服力道馬氏並不滿足。故而，
馬氏據西方歷史為例證——「西邦順美化而變惡俗」，大談排除異教，信奉天
主教之益處。〔註154〕梳理歐羅巴歷史，馬氏肯定了古希臘時代哲學家之「上
古西學」，奠定了歐洲學問的基礎——「大抵西儒所習心法，二千年前，不過
如此。斯學雖不能無病，然而西學亦未嘗不以修齊治平為雅言，而以正心誠
意致知格物為其目，然其文厚而質薄，其詞彩而道無本，是以不足宗而師也。」
〔註155〕但是與後來之天學相較，自然相形見絀。此外，馬氏還批評了《荷馬
史詩》成為了後世偶像崇拜依據文本。這一時期的歐羅巴，與如今之中國一
樣「不知天」，由是道德風氣敗壞、異端邪說流竄——「為人君者，侮天虐民，
耽樂好勇，淫酗敖荒而已。為人士者，外謙內傲，言潔行穢，似德非德，以狂
瞽相師而已。為庶人者，習邪術，尚魔神，主惡祭，敗良心，醉生夢死而已
矣。」〔註156〕幸而耶穌降生成人，闡明西學，遣二聖人，自如德亞而至羅馬
府，傳授天學，肇立教會基業。爾後多有磨難，歷三四百年，天教日興。至中

〔註152〕〔法〕馬若瑟，《儒教實義》，頁 292、294、302、303；氏著，《天學總論》，
　　　　頁 486、514；氏著，《儒交信》，頁 29～30。
〔註153〕〔法〕馬若瑟，《六書實義》，頁 464。
〔註154〕〔法〕馬若瑟，《天學總論》，頁 495。
〔註155〕〔法〕馬若瑟，《天學總論》，頁 492。
〔註156〕〔法〕馬若瑟，《天學總論》，頁 495。

國西晉永嘉年間，「欽明仁恭」的孔氏當定大王（即君士坦丁大帝，Flavius
Valerius Aurelius Constantinus，274～337）入天學聖門，定天主教為國教，由
是歐羅巴大變焉。這裡，馬若瑟又非常中國化的，將破除異教神廟說成「滅
佛」──「菩薩之惡像，鑠之成錢，雕者火之，陶者破之」，可見其用意，依
然不忘向康熙勸說「禁佛」。〔註157〕西方在歷經毀棄異教之後，歐羅巴方才
大治。其歷史，可為中華殷鑒。

以上之例，足見馬氏攻擊異教用力之深，有說理、有敘事、有恭維、有
批判。以馬若瑟為代表的傳教士，無論在中國，還是在西方（如李明），不斷
奔走相告，言說中國原奉天教，是為上帝寵兒，不幸造佛教播毒，以致天教
滅跡，由是人心道德敗壞。如何使得中國人再入聖門，所依靠之法門即乃利
瑪竇路線──「滅佛」與「補儒」。這一點，馬氏在《儒交信》中藉中國信徒
陳娘子之口，有明確提示：

> 陳娘子道：「要真要全的，只有我天主聖教，所以又能滅佛，又能補
> 儒。天主聖教，以耶穌為宗，耶穌不是單單一個人，如釋迦、如老
> 君、如孔子一般，耶穌又是聖人，又是天主。……」〔註158〕

總言之，馬氏認為後儒與佛、道二教之言皆不可信，為學需師法《六經》
與親近醇儒，此方為實學，才能在《六經》原意喪失的情況之下，重新理解天
學原意。

（三）解經之法：索隱主義

既然以「索隱主義」或「符象論」稱呼馬若瑟之釋經方法，則其治學方
法的核心原則必然是索隱主義。《六書實義》暢言「象」（figure）的重要，它
使得指事、象形、以及部分假借字具有更為突出的天學意義。折中翁更是明
言「象學」（更似馬氏為索隱主義的命名）之大用，除卻研究六書，還可解經
乃至推及萬物，最終達「明道」之境：

> 竊謂……。象學無涯，假借亦無均。無涯豈區區視之作六書之用乎？
> 且上古經典，皆以此為大用，推及天地萬物，俱皆為象而可借以指
> 事。夫象也者，筌蹄也。蹄所以在兔，筌所以在魚，象所以明道。
> 〔註159〕

〔註157〕〔法〕馬若瑟，《天學總論》，頁505。
〔註158〕〔法〕馬若瑟，《儒交信》，頁107～108。
〔註159〕〔法〕馬若瑟，《六書實義》，頁447～448。

顯然，馬氏認為指事作為六書之中最為尊貴者，蓋因其與象密切關聯。

　　索隱派視《易經》為《六經》中為崇高，中國天學皆本乎此。故而，馬氏解釋象，幾乎皆與《易經》相關聯，如《六書實義》言：「《河洛》、《書契》、《大易》，皆上古之遺寶，聖人之妙象耳。」〔註160〕天學之象，俱存最古之字書《書契》、《易經》及《易經》之來源──《河圖》、《洛書》之中。〔註161〕馬氏試圖在1707年的信件中，專門向同僚提出，他認為從古老性言之，中國古經比《摩西五經》還要古老。〔註162〕而這些比《摩西五經》還要古早的經典，皆過於古奧，充滿寓言，著實難解：

> 蓋聖人之心在經，經之大本在《易》，大《易》之學在象。是故凡燭
> 理不明，而視象為形，假借當本意，寓言為實事，獨欲通古人之書，
> 不可得也。〔註163〕

按馬氏的理解，古經中的象都是聖人苦心設計，精心存放於經書，望後學能解之而有所啟示。但若是不能解開象中的寓言──乃《舊約》歷史事件之記載，或是《新約》耶穌事跡的預表，皆不可稱讀懂了這些奧象。此論，馬氏在《儒交信》中曾藉司馬若瑟之口指陳述越古越奧，而存更多天學遺跡在內的原則：

> 天主耶穌的事，我中國古書載得其跡固好，不載亦無傷。倘中國無
> 書，難道天主耶穌的事，就不能得其微？這信經中的大事，不是因
> 偶或藏於中國古書內，我就信他是極真要的道理。但是因這個道理
> 極是真，又是十分要緊的，就敢說書越古越奧，大事豫跡，必定越
> 多藏在裡頭。只是我們中國人，自家想不得到那裏去。蓋經道失傳，
> 字學不行，寓言難達，又未聞天主降生妙道，就看這些古書，也寓
> 他不着。若先曉得聖教中許多大事，後來虛心實意，將中國古經古
> 傳，細心合条，那時我不怕你說沒有。譬如書之最古最奧者，莫奧
> 莫古於《易》。大《易》中六十四卦、三百八十四爻，卻像個甚麼。
> 凡學易者，就滿口說都是像聖人。……諸儒也莫不說乾坤就是易，
> 乾坤就是聖人。若這個聖人，還不是降生的天主，《易經》的妙文，

〔註160〕〔法〕馬若瑟，《六書實義》，頁472。
〔註161〕第三章在討論索隱派的喀巴拉主義思想源流時，梳理過白晉針對《河圖》、《洛書》進行寓意解經，詮釋書中暗含有關《聖經》的種種隱喻。
〔註162〕〔美〕魏若望，《耶穌會士傅聖澤神甫傳》，頁142。
〔註163〕〔法〕馬若瑟，《儒教實義》，頁301。

　　總不可矣解；若這個聖人，又是人，又是天主聖三，上帝所許將
　　來的救世者來，一定是他無疑了。〔註164〕

由於是白話小說，馬氏於《儒交信》闡述道理更為明晰，其意大抵有五端：其
一，今儒之所以不能解象，乃因為經之意、字學本義、寓言三者盡皆失傳；其
二，書越古存越多天學遺跡；其三，《易經》為經書中最為古奧，存有最多天
學之象；其四，解象必得了解天學寓言與聖教歷史；其五，《易經》等所言之
聖人即耶穌，即三位一體之天主，並預表救贖主將要到來。這五點，即馬氏
之索隱主義的基本論述模式與寓意解經的敘述模式。

　　何以古經必得「聞天主降生妙道」，方可明經與象。這一點，馬氏曾向康
熙做過解釋：

　　《古經》之文也奧隱，《新經》之旨也平易。《古經》之辭也多寓言，
　　而其事大抵取象。《新經》之訓也貴直言，而其事莫不為實事。古者
　　長喻以形容道，聖者凝道而古喻明。由此觀之，則從漢迄今，中華
　　之學者，欲注古經，俱不能有定論。其所以然者非他也，未聞聖者
　　之明言故也。無《新經》而索古典者，誠是無形而求景，無聲而求
　　望響，豈可得乎？〔註165〕

馬氏認為中國僅有類似《舊約》之《六經》，未聞救贖主之教導之《新約》。而
無論是《舊約》還是《六經》之文辭皆深奧晦澀，又充斥種種寓言，將重要事
件化為象。而《新約》則相反，語言相對平實明白，又為聖人教導，用於解說
古經，必然無誤。由此言之，即使是《易經》之象，也必須結合《新約》解
釋，方才為正道。可喜的是，耶穌會傳教士正掌握了這把鑰匙，只要中國人
願意，隨時能夠傾囊相授——此即索隱派乃至耶穌會的話語模式。

（四）輔助之法：記憶術

　　馬若瑟在自述治學之道時，曾向康熙推薦了西方「記憶術」
（Mnemotechnics）：

　　且吾西方有助記含之法。而知之者，雖讀千百卷，百論各得其目。
　　是非分而不雜，道理定而不忘。如此者，則不獨能記先師之精秀而
　　取之，亦得識百家之糟粕以棄之。〔註166〕

〔註164〕〔法〕馬若瑟，《儒交信》，頁74～76。
〔註165〕〔法〕馬若瑟，《經傳議論》，自序，頁3。
〔註166〕〔法〕馬若瑟，《經傳議論》，自序，頁2。

馬氏所謂之「記含之法」，即指記憶術。馬氏在向皇帝的建言中，大談記憶術的功效，可以讀書萬卷而不忘，且明辨其中是非、良莠，是治學輔助之善法。

在討論馬若瑟的記憶術之前，必先釐清關於記憶之術的五大先導問題，方能明確馬氏記憶術師承何脈：西方記憶術為何物？其發展如何？代表學說為何？何時進入中國？譯介者為誰？首先，西方記憶術的起源，多歸功於古希臘科奧斯的詩人兼哲人西莫尼德斯（Simonides of Ceos，556～468 B.C.）。西氏在一首詩歌中，吟誦希臘塞薩利（Thessaly）地區一位名曰斯科帕斯（Scopas）者宴請賓客時，西氏離開宴客廳後屋頂下塌，致使主人與賓客盡亡，且屍身難以辨認。西氏透過記得客人之席次，故而可以指出每一座位之遺體是何人。此法被後人認為開創了一種基於圖像與地點的記憶體系，被稱為「定位法」（method of loci）。這一故事，在明萬曆年間已經傳入中國，出現於中文第一部西方記憶術專著《西國記法》之中。此書成書萬曆廿三年（1595）之南昌，其書言：

> 古西詩伯西末泥德，嘗與親友聚飲一室，賓主甚眾。忽出戶外，其堂隨為迅風催崩，飲眾悉壓而死。其尸齏粉，家人莫能辨識。西末泥德因憶親友座次行列，乃一一記而別之。因悟記法，遂創此遺世焉。〔註167〕

「西末泥德」即今譯「西莫尼德斯」也，「設位」即「定位」也。這一故事的最初源頭，乃出自西塞羅之《論演說家》（*Ad Quintum Fratrem: Dialogi Tres De Oratore*）卷二之八十六。〔註168〕並且，利氏在《西國記法》中提出了「腦主記憶」之說，實乃現代之先聲。利氏又將記憶稱為「記含」，馬氏所用之術語來自於此。〔註169〕

西塞羅利用上述的故事說明了古代羅馬之演說家利用「場所」（loci）與「影象」（imagines）二法訓練記憶。〔註170〕而此故事提出的記憶術，也是用於佐證其修辭學與演說五個步驟之一：「開題／題材」（invention／

〔註167〕〔義〕利瑪竇詮著，《西國記法》（法國國家圖書館藏本），收入利瑪竇等著，吳相湘主編，《天主教東傳文獻》（臺北：臺灣學生書局，1965 年），頁 17～18。
〔註168〕詳見：〔古羅馬〕西塞羅（Marcus Tullius Cicero）著，王曉朝譯，《論演說家》，收入《西塞羅全集（卷一）：修辭學》（臺北：左岸文化出版，2005 年），頁 464。
〔註169〕二者皆見：〔義〕利瑪竇詮著，《西國記法》，頁 10。
〔註170〕〔義〕利瑪竇詮著，《西國記法》，465～466。

inventio)、「佈局」(arrangement / dispositio)、「文體」(style / elocutio)、「記憶」(memory / memoria)、「表達／誦說」(delivery / actio)。〔註171〕由此言之，古典記憶術是屬於修辭學，則在前文之西學體系中當屬小學／文科，《西學凡》所謂之小學畢業考試（「試其議論」），即演說的五個步驟（「五端」）：「相質種種議論之資料」、「先後布置有序而不紊」、「古語擷華潤色」、「溫養之法」、「習記之法」、「誦說或辯論」。〔註172〕由此觀之，在馬氏論點中，記憶術與字學皆屬小學，一體兩面，在天學研究領域，悉為重要法門。

爾後，奧古斯丁在西塞羅理論的基礎上，結合柏拉圖主義，為記憶術開闢新的路徑——「記憶」、「理解」、「意志」為靈魂的三大力量，是人能體現神聖三位一體之處。〔註173〕嗣後又通過經院哲學，記憶術從小學之文科上升至中學之倫理學的層次，由天使博士（Doctor Angelicus）多瑪斯‧阿奎那定為「德智」的一部分——「視記憶為德智的一個部分是很適當的」。〔註174〕至文藝復興，印刷術興起，記憶術存在的意義開始崩解，由是記憶術在文藝復興中結合赫爾墨斯主義與喀卡拉主義等神秘主義，開始轉向具有魔法色彩的記憶術，其中以皮科與盧爾的記憶系統為代表。盧爾體系繼承了奧古斯丁三位一體系統而非古典記憶術系統，不需要藉助視覺系統（即「象」）結合神秘主義，開創了字母符號系統（即第二章之思維輪盤），其盧爾主義（Lullism）之影響力長至 18 世紀。〔註175〕這一系統後來又影響了萊布尼茲的組合術系統——隨著科學之興起，萊氏將古典修辭學體系之記憶術與盧爾為代表之具有柏拉圖主義傾向的符號系統說合二為一，開創出數學化（基歇爾亦提出了類似之設想）又兼具神秘主義化的記憶術。〔註176〕這一點，在第二章第四節之第二小節有詳論。概而言之，記憶之術的發展路徑為：古典時代——醒目的影象；中世紀——有形實之喻象；文藝復興——魔法形象。〔註177〕

〔註171〕〔古羅馬〕西塞羅著，王曉朝譯，《論公共演講的理論》，收入《西塞羅全集（卷一）：修辭學》，頁 35；拉丁文參考：李奭學，《中國晚明與歐洲文學——明末耶穌會古典型證道故事考詮》，頁 28。

〔註172〕〔義〕艾儒略，《西學凡》，頁 98。

〔註173〕Yates, F. A. *The Art of Memory*. Chicago: The University of Chicago Press, 1966. 49.

〔註174〕〔義〕多瑪斯‧阿奎那（St. Thomas Aquinas）著，胡安德譯，《神學大全》（臺南：碧雲書社、中華道明會，2008 年），冊 9，頁 36。

〔註175〕Yates, F. A. *The Art of Memory*. 173～175.

〔註176〕Ibid，379～380.

〔註177〕Ibid，157～185.

　　至此，對記憶術在西方之發展與各階段特徵有了簡單之介紹，接下來便可分析馬若瑟之記憶術。馬氏嘗言：

> 瑟也本至憨至昧之人耳，燹吾西土學者，未始不有相授受讀書之洤，
> 而以知言為本，以次序先後為要，以慎思明辨為務。〔註178〕

此句，既可以理解為治學次序的重要性，以及必須以紮實的文科為基石。自然，也有另一面向之思考，即從記憶術的角度入手。知言必然要藉助小學／修辭學／勒鐸里加，也就是字學加記憶之術。「次序先後」，又為古典記憶術的典型特徵，即古典記憶術先是建構處所（如教堂、宮殿、劇場），隨後按次序放入所要記憶之物。至於「慎思明辨」，前文已提及，中世紀經院哲學時期將記憶視為德行。葉芝指出，多瑪斯與艾爾伯圖斯‧麥格努斯（St. Albertus Magnus，c.1200～1280）談論記憶術，都是將之放置於「審慎」（Prudence）這一德行之下來討論的。〔註179〕如此言之，馬氏此段之意當為西洋讀書之法，以修辭學為本，以使用記憶術之「定序」法為要，涵養包納記憶術之德行「審慎」。

　　但到了《三一三》，馬若瑟似乎從開始的認為此法甚妙，演變成反思此法似乎可行度不高——或是受現代性衝擊而改易想法，與同時代歐洲的變化相類：

> 何謂記？昔賢曰：記含者，百學之藏，諸業之母，智者之緣，善德之慰者也。無量無數，有形無形，皆入記藏。雜然並容，井然不混。無來不收，無取不應。分求分予，合求合予。簡擇而求，簡擇而予。或記而不忘，或忘而不記，或記而忘記，或忘而記忘。今謂夫形下塊然之氣，運運於好發之筒，而能容字數萬，能收卷數千。袞袞歷年，任意呈之，次序恒存，有形無形皆然。子雖以為妙，愚不敢信者。〔註180〕

從馬氏的言語中，透露出的線索多是指向古典記憶之術，但無明證。若從利瑪竇角度論之，其記憶法門乃古典記憶術的可能性再度提升。而《西國記法‧設位篇第三》之言，乃是非常典範的古典記憶術，即建構「處所」，按次序放置所需記憶之象於處所中的房間、墻壁、台階、庭院等區域，所需要提取記

〔註178〕〔法〕馬若瑟，《經傳議論》，自序，頁2。
〔註179〕Yates, F. A. *The Art of Memory*. 57.
〔註180〕〔法〕馬若瑟，《三一三》，頁163。

憶之時，設想漫步其中，放置記憶之物一一呈現：

> 九記法，須預屬所，以安頓所記之象。屬所分三等，有大、有中、
> 有小。其大，則廣宇大第，若公府，若嘗宮，若寺觀，若邸居，若
> 舍館，自數區，至數十百區，多多益善。中，則一堂、一軒、一齋、
> 一室。小則室之一隅，或一神龕，或倉櫃座榻。其屬所，又有實、
> 有虛、有半實半虛，亦分三等。實則身目所親習。虛，則心念所假
> 設，以自數區至數十百區，着意想像，俾其規模境界，羅列目前，
> 而留識心中。半是半虛，則如此居相隔，須虛關門徑，以通往來……
> 〔註181〕

李奭學曾揭櫫，文藝復興晚期，歐洲教育機構通行有西班牙耶穌會士蘇瑞芝
（Cypriano Soarez）奉長上指示編纂的《修辭的藝術》（De arte rhetorica）。
該書旨在幫助後學了解西塞羅等人的修辭術，並將五大步驟的概念，風靡全
歐。〔註182〕史景遷（Jonathan Dermot Spence）的研究，也指明了這一論點。
史氏認為此書作為教科書，一度成為耶穌會學生必讀經典，利氏的記憶術的
基礎，當自耶穌會學院。〔註183〕如此推想，馬氏的記憶術當也源自這一體系。
觀其言行，較少以盧爾為代表之神秘主義的記憶體系，而是由耶穌會教育與
利氏開關之《西國記法》一路下來之以古典記憶術為基的經院哲學記憶術。

　　當然，記憶術不僅可以用於輔助索隱派研究中國墳典，還對闡釋歐人特
為關注「象」的問題給予了一定解釋。古典記憶術之法門，便是將記憶之物
化為「象」儲存於腦海，而隨著記憶術理論之發展，記憶與「靈魂」有密切之
勾連，《西國記法》便大篇幅探析了漢字六書與「象」的關係。由此看，馬氏
論六書之象，實際上是在利氏記憶術的基礎上再出發，轉而改用索隱派認定
之天學經典《易經》作為闡釋之源（此觀點將會在下一節進行討論）。

　　綜上，馬氏提出，如果要治學，無論何種學問，皆記憶為重，故向皇帝建
議西方「記含之法」的妙用。其所倡記憶術，當為依託於西塞羅古典記憶術，
於經院哲學賦予倫理學意義，並經利瑪竇中國化之西體中用的「記含之法」。

〔註181〕〔義〕利瑪竇詮著，《西國記法》，收入〔義〕利瑪竇等著，吳相湘主編，《天
　　　　　主教東傳文獻》，頁20～21。
〔註182〕李奭學，《中國晚明與歐洲文學──明末耶穌會古典型證道故事考詮》，頁27
　　　　　～28。
〔註183〕Spence, Jonathan Dermot.The Memory Palace of Matteo Ricci. London: Faber
　　　　　and faber, 1985. 5.

第三節　天學遺跡：賦神學於六書

　　本節主要討論馬若瑟如何運用索隱主義詮釋六書，並賦予六書天學色彩。在內容上，主要分為三個部分：其一，論《六書實義》與天學四脈；其二，專論六書與天學之聯繫；其三，為西方重視象形文字提供一條另類的解釋路徑，即記憶與靈魂相關，而記憶依賴象而存在，故「象」為智慧之源。

一、天學論

　　高一志在晚明便精要指明，天學之道有四大支，分別為：「論物上必有一主」、「論天主造成天地及萬物之功」、「萬名所向真福」、「天主降生救世」。〔註184〕對此四端，《六書實義》也有此論，其文言：「超性之學，其言微，其意廣矣，約之歸於四端」，並指陳儒學與天學互為表裡。〔註185〕大致可以概括為天主論、人的墮落、耶穌降生成人、原罪與救贖，下文分別將天主論與其餘三支分為兩部分，分別呈現。

（一）天主論：天主之名、天主存在、天主聖三與創世

　　「論物上必有一主」，天學之本在證明天主乃造物與主宰世界最高且唯一的神。《六書實義》對此一支義界曰：

> 一曰天地人物之大，原無道可道，無名可名，謂之皇天，謂之上帝，謂之天主者，皆強借之稱耳。其體純神無形，至一不貳。然 玄 雖一，尊位有三，三位者一，一曰父，二曰子，三曰聖神，蓋自有一。一，自然明照於己，是乃生如己。授者之謂父，受者之謂子。自有父子，父子自然互愛，是乃共發聖神故。其間無大小之等，無先後之時，三位同大同尊，共為一體是也。此一端明，則 丶 、一、二、三之妙義昭然矣。〔註186〕

其內容有兩部分，一論天主之名，二言三位一體。

　　天主之名，馬氏化用老子論「道」之語，詮釋天主之名乃人依據自己的有限認知，勉強給予命名（「強借之稱」）。故而，依照不同的角度認識，天主之名有多重，如索隱派堅持之「天」、「皇天」、「上帝」。這些古代經典中有關天的稱呼，皆可作為天主之名的代稱，以突顯天主的唯一性，並藉此統

〔註184〕〔義〕高一志著，〔法〕梅謙立編注，譚杰校勘，《童幼教育今注》，頁220。
〔註185〕〔法〕馬若瑟，《六書實義》，頁492。
〔註186〕〔法〕馬若瑟，《六書實義》，頁492～494。

合了儒、道二家。馬若瑟甚至在此基礎上，將具有造化性質的道也納入了天主之名：「維初太始，道既已立，則道必無始。道既立於一，一即道，決然矣。道既造天地而化成萬物，則天地萬物斷不得謂之道。」〔註187〕此論，強調了「一」的觀念，即天主乃「一」而非「多」。以「道」與「一」代指天主，表達了天主的完美至一性。這一點，阿奎那《神學大全》第一冊第十三題〈論天主的名稱〉給出了詳盡的解答：其一，天主無名或無可名之的理由，乃是祂的本質／本體，超乎了我們的理解與語言表達；其二，我們給予天主之名，是以那適合物質受造物主的方式來表達；其三，天主或神（Deus）這一名稱是普通名稱，不是專有名稱。〔註188〕

在明辨天主之名且確定祂為唯一之真神的同時，必須證明祂是確實存在，並具有普遍性。對此，阿奎那在《神學大全》中，提供了五條確切又形而上的推論之法——「五路論證」（Quinque viae），用於探討神的存在性。〔註189〕第一路，「證以動律」（Argument drawn from metaphysical movement-Proof from motion and change）——論證有一不受動的「始動者」（a first unmoved mover exists），祂是第一推動者。〔註190〕第一論證，馬氏透過對天主的另一個名字「道」的訓詁來實現：

> 道字从（俗作從）首从辵，會意。首者，始也，自也。辵者，行也，動也。不已而不變，恒動而恒靜之謂道。〔註191〕

「道」之義，是始動者，自身卻不為外物所動，永恆不變，又動又靜止，是第一個推動者，即天主。

第二路證明乃「證以因果律」（Argument drawn efficient causality-Proof by efficient cause）——在感覺可及的事物中，成因（casua efficiens）是具有順序與層次的，一切事物有其成因，而必須有一個第一成因，即天主。〔註192〕此路，馬氏通過對「主」之本字「丶」的訓詁來說明：

〔註187〕〔法〕馬若瑟，《六書實義》，頁463～464。

〔註188〕〔義〕多瑪斯・阿奎那著，高旭東、陳家華譯，《神學大全》，冊1，頁168、194。

〔註189〕第四路無明顯之例證，故下文省略不言。

〔註190〕楊紹南，《宗教哲學概論》（臺北：臺灣商務印書館，1996），頁169～170；〔義〕多瑪斯・阿奎那著，高旭東、陳家華譯，《神學大全》，冊1，頁28。

〔註191〕〔法〕馬若瑟，《六書實義》，頁464。

〔註192〕楊紹南，《宗教哲學概論》，頁169～170；〔義〕多瑪斯・阿奎那著，高旭東、陳家華譯，《神學大全》，冊1，頁28～29。

「、」者，千文萬字所從始，而自無所資始。字字文文，皆「、」

之所體，而無壹文如「、」之至純，是表真宰爲千神萬形所由生，

而自無所資生。〔註193〕

「、」是一切文字的開端，它表示世間萬物皆由其所生，其本身又不自生，乃是一切的源頭。此即所謂的創世論，也即天學第二支「論天主造成天地及萬物之功」。

第三路「證以萬物的偶然性」（Argument drawn from the contingency of being, or Proof from necessary Being）──宇宙生生不息，沒有一物不歷經「無」、「有」、「變化」，即偶然性；而宇宙實有，其本身之外另需有一個來源或本質存在，一個「不能不有」、「絕對必有」、「永恆自有」、「授而不受」的萬有真源──天主，是為必然性。〔註194〕這一點，馬氏在對「、」的推論中，亦有涉及：

若云：「、不離一、二、三，、、一、二、三不離、。、者，體也；

一、二、三者，位也。、、一、二、三也者，無始無終，有位有體，

自根自本，道自道者也。」如此說，始得之。〔註195〕

「、」，並非從無到有，而是無始無終；不必依存它物，而是自根自本，即「永恆自有」之謂也。

而第五路，則證以萬物的秩序和目的（Argument drawn from the Orders of the universe-Proof from the final Cause.）──宇宙萬物秩序井然，出於天主之設計與安排之下，並趨向天主。〔註196〕此論馬氏借讚賞字聖許叔重之言與闡釋《易經》之論來表明：

「維初太始，道立於一，造分天地，化成萬物。」善乎！。

乾坤合焉，而易道行，天地位焉而聖人生，「首出庶物，萬國咸寧」，

上天下人，互爲相通而不相潤。自上下下而不「變化」，自下上上而

「含弘光」。〔註197〕

〔註193〕〔法〕馬若瑟，《六書實義》，頁 460。

〔註194〕楊紹南，《宗教哲學概論》，頁 172～173；〔義〕多瑪斯·阿奎那著，高旭東、陳家華譯，《神學大全》，冊 1，頁 29。

〔註195〕〔法〕馬若瑟，《六書實義》，頁 465。

〔註196〕楊紹南，《宗教哲學概論》，頁 1753；〔義〕多瑪斯·阿奎那著，高旭東、陳家華譯，《神學大全》，冊 1，頁 30。

〔註197〕〔法〕馬若瑟，《六書實義》，頁 463、470。

一切萬物，皆由天主「造之、分之、化之、成之」。第二段引文，則是乾卦之
〈彖傳〉〔註198〕，言萬物相生，皆有次序而不溷，由造物主設定之前後、上
下之次序與等第。至此，《六書實義》通過五路證法中的四路，截取中國經學
思想，從中國學術角度，論證中國古經中描述並試圖說明存在唯一、完美、
至高的造物主，即西洋所謂之天主，而非民間信仰的偶像──自宋徽宗開創
的玉皇上帝。〔註199〕不止於此，馬氏在《儒教實義》中，針對天主設計了十
九個問答，用於釐清禮儀之爭關於天主之名的爭端。

　　在論畢天主之名與天主存在之後，馬氏接著陳述天學第一支的另一要點，
即「天主聖三」（Trinity）的部分。馬氏在討論天主聖三這一神學概念之時，
乃是放置在指事之下論辯，以突出指事乃是六書至尊的地位。其論述涉及字
學、易學、畢達哥拉斯主義以及神學，自成體系。三位一體的概念，有兩個基
本要素：其一，聖三「是」一個天主（trinity in unity）；其二，一個天主「是」
聖三（unity in trinity）。〔註200〕馬若瑟分別以「丶、一、二、三」個指事字
來表明這一神學要意：

> 首之「丶」，以指主宰體。次之「一、二、三」，以指主宰之位。體
> 是體，位是位，然位不離體，體不離位。〔註201〕

丶即天主，一、二、三則一位天主之中存有三個有實際區別的位格，而這三個
位格又為一體。這三個位格分別是父（Pater，罷德肋）、子（Filius，費略）、
聖神（Spiritus，斯彼利多三多）：

> 然玄雖一，尊位有三，三位者一，一曰父，二曰子，三曰聖神，蓋
> 自有一。一，自然明照於己，是乃生如己。授者之謂父，受者之謂
> 子。自有父子，父子自然互愛，是乃共發聖神故。其間無大小之等，
> 無先後之時，三位同大同尊，共為一體是也。此一端明，則丶、一、
> 二、三之妙義昭然矣。〔註202〕

〔註198〕「彖曰：大哉乾元，萬物資始，乃統天。雲行雨施，品物流形，大明終始，
　　　　六位時成，時乘六龍以御天。乾道變化，各正性命，保合大和，乃利貞。首
　　　　出庶物，萬國咸寧」。〔魏〕王弼注，〔晉〕韓康伯注，〔唐〕孔穎達正義，《周
　　　　易正義》，收入〔清〕阮元校勘，《十三經注疏》，冊1，頁10～11。
〔註199〕〔法〕馬若瑟，《儒教實義》，頁286。
〔註200〕輔仁神學著作編譯會編輯，《神學辭典》（臺北：光啟出版社，1998年），頁84。
〔註201〕〔法〕馬若瑟，《六書實義》，頁458～459。
〔註202〕〔法〕馬若瑟，《六書實義》，頁492～494。

天主是父、是子、是聖神，無大小先後之別，三者「一性、一體、一個天主」。
而天主的本性就是「愛」，父是絕對愛的「自我給予」，子是絕對愛的「自我
接受與答覆」，聖神是絕對愛的「自我合一」。而父子的合一，就是愛的合一，
即聖神之來源──「自有父子，父子自然互愛，是乃共發聖神故」。〔註203〕這
些概念，在《儒交信》中，通過問答得以直白呈現，即使是非知識分子也可
無障礙理解，是出於不同讀者而調整了論述方式與言說三型涉及之傳教語
言。〔註204〕

接著，馬若瑟為了將天主聖三納入指事體系，挖掘漢字中的天學遺跡，
故以「丶」指代一個天主，以「一、二、三」指父、子、聖神的三個位格。因
為「一、二、三」具有了抽象的神聖意涵，則必須與數字之一、二、三作出區
分。故而馬氏特別說明，天主聖三中的「一、二、三」每筆等長，而表數字意
義的漢字其實為「弍、弎、弎」：

> 「一、二、三」者，大異乎「弍、弎、弎」等字。俗書以「二、三」
> 為「二、三」，謬甚。「一、二、三」之畫，無大小之分，無長短之
> 別，皆含三點焉。〔註205〕

當然，在論述二者之別時，馬氏書寫相當重視書作「一、二、三」，而非「一、
二、三」。前者為天學，後者為數學，數學有大小多寡，尊卑之等，範圍之
限，天主聖三自然不在此列。〔註206〕但離開指事專論天主聖三之後，他便
不再嚴格遵守這一守則，有時將「一、二、三」書寫成數學意義的「一、二、
三」。

此外，馬若瑟針對老子「道生一，一生二，二生三，三生萬物」的言論，
從詮釋學的角度觀看，乃是運用了詮釋學建構新的偏見，並展開「詮釋循環」，
試圖改變中國學者將一、二、三視為先後次序的詮釋角度而納入神學理念的
新詮釋。馬若瑟認為，將此論理解為「有道而未有一，故道生一。有一而未
有二，故一生二。有二而未有三，故二生三」、「有道斯有一，有一斯有二，
有二斯有三，有三斯有萬物。道也，一也，二也，三也，無始萬物亦同然無
始，大謬矣。」〔註207〕這番言論，依照馬氏的思路，容易將神聖的一、二、

〔註203〕輔仁神學著作編譯會編輯，《神學辭典》，頁84。
〔註204〕詳見：〔法〕馬若瑟，《儒交信》，頁150。
〔註205〕〔法〕馬若瑟，《六書實義》，頁457。
〔註206〕〔法〕馬若瑟，《六書實義》，頁461。
〔註207〕〔法〕馬若瑟，《六書實義》，頁464～465。

三納入受造之品的地步，違反五路證法第二、三路，皆難符天學本義。必須
將之作如下詮釋，方才不誤：

> 丶不離一、二、三，丶、一、二、三不離丶。丶者，體也；一、二、
> 三者，位也。丶、一、二、三也者，無始無終，有位有體，自根自
> 本，道自道者也。〔註208〕

馬氏繼續提出，必須從三位一體來闡釋老子的真義——道即丶，為一個天主，
一、二、三則言一個丶內有三個位格。「道（丶）生一」中的「生」，不能訓
「產生／造出」之義，當作「首出」，意為「一（聖父）」為「二（聖子）」與
「三（聖神）」的本源（principium，起源、根源、本始），而非先後。「二（聖
子）」又在受造之物之先，出於「一（聖父）」，《神學大全》便稱聖子為「受
造物的首生者」，此即「一生二」的原理。「二生三」，需理解為上文所言之
「一（聖父）」與「二（聖子）」相合，即愛的合一（馬氏言「互愛同發」），
共發「三（聖神）」。「三生萬物」，則需要理解為三位一體的「丶（天主）」，
創造了萬物，再次補述了天主創世與造物的理論，此論又繼續可引出天下一
家之論。〔註209〕至於馬氏討論三一論時，涉及的其餘數字與《易經》、「三
才」、「中」、「和」等概念代表的宇宙觀，杜勤之研究相當詳明，礙於篇幅所
限，本文不作贅述。〔註210〕

　　肖清和針對馬若瑟《三一三》研究時指出，馬氏的三一論或者說索隱派
的三一論，乃是基於奧古斯丁的傳統三一論，結合儒家、道家思想資源，通
過文化過濾，重新闡釋與敘述。〔註211〕此說確然，但不止於此，馬氏的三
一論的運用之西方思想庫藏，除了奧古斯丁外，還可以發現基於奧古斯丁三
一論之阿奎那的理論、萊布尼茨創世圖景說與畢達哥拉斯主義數字論的色
彩。〔註212〕儒家的思想基礎，主要是基於《易經》以及宋儒的太極說。《六

〔註208〕〔法〕馬若瑟，《六書實義》，頁465。
〔註209〕〔法〕馬若瑟，《六書實義》，465～466；〔義〕多瑪斯·阿奎那，《神學大全》，
　　　　冊1，頁483～435。
〔註210〕詳見：杜勤，《「三」的文化符號論》（北京：國際文化出版公司，1999年）。
〔註211〕肖清和，〈清初索隱派傳教士馬若瑟的三一論與跨文化詮釋——以《三一三》
　　　　為中心〉，《北京行政學院學報》，頁114。
〔註212〕道家的理論，與《易經》相輔相成，而萊布尼茨的易經理論在第二章有詳述，
　　　　是構成索隱派易經理論的一大來源。至於畢達哥拉斯主義，可見於馬氏對數
　　　　字「六」的詮釋，肖清和指出馬氏關於「六」的完美性來自奧古斯丁的三一
　　　　論。體現在《六書實義》即為：「是為其任右者，謂之神媒。而其數為六，

書實義》載書生諸多疑問之中的其中一問，便是詢問老生太極與三一論的關係——「所謂三一者，其太極之謂乎？」〔註213〕馬氏的言語，對此論較不讚同。馬氏分別援引宋儒關於太極是理、太極是陰陽、陰陽是氣的言論，並對此展開批評。馬氏引用的太極論，幾乎是出自理學奠定者之口——周敦頤、二程、朱熹。而索隱派治學的基本立場，便是駁斥宋儒。由是，馬氏明言：

> 氣者，器也，形而下也。太極，若不能無氣，則涸於形而非指事之三一也，明矣。

> 善哉！此論雖然使太極為形下之器，受造之品耳。〔註214〕

若是太極與氣息息相關，不能相離，則太極即為形下之物，而非形上。形下之物，乃天主所創。故受造形下之器，焉能體現作為形上之道的天主聖三的至高、神聖、完美之屬性。由是，宋儒的太極說，不符合天學三一理論。此外，馬氏擔心宋儒的理論容易被有心人利用，作為無神論的思想源泉，進而攻擊在華耶穌會士。故而馬氏在向傅爾蒙說明宋儒理論時，聲明周敦頤、朱熹及其弟子們不是無神論者，並非像部分傳教士所宣稱的那樣。實際上，他們的哲學系統類似笛卡爾而不是斯賓諾莎（Benedictus de Spinoza，1632～1677）。〔註215〕至此，馬氏透過以上言論，建立起了《六書實義》最基本，也就是最根本的天學理論。

（二）墮落、救贖與聖人

緊接著天主創世之後的天學第二支，即需知人類墮落之歷史。按照《六書實義》，人之原祖有二人，生活於「地堂」（即伊甸園），性善無惡，享受真

盖能參天兩地而和上下者惟六」，但不止於此。「神媒」之說，既指泰卦六五爻「帝乙歸妹」，或又含有畢達哥拉斯主義的理論，如畢達哥拉斯認為「六元（6）」，被古代密教視為代表世界的創造，故畢達哥拉斯主義者稱之為一切的完美。此數字又象徵婚姻，所謂「神婚」，或源自於此。分別見：肖清和，〈清初索隱派傳教士馬若瑟的三一論與跨文化詮釋——以《三一三》為中心〉，《北京行政學院學報》，頁116；〔法〕馬若瑟，《六書實義》，頁471；〔魏〕王弼注，〔晉〕韓康伯注，〔唐〕孔穎達正義，《周易正義》，收入〔清〕阮元校勘，《十三經注疏》，冊1，頁43；〔美〕曼利 P.·哈爾著，薛妍譯，《古往今來的秘密·第一輯·失落的密碼》，頁298～299。

〔註213〕〔法〕馬若瑟，《六書實義》，頁462。

〔註214〕〔法〕馬若瑟，《六書實義》，頁462～463。

〔註215〕見1728年9月10日馬若瑟致傅爾蒙的書信。〔丹麥〕龍伯格著，李真、駱潔譯，《清代來華傳教士馬若瑟研究》，頁138。

福，無災無病，亦無死亡之患：「二曰人類原祖，王於地堂，萬福悉備，禽獸
咸若品物，自暢性善，無惡而無慾。體康無疾而無死。心素而不餙品，身裸
而不覺。」〔註216〕若無意外，人類皆能永享其福。然而，原祖二人背棄天主，
致使罪罰綿延後嗣，「萬苦由是而起」，即為「原罪」。〔註217〕此處，馬氏未明
言原祖二人如何違背天主的命令而遭受天主懲罰，只言「原祖貳心昏德，方
命圮族」，較為省略。〔註218〕詳細的內容，要在《三一三》才得以呈現亞當與
厄襪之名、禁果、蛇的引誘、樹葉蔽體、上帝之罰等。不止於此，馬氏還從漢
字索隱角度揭示這一過程，言墮落之歷史記載在「桑」字之中──桑字从木从
三又，三又指亞當、厄襪與毒蛇。〔註219〕

　　原祖二人離開地堂，日日悔過，向天主祈禱。天主仁慈，憐憫原祖二人，
許諾將會降下救世主，解救亞當與厄襪之後裔。〔註220〕這段歷史，馬若瑟
認為存於漢字與《易經》之中，並分別以「乚」、「凶」等字與「蠱」、「否」
等卦的面貌呈現。〔註221〕馬若瑟提出，「亡」之正體字「乚」之本義，即
「慝也」，意指創世之初，原祖二人偷吃禁果後，在天主召喚之時隱匿逃遁。
「凶」字則暗含人的墮落，即人之形體、與靈魂盡皆墮落，故凶。〔註222〕
《三一三》更是揭示了地堂之所在──《山海經》所言之昆崙山即地堂之隱
喻。〔註223〕

　　由是到了天學第三支，即耶穌降生與救贖。《六書實義》言：

　　　乃天主聖三所定吉期至矣，則天主元子乃取人性（形軀、神靈合而
　　　有人之性），締結與己位如佳耦然，是謂之降生，而始有天人，號曰
　　　「耶穌」（譯言，「救世者」）。聖人、天主，天主、聖人，一耶穌而
　　　已矣。惟聖人爲能作天下犧牲而享帝。惟天主耶穌爲能滅萬世之罪
　　　惡而贖人，於是仁義並行而萬國咸寧。〔註224〕

耶穌之降生，即聖子取人的靈魂與肉體，降生為人。馬氏向儒生介紹，耶穌

〔註216〕〔法〕馬若瑟，《六書本義》，頁494。
〔註217〕〔法〕馬若瑟，《六書本義》，頁494。
〔註218〕〔法〕馬若瑟，《六書本義》，頁494。
〔註219〕〔法〕馬若瑟，《三一三》，頁144、151。
〔註220〕〔法〕馬若瑟，《六書實義》，頁495。
〔註221〕〔法〕馬若瑟，《六書實義》，頁496。
〔註222〕〔法〕馬若瑟，《六書實義》，頁475。
〔註223〕〔法〕馬若瑟，《三一三》，頁150。
〔註224〕〔法〕，馬若瑟，《六書實義》，頁496～497。

即為天主與原祖約定的救世主——其名「耶穌」，就是「救世者」的含義。馬氏還提到，因為耶穌是聖人，又是天主，故能救贖。由是，在《六書實義》中，馬若瑟重新詮釋中國治學修身的最高境界「聖人」，將其基督化。

接續救贖論，來討論《六書實義》中的聖人論。〔註225〕首先，馬若瑟確立漢字之源乃是聖人——「後世聖人易之以書契」。〔註226〕其次，聖人之所以能救贖，蓋因唯有聖人能通天地——「而所謂德配天地而合上下，惟聖人爲能之」。〔註227〕這一點，馬氏認為「丨」字，象徵聖人能溝通天主與下民——「丨者，上下通也」。〔註228〕再者，中國古代先王與孔子皆為聖人，此為聖人的基本形象——古聖先賢。其四，聖子耶穌既是天主也是聖人，當居眾聖之上，稱為「元聖」。元者，取自《易經》「元者，善之長也。聖人作而萬物覩」之意。〔註229〕其五，索隱派之經典《易經》，即聖人之化身——「夫大《易》者，其無形之聖乎！而聖人者，其有形之《易》乎！」。〔註230〕以上聖人論，乃是馬若瑟將《聖經》、《易經》與《說文》混於一體而形成之重新詮釋聖人形象的理論。〔註231〕

天學第四支專論追隨耶穌之道而可得到救贖。因人類染有原祖之罪，必有死亡，唯耶穌不在此列，死而復生。〔註232〕故繼而提出了「審判論」，即學耶穌者，可升至天堂，享受無盡真福；不學耶穌者，即學原祖，必遭受審判，而投入「火宅」。〔註233〕馬若瑟一併揭露，審判的觀念在中國是通過「眞」這個字來體現的。馬若瑟提出，「眞」字所訓「僊人變形而登天」，並非是道

〔註225〕關於馬若瑟如何翻譯聖人，向西方介紹何為聖人，可參考：潘鳳娟，〈翻譯「聖人」：馬若瑟與十字的索隱回轉〉，《國際比較文學》，頁76～96。

〔註226〕〔法〕馬若瑟，《六書實義》，頁449。

〔註227〕〔法〕馬若瑟，《六書實義》，頁469。

〔註228〕〔法〕馬若瑟，《六書實義》，頁469。

〔註229〕〔法〕馬若瑟，《六書實義》，頁473、495～496。

〔註230〕〔法〕馬若瑟，《六書實義》，頁470。

〔註231〕馬若瑟主要依託泰卦與否卦解釋聖人，除《易經》外，馬氏兼用六書理論說明聖人；白晉將精力花在萊布尼茨認同的理論上——易經的數字和一些元素都指向唯一的天主；傅聖澤與白晉類似，試圖挖掘卦象象徵的亞當與耶穌，但與白晉不同的是，傅聖澤的理論與「道」更為密切。白晉、馬若瑟、傅聖澤基於《易經》的聖人理論之差異，詳細可參見：Wei, Sophie Ling-chia. "Sheng Ren in the Figurists' Reinterpretation of the Yijing." *Religions* 10.10（2019）：553。

〔註232〕〔法〕馬若瑟，《六書實義》，頁498。

〔註233〕〔法〕馬若瑟，《六書實義》，頁499。

家羽化登仙之意，而是在審判之中，由上帝判別人之善惡而去往不同的地方。「眞」分別由「化」之本字「七」、「隱」之古字「𠃊」、「目」、與「八」組成。普通人目之所見有限，其見不眞，而能見上帝者，方為見隱、見眞。而「八」之本義為「別」，馬氏解作「審判」之義。換言之，上帝別人之善惡，善者可登天堂，而見上帝，即「登」天；惡者丟入火宅，接受第二次死亡，即「凶」字。〔註234〕

　　《若望默示錄》云：「海洋把其中的死者交出，死亡和陰府都把其中的死者交出，人人都按照自己的行為受了審判。然後死亡和陰府也被投入火坑，這火坑就是第二次死亡」（20：14、15）。故而，馬氏所言之火宅，即「地獄」（希臘文作 Gehenna），或作「火湖」，非「陰間／陰府」（Hades）。馬氏從索隱主義出發，又賦予「火宅」一個中國化的名字——「鬼方」。《易‧既濟》言：「九三，高宗伐鬼方，三年克之」，根據王國維先生之考證，鬼方即為西北少數民族之方國，並在不同時期有不同的名稱及存在混用的狀況，如「畏方」、「玁狁」、「獫狁」、「葷粥」等。〔註235〕馬若瑟的鬼方，顯然未指此方國之名，而是指「火宅」——「心之所堪，永無；心所不堪，永有。其火不熄，其苦不凶，是之謂『鬼方』」。〔註236〕鬼方之謂，僅出現於《六書實義》。馬氏將中國經書與史書中的鬼方，論斷為天主教所謂之地獄，至此創造了一套儒家化的地獄名稱，而非化用佛教或道教之術語。《三一三》更是結合了《山海經》及史書，試圖證明中國古代神話實際為《舊約》的隱喻。馬氏引《山海經》言：「黃帝使應龍殺蚩尤於凶梨之谷」〔註237〕，並將此予以發揮、索隱，認為「凶梨之谷」即「地獄火宅」：

　　　　黃帝乃上主之象，應龍象彌額爾。謂之龍，指其大能；謂之應，指
　　　　其順而忠。凶梨之谷，乃地獄火宅也。

〔註234〕〔法〕馬若瑟，《六書實義》，頁481。
〔註235〕〔魏〕王弼注，〔晉〕韓康伯注，〔唐〕孔穎達正義，《周易正義》，頁136；王國維，〈鬼方昆夷玁狁考〉，《王國維先生全集‧初稿》，冊2，頁581～603。
〔註236〕〔法〕馬若瑟，《六書實義》，頁500。
〔註237〕實際上《山海經‧大荒東經》未言此語，僅言：「大荒東北隅中，有山名曰凶犁土丘。應龍處南極，殺蚩尤與夸父，不得復上。故下數旱，旱而為應龍之狀，乃得大雨。」注家附注時，多引《史記注》之語：「黃帝使應龍殺蚩尤於凶梨之谷。」馬氏之語，當引自《山海經》之注解。〔清〕吳任臣注，《山海經廣注》，收入，〔清〕紀昀等總纂，《景印文淵閣四庫全書》，冊1042，頁218。

　　文子曰：赤帝為火宅，篆號炎帝。註云：赤帝，蚩尤也。

　　無傲神之篡，則無地獄之火，故為火宅。欲似上主，故號為炎帝，

　　而化為閻魁。〔註238〕

馬若瑟解析古經之象，斷定黃帝即天主的隱喻，應龍則為天使彌額爾
（Michael），蚩尤即撒殫即炎帝。而天主斬殺蚩尤之地，生出地獄之火，成為
火宅。

　　最後，馬氏搬出索引理論根本大典《易經》對審判論予以總結，即為：
「〈雜卦〉：『君子道長，小人道憂』，〈文言〉：『本乎天者親上，本乎地者親下』，
為信然」。〔註239〕這番闡釋，是標準的寓意解經，突顯馬氏索隱派一員的身
份，也為彌賽亞說、地獄說、審判說尋找到了中國典籍作為靠山，為勸服中
國人相信天學之普遍性尋到了正當性。同時可以發現，馬氏在解說《舊約》
內容之時，除了從漢字與以《易經》為主的《五經》為證據外，還將《山海
經》描繪的山川河海的視作《聖經》地點的隱喻，其鬼怪神明作為《聖經》人
物之象徵。相似的，白晉將《山海經》中的滄海桑田看作人類墮落後的世界
慘狀。〔註240〕

　　以上之論，皆馬氏《六書實義》創發之六書蘊含神學之言論。馬若瑟巧
妙將天主論、人類墮落史、彌賽亞論、審判論、地獄論、《聖經》地理等神學
理念置入文本敘事與文字訓詁之中，與六書論兩項兼顧而不衝突，不可不謂
手段之高明。

二、六書論

　　本節一共分作三端，其一論漢字之起源乃為記載人類墮落之歷史以及與
上帝之約定，其二論六書各自之天學意涵為何，其三論「象」與記憶、靈魂、
智慧密切關聯，以證象的重要性。

（一）漢字本質：人的歷史

　　馬若瑟關於漢字起源的討論，涉及到他對六書次序的認知。第二章曾總
結了17～18世紀初盛行於歐洲除索隱主義外的五種漢字收編理論，而本節專

〔註238〕〔法〕馬若瑟，《三一三》，頁151。

〔註239〕〔法〕馬若瑟，《六書實義》，頁499。

〔註240〕馬若瑟1716年4月的書信。〔丹麥〕龍伯格，《清代來華傳教士馬若瑟研究》，頁153。

論馬若瑟的漢字起源論。馬氏的關於漢字起源理論，較為偏向約翰・韋伯的
「原初語言」說，並受白晉的影響夾雜部分萊布尼茨的「創世圖景」說。前者
作為論述主軸，後者則為從《易經》中尋找作者的輔助方法。

　　《六書實義》正文開篇第二、三問，便是書生詢問漢字的來源與創製者：

　　問：造書契者為誰？

　　曰：不知也。或曰史皇，或曰伏羲，或曰倉頡，而倉頡或係黃帝之
　　　　臣，或與史皇不貳，或史皇即伏羲。諸說紛紛，並無可考，故
　　　　而不知也。

　　問：書契之原？

　　曰：書契之原出於河洛。羅泌引《博古傳》云：「河圖洛書皆天神設
　　　　言，以告王。先王受之於天，傳之於百世，百官以治，萬民以
　　　　察，謂之書契。」故云「代天之言」也。〔註241〕

馬若瑟提出的漢字創造者難以確定之說，首先打破了許慎《說文解字》之伏
羲說與俗儒倉頡造字說。若為倉頡，其身份為黃帝之臣下，而上一節已論
及，在馬氏看來黃帝即天主之象。若造字者為倉頡，即漢字乃源自天主之臣。
若是伏羲，則是伏羲依靠《河圖》、《洛書》而演八卦、作《易》，而《易》正
為文字之源。《三一三》引古傳之言曰：「文字本乎《易》」，或曰：「大《易》
一書，乃文字之祖，五經之母，聖道之藏，諸學之門，有圖有字，字以解圖，
圖以擬道，道以垂訓於萬世。」〔註242〕而作為源頭的《河圖》、《洛書》，實
為「天神設言」，漢字即「代天之言」。此論深肖萊布尼茲創世圖景說，即言
伏羲見到天主創世（「天神設言」）而作八卦，而八卦演書契，故而倒推而
上，漢字即蘊藏「天之言」，此為漢字的其中一個源頭。白晉的理論則更為
直白，白氏認為《易經》並非中國的典籍，而是在大洪水後由挪亞長子閃帶
來中國的以諾書。〔註243〕此一論點，依舊屬於韋伯原初語言論體系。同時，
白晉針對伏羲身份的一系列推測，也一路繼承了基歇爾、韋伯、伯里耶等人
之研究，將伏羲視為赫爾墨斯與以諾，並提出了 12 條證據。〔註244〕此論
馬氏應當不會讚同，按照《六書實義》，伏羲創造漢字論，馬若瑟是存疑的，

〔註241〕　〔法〕馬若瑟，《六書實義》，頁449～450。

〔註242〕　〔法〕馬若瑟，《三一三》，頁131、146。

〔註243〕　〔丹麥〕龍伯格，《清代來華傳教士馬若瑟研究》，頁147。

〔註244〕　〔德〕柯蘭霓，〈緒論〉，《耶穌會士白晉的生平與著作》，頁193～209。

他更偏向為亞當所製。〔註245〕

　　漢字的另一源頭，即來自原祖二人。「原初語言」又被稱作「亞當語言」，作為「原初語言」的漢字即來自伊甸園，來自亞當。漢字的一個功能，便是記載人類墮落之後，天主與原祖二人之約定——許諾未來將由救世主降生，解救萬民：

> 我想元祖犯罪後，天主既許了他一個救世者來，他夫妻二人自然望他。既望他，自然把這個事和子孫說了明白，這個子孫自然藏他於書契中，以防口傳有失，所以書越古，這大事的跡，越藏得多在裡頭。（《儒交信》）

> 二人自覺無衣，慚愧而逃。痛悔前非，恨己不類。帝乃憫之，衣之，慰之，許之元聖救其苗裔，作新民主。於是二人入於憂谷，行於荒古，念念心心，不忘救世者，需之，懷之，敬之，禱之，以此為家訓。父授之於子，子傳之於孫，代代不絕。又恐口傳有失，造書契以指焉。重八卦以象之焉，繫辭以斷其吉凶。（《六書實義》）〔註246〕

此番言論即標準的原初語言論，但馬氏剗除了妨害中國儒生理解或容易招致質疑的巴別塔的歷史，轉而突出強調了契約的功能。馬氏此舉，將擁有漢字的中國地位提升至於猶太人一般，同為上帝選民，以迎合中國人的華夏中心主義。不僅如此，馬氏還統合了文字源頭乃八卦之論，聲稱二者同時誕生，漢字（尤其是指事的部分）用於記載或象徵人類墮落的歷史、教訓及與上帝的約定。職是之故，漢字因存在對《新約》的預表，故八卦具有預測吉凶的神奇功效；而漢字又記載了《舊約》，內容隱奧，多用隱喻，故需要寓意解經。

　　阿奎那在《神學大全》中指明，語言具有多種意義，其中一種即為歷史與字面意義；另一種即為精神的意義，意即預表、象徵、倫理與奧秘的意義（其實是奧利金、奧古斯丁一路下來的象徵論學說）。〔註247〕馬氏所進行的工作，便是探索漢字之中的精神意義，指明《舊約》內容與象徵、《新約》耶穌行狀的預表。漢字除了中國人言說的含義，還蘊藏《舊約》寓言與《新約》預表的雙重含義，此即所謂語言的多重意義。如是觀之，馬若瑟的索隱理論，

〔註245〕這一點在馬若瑟1704年與白晉的通信中，可以找到印證——馬氏不認為伏義是中國文字的創造者。〔美〕魏若望，《耶穌會士傅聖澤神甫傳》，頁140。

〔註246〕〔法〕馬若瑟，《儒交信》，頁76；氏著，《六書實義》，頁495～495。

〔註247〕〔義〕多瑪斯・阿奎那，《神學大全》，冊1，頁20。

皆能從經院哲學中找到正當性依據。故而馬氏在羅馬找到了支持者，上級認
定馬氏的理論體系與教宗的禁令不想違背，故馬若瑟並未被聖座召回，足見
其學說體系之成功。〔註248〕

（二）西儒新說：指事為尊而非象形

傳教士群體針對歐洲介紹中國文字時，皆名之「象形文字」
（hieroglyphen），基歇爾企圖漢字將之納入埃及文字之滋生文字，由是漢字研
究聲色大開。雖然，基歇爾的言論並非為全部歐洲學者所接受，但漢字作為
一種象形文字幾乎成為歐羅巴洲的普遍共識。甚至在中國討論六書之象問題
的利瑪竇，在對西方言說的報告之中，也近籠統的訴說中文是一種很像古埃
及人的象形文字。〔註249〕當然，這一點啟發了基歇爾。而利氏面對讀者之不
同，其敘述模式則有區別，比如《西國記法》之中，利氏大談六書，知曉漢字
並非只有象形一書。

不僅利瑪竇有此問題，作為索隱派的開山者白晉都是如此。白晉在向西
人訴說中國文字之神聖性時，也宣稱中國文字乃一象形文字。區別只是在白
氏對基歇爾的觀點不敢苟同，認為漢字之起源比埃及文字更加純粹，更加神
聖，乃出自以諾之手。〔註250〕此一狀況，在傅聖澤身上也有發生，他也不斷
向西方傳遞一種觀點，即漢字是一種象形文字，是一種真正的神性文字，暗
含偉大奧秘。〔註251〕若論西方《說文》學的歷史，先行者為利瑪竇，他確立
了以象形為中心的路線，可謂是為將六書納入天學系統邁出了第一小步。而
馬若瑟則是自明清之際至晚清之前，唯一一位在《說文》學上具備相當成就
之傳教士，其六書理論具有總結宋元明而開乾嘉的獨特學術史地位。

與眾多傳教士或者歐洲學者不同，馬若瑟在向西方紹介中國文字之時（如
《漢語劄記》），不忘指明中國文字實有六類，稱作「六書」。同時六書次序上，
打破了利瑪竇六書以象形為中心的核心觀點。二人觀點雖異，出發點與終點
確是一致，可謂殊途同歸。首先，二人皆同意漢字根本要道在「象」，利氏認
為實象為重，而馬氏則認為以虛象為要。依實象造字為象形，按虛象造字則

〔註248〕〔丹麥〕龍伯格，《清代來華傳教士馬若瑟研究》，頁165～167。
〔註249〕〔義〕利瑪竇、〔法〕金尼閣著，何高濟、王遵仲、李申譯，何兆武校，《利
　　　　瑪竇中國札記》，頁27。
〔註250〕〔德〕柯蘭霓，〈緒論〉，《耶穌會士白晉的生平與著作》，頁141。
〔註251〕〔美〕魏若望，《耶穌會士傅聖澤神甫傳》，頁231。

為指事。在馬若瑟眼中，天學之道，當形而上，當抽象，並多寓言，如何能以粗淺有限的形下之器比擬形上之天主——「道上而貴，器下而賤故也」。〔註 252〕如《儒教實義》言：

> 夫穹蒼也者，形而之下之器耳。有度數焉，故不足以為一；有界限焉，故不足以為大。非一非大，實不盡天字之義。指之而云天者，假借之字，強名之文也。蓋有形之天者，乃神天之顯象，上帝之榮宮，主者之明驗而已矣。〔註 253〕

「天」按許慎之訓「从一大」，段注解之為會意，且與「顛」字構成轉注。〔註 254〕會意之字，在馬氏的理論中無法擔負天學重任，故言「形而之下之器耳」、「有度數焉」、「有界限焉」、「非一非大」，皆表其局限性。於是馬氏另闢蹊徑，轉而提出「天」乃假借之字，乃借有形之天言無形之上帝也，此即《六書實義》「古經奧文，每借天以指造天之上帝」之謂也。〔註 255〕如此詮釋，方不違背六書次第。但需要注意的是，對於「天」之解，許氏本就有誤——誤指事為會意，「天」字所从之「一」，乃示人（即「大」）頭頂之上的地方，為虛構之指示符號，故「天」當是「合體指事」。若能明此，馬氏即可直言天字具有神學意涵，而不用將之解為本無其字之假借。

《六書實義》第九大問，便是確立六書次序，何者為要，何者為次，以示六書天學奧秘。馬氏指陳，六書之中，以指事為首，象形次之，其後是會意與形聲，上述為造字之法，轉注、假借為用字之法，另當別論。〔註 256〕首先，從前文字母論出發，獨體為文，合體為字，而馬氏重文輕字。據此，為文之指事、象形，高於由文孳乳而成之字，即會意、形聲。其次，事者形而上，形者形而下，故馬氏言：「示之以心，事也，非形也；示之以目，形也，非事也」，此為事與形區別之依據，也是指事高於象形之緣由。〔註 257〕至於會意與形聲，蓋因義貴而聲賤，致使會意又高於形聲。最後，轉注、假借乃造字確定以後

〔註 252〕〔法〕馬若瑟，《六書實義》，頁 478。
〔註 253〕〔法〕馬若瑟，《儒教實義》，頁 284～285。
〔註 254〕〔漢〕許慎著，〔清〕段玉裁注，《圈點說文解字》，頁 1。
〔註 255〕〔法〕馬若瑟，《六書實義》，頁 468～469。
〔註 256〕〔法〕馬若瑟，《六書實義》，頁 453。
〔註 257〕〔法〕馬若瑟，《六書實義》，頁 454～455；當今區隔象形與指事之原則有三：其一，指事出於臆構之像；其二，指事以虛像示其義；其三，指事不能再省形。蔡信發，《說文答問》，頁 132～133。

的用字之法——「文字之體既定，則從而修其用，轉注、假借是也」。〔註258〕其中，假借有三等，最上等者乃借天主之象。

　　指事最貴，乃六書之本與核心，只因指事所造之字所依據的皆是抽象的無形無象、萬物之原——「指事者，六書之中最先而至要也。……妙哉，指事！其無形無象，而萬象萬形所出之原乎」。〔註259〕爾後，馬氏又在指事字中，指出七個重要漢字，或者說是構成指事的七大要件——「丶」、「一」、「二」、「三」、「二」、「二」、「｜」。〔註260〕這些皆是虛象而非實象，其文至簡而萬字咸出於此，並具備基督宗教最重要的奧秘。七文作一分類，則「丶、一、二、三」為一組，「二、二、｜」為另一組，二組各指示兩件天學要理——「吾觀之（竊）謂丶、一、二、三同指壹事，不可得而離也。二、二、｜參文又指壹事，不可分而言也」。〔註261〕

　　「丶」、「一」、「二」、「三」四文，指示天主聖三——「丶」意有且僅有一位天主，「一」、「二」、「三」則言「父」、「子」、「聖神」三個位格。「二、二、｜」三文，則指彌賽亞。「二」、「二」，為古文的「上」、「下」，由兩點構成，指示是天、地，而非方位。上即天主，下即萬民，前者為君為父，後者為臣為子：

> 以指造天之上帝，每借地以指履地之下民。而所謂德配天地而合上
> 下，惟聖人爲能之。……以上天爲君，以下地爲臣，然也。〔註262〕

「｜」訓「上下通也」，貫通天地之義——「合天地云」。只有聖人才能貫通「上帝」與「下民」，故「｜」指代聖人。即泰卦「天地交而萬物通也」。泰卦六五爻言：「六五，帝乙歸妹，以祉元吉」，《六書實義》言：「然天與人締結而成一位，惟聖一人而已。惟其位中而正，正而當，故而開泰，以祉元吉。是爲其任右者，謂之神媒」，即言天主降生。〔註263〕馬氏將「帝乙歸妹」視為「大道神象」之一，言聖子借聖母瑪利亞而降生，帝即指代天主，妹即天妹、天女，代指聖母。〔註264〕職是之故，「｜」所指示之聖人，當專指聖子耶穌。

〔註258〕〔法〕馬若瑟，《六書實義》，頁482。
〔註259〕〔法〕馬若瑟，《六書實義》，頁456。
〔註260〕〔法〕馬若瑟，《六書實義》，頁456。
〔註261〕〔法〕馬若瑟，《六書實義》，頁458。
〔註262〕〔法〕馬若瑟，《六書實義》，頁468～469。
〔註263〕〔魏〕王弼注，〔晉〕韓康伯注，〔唐〕孔穎達正義，《周易正義》，收入〔清〕阮元校勘，《十三經注疏》，頁43；〔法〕馬若瑟，《六書實義》，頁471。
〔註264〕〔法〕馬若瑟，《三一三》，頁154。

　　統論七文，則又有「三合」之說：「上合」，乃「丶、一、二、三」組成之
天主聖三；「中合」，乃「二、二、丨」三文結合而生聖人；「下合」，乃指「善
之者與聖人合其德而爲一身」。〔註265〕故而，七文三合之說，乃是另一種形
式的三一論，包含天學之基本架構——天主聖三、彌賽亞、天主教之信仰與
道德。

　　其次，論象形。象形者，乃據實象造字。在馬氏理論之中，指事所造之
文，指示天主相關事宜，而象形構造之文，則是受造之物，悉與原祖相關，記
載了人的歷史。不僅如此，馬氏針對象形，作了兩類區分：一類，獨體象形之
字，為擬實體物象，許慎之言「象形」；另一類，合體象形，許慎解之曰「象
某之形」者，即象遠古（《舊約》）之事，天學奧秘藏於其中，因為形乃天定，
而象則為人摹，範例是前文提及的仏、衣、凶等字。〔註266〕

　　至於會意，被馬若瑟分作三類：「反體」、「同體」、「不同體」。〔註267〕
「反體」下又分四例：其一「反體」，如「司」字，乃「后」之反；其一「倒
體」，如「𠫓」，乃「子」之倒；其一「背體」，如「北（𠈌）」乃二「人（𠆢）」
相背；「向體」，若「卅（𠬞）」乃二「又（彐）」相向。〔註268〕約略言之，
前二者將同一文左右相反或上下相反，後二者則由二文相向排列或反向排
列組成一字。馬氏此論，或取自吳元滿或趙古則的會意論，吳元滿曰：「或
合向背以成字」與趙古則「五曰反體會意。反體者，如……反永則為𣱟㞷類
是也」。〔註269〕第二大類為「同體會意」，馬若瑟舉以林（从二木）、吅（从
二口）、姦（从三女）等字說明。〔註270〕另一類，則為「不同體會意」，下
分「二體」、「多體」與「省體」。「二體會意」即為相異二文會合而成字，若
合「日」、「生」即為「星」；「多體會意」即合三文及以上而成字，若合「卅」、
「水」、「皿」而成「盥」；「省體會意」則所合之文中至少有一文是省體，如

〔註265〕〔法〕馬若瑟，《六書實義》，頁473。

〔註266〕〔法〕馬若瑟，《六書實義》，頁474～475。

〔註267〕今之學界對指事之分類，按魯派之說，即分獨體指事、合體指事、變體指事。
　　　　蔡信發，《說文答問》，頁133。

〔註268〕〔法〕馬若瑟，《六書實義》，頁478。

〔註269〕〔明〕吳元滿，《六書總要五卷附正小篆之訛一卷》（中國科學院圖書館藏明
　　　　萬曆十二年〔1584〕刻本），收入四庫全書存目叢書編纂委員會編，《四庫全
　　　　書存目叢書·經部一九四》，頁473；〔明〕趙撝謙，《六書本義》，收入〔清〕
　　　　紀昀等總纂，《景印文淵閣四庫全書》，冊228，頁291。

〔註270〕〔法〕馬若瑟，《六書實義》，頁479。

合「子」與省體的「老」為「孝」字。〔註271〕

　　會意字分同體與不同體之分，源自鄭樵論會意「同母之合」與「異母
之合」；嗣後明代吳元滿又有合體會意、二體會意、三體會意、省體會意等
分類；同代趙古則亦有同體會意、省體會意，不同體者分二體、三體、四
體、五體之分；趙宧光也有同體、異體、渻體之說。〔註272〕由此可知，馬
氏之會意論，承襲自趙宧光，兼取鄭樵、吳元滿、趙古則之說。依照黨懷
興的總結，宋元明三朝對於會意字的看法，大致可分兩端。其一為主流的
合成字說，該體系以鄭樵為首開，馬氏即在此列；其二便是會悟成字說，
以元代楊恆為代表，響應者寥寥，其說一言以蔽即曰心領神會。〔註273〕至
於會意字是否有神學意義，則需看組合會意的文，無論象形還是指事，若
有指示天學之象者，該會意字也具有天學奧義，如「主」，「從王從丶，丶
亦聲」，有天主之「丶」與象徵聖人的「王」組成。又如「祥」、「義」、「美
（俗作羙）」、「羍（亦作達，小羊也）」，皆有「善」之義，蓋因會意組成之
象具有天學象徵意涵——羊象徵基督宗教教徒、牧羊人指代天主。當然，
馬氏也犯了一些謬誤，如「主」一字，「丶」既為聲符，自然當屬形聲而非
會意。

　　六書之中，形聲最末——「事而形，形而意，意而借，借而注，注而聲云
耳」。〔註274〕蓋因馬氏認為字學當求本義，而聲韻為次，故意貴而聲賤——
「惟意爲貴而聲爲賤」、「體制當在最先，音韻宜在最後。義訓，本也；音聲，
末也，本急而末緩」。〔註275〕本義即原祖造字蘊含之原意，聲音則會遂時代
演進而流轉，普遍語言與真實字符之所以將目光頻頻投注在象形文字上，也
是此理。不僅如此，馬氏更是結合前人種種形聲之說，提出形聲字有三大弊
病，完善形聲最末之論斷。其一，聲符雖可明示文字之類屬，如從「鳥」者，
其字指鳥類，若從「魚」，則其字指魚類，此為優點，可辨明物類。但優點之
下潛藏弊端，即僅能知類屬而不可知具體為何物，如具體為何鳥、何魚不可

〔註271〕〔法〕馬若瑟，《六書實義》，頁479。

〔註272〕〔宋〕鄭樵，《六書略》，通志六書略，頁1；〔明〕吳元滿，《六書總要五卷
　　　　　附正小篆之訛一卷》，頁473～474；〔明〕趙撝謙，《六書本義》，291～292；
　　　　　〔明〕趙宧光，《六書長箋》，頁26。

〔註273〕黨懷興，《宋元明六書學研究》，110～114

〔註274〕〔法〕馬若瑟，《六書實義》，頁455。

〔註275〕〔法〕馬若瑟，《六書實義》，頁453、450。

得知之。其二，後起形聲字造成的重形俗體的問題，古無該字。嚴格而言，後起形聲字實乃俗字。如「陰」之本字為「侌」，加上新的部首，變成了形聲字，反而位處六書最末之形聲字。其三，指事、象形、會意不可有聲符，馬氏所訓之「主」，便犯了這一錯誤。〔註276〕最後，馬若瑟總結，因為有這三種弊端，形聲為六書最末，並大大感慨，形聲阻擾了漢字本義，遮蔽了天學真道──「設無形聲之例，先王之道，猶可達而行」。〔註277〕

牽涉聲音者，不只有形聲，轉注涉及的兩個文字亦通過聲音得以維繫。轉注、假借二書，乃是四體之書砥定之後，而出現之用字方法──「文字之體既定，則從而修其用，轉注、假借是也」。〔註278〕最為特殊之處，乃是馬氏引用劉凝論述轉注之語時，運用了比較語言學，將轉注字與西洋拼音文字進行了對照：

> 劉二至云：「反切之法，其轉注之遺乎！古無反切，而有轉注。中華之字，從意也；他邦之字，從音。從意則轉注在字體外，從音則轉注在字體中。是轉注於中華為用，於他邦又為體也。」此說善矣，而未盡善。蓋諸邦無六書之妙，惟中華有之。他邦取記號若干而畫音，由音而知意。中華製六書以引意，目覽字，心達意。及其聲音也，雖有形聲、轉注，必待於口傳焉。耳聞之，心記之而已矣。〔註279〕

按劉二至之語，時儒已知漢字屬於「語素文字」（logogram）〔註280〕，西洋文字則屬「表音文字」（phonogram）。甚至，西方之詞根被視為轉注之法，其轉注在字體內外之別，已有類似「孤立語」（isolating language）與「屈折語」（inflectional language）的區分。並且解釋兼有聲音之詞根，在中國為用字之法，在西洋則為造字之法。馬若瑟更是出言讚歎，中國六書遠勝西方拼音文字，中國有類似西洋之轉注與形聲，而西洋只此一法。況且象貴聲賤，必有聲音異變之弊，時移世易，古音一旦失傳，古義隨之改變，致使本義失傳──

〔註276〕〔法〕馬若瑟，《六書實義》，頁475～477。

〔註277〕〔法〕馬若瑟，《六書實義》，頁477。

〔註278〕〔法〕馬若瑟，《六書實義》，頁482。

〔註279〕〔法〕馬若瑟，《六書實義》，頁483。

〔註280〕蘇源熙提到對漢字的認定，表意文字（ideogram）因備受批評已經不常使用，也有人使用圖畫文字（pictogram）一詞取代象形文字／聖書體（hieroglyphic），但蘇氏認為學界一致認同中文是主要的語素文字。〔美〕蘇源熙著，盛珂譯，《話語的長城：文化中國探險記》，頁55～60。

「然口傳易亂，是以古人音聲惟一，至於後世，古音失傳而四聲亦變云」、「及
其聲音，字學之末者，古音失傳而至道無聲焉」。〔註281〕須知，原祖二人造
字之本意，即「以防口傳有失」，唯恐人類墮落的歷史、原罪與天主之約定，
皆湮沒不彰──「又恐口傳有失，造書契指之焉」。〔註282〕依託聲音的形聲、
轉注與西方字母，皆有此缺陷。故而漢字當由象構成的指事、象形、會意即
用字之法假借，而西方世界試圖迴避此一缺陷，建構以「象」為基礎的普遍
文字，也是西儒孜孜不倦求索普遍文字之因。

　　最後，討論假借之說。《六書實義》全文將最龐大的論述分別給予了指事，
其次乃是假借。馬氏在一問中，開篇即引鄭樵之語，以突顯假借乃六書之中
最為難解之書──「六書之難明者，為假借難明也」。〔註283〕在馬若瑟看來，
假借之所以不明，蓋因後世儒生捨本求末──「後之學者務末而忝本，故假
借昧矣」。〔註284〕治學之本在道科，不明天學四脈，則難解漢字之象。象之
不明，更是難論所借之象：

> 夫至聖人來耶？未耶？果來則安在？果是誰氏之子哉？何令人渴
> 而不得，飲企而不可卽，悲哉！假借之微，關係亦巨。以吾觀之，
> 竊謂有象則可借，無象不可以借矣。〔註285〕

由引文可知，馬氏提出假借所借之象，即聖人之象，即天學之中天主降生與
救贖之預表之象徵。而假借之所以能達到天學的高度，乃因假借所借之字，
多借指事以言天主──「故余常謂指事明而假借如指掌。假借明而六經如指
掌，六經明而聖人之道又如指掌也」。〔註286〕按《六書實義》語，馬氏自言此
為個人觀點之闡述，實則化用鄭樵論假借之語：「六書明則六經如指諸掌，假
借明則六書如指諸掌。」〔註287〕但馬氏又在鄭語的基礎上，增添了聖人的部
分，建構出七文（「、、一、二、三、二、二、丨」）─指事─假借─六經─聖
人之道的字學／中國天學架構體系。

　　至於假借之分類，馬氏又與今之分類大為不同。今分「用字假借」與「造

〔註281〕〔法〕馬若瑟，《六書實義》，頁483、456。
〔註282〕〔法〕馬若瑟，《六書實義》，頁495。
〔註283〕〔法〕馬若瑟，《六書實義》，頁484；〔宋〕鄭樵，《六書略》，通志六書略第
　　　　四，頁1。
〔註284〕〔法〕馬若瑟，《六書實義》，頁484。
〔註285〕〔法〕馬若瑟，《六書實義》，頁446～447。
〔註286〕〔法〕馬若瑟，《六書實義》，頁487～488。
〔註287〕〔宋〕鄭樵，《六書略》，通志六書略第四，頁1。

字假借」二類，前者又分「有本字假借」與「無本字假借」，後者分「形符假借」、「聲符假借」、「形符聲符假借」三種。〔註288〕而馬氏基於象學將假借分上中下三等，用於釐清其中蘊藏天學奧義的部分。下等者，「或無其字而借」，若「襌」借為「襌衣」之「襌」、本義為「繫也」的「縣」借為「州縣」之「縣」；「或有其字而假於他書」，如「知」與「智」。〔註289〕下等之假借，實乃用字假借，前者為無本字假借例，後者為有本字假借例。中等者有六類，一曰「反意而借」，如「亂」為「不治」；二曰「彷彿而借」，如「豪」本訓「野豚」，借為「英豪」之意。三曰「譬并而借」，以《尚書》「江漢朝宗于海」為例，不甚明確；四曰「有緣而借」，如「西」本訓「鳥巢」，因「日在西方而鳥棲」，故「以爲東西之西也」；五曰「借形物以指或神或人」，以「天地」借指天地之主宰，即藉實象言神或人。六曰「借形下之器以明或無形之體，或無形之情」，即以實象借指抽象之虛象，如恖（俗作思）乃借「心」與「囟（腦）」，皆不得已而強借之。〔註290〕

下、中二等之分類之說，馬氏錯漏頻出，根本先謬：如下等釋例中的「襌」與「禪」字混淆（第四章有詳述）；中等之「反意而借」當為訓詁學之反訓，若但從文字學言之，「亂」訓「治」乃「𤔔」之假借——「𤔔」訓「治也」〔註291〕；「彷彿而借」，按其例證，馬氏又解錯假借，須知「豪」本義為野豬，之所以有「英豪」之義，非是馬氏所言之仿佛野豬一般英勇，而是用字假借，即借訓「健也，从力敖聲，讀若豪」的「勢」字，二字同音假借〔註292〕；「西」本「鳥巢」，作方向詞解，乃無本字用字假借。要之，蔓蕪雜亂，難堪一觀。換言之，馬氏假借理論之核心即借象之說，較為合理，故推演為上等之假借，即借指事七文以明「三合」。

不僅如此，索隱字學之本，當立於《易》，上述次第，馬氏借用劉凝之語，比附《易經》八卦，將之具現化：

> 劉二至云：「指事，猶奇耦。象形，猶八卦。形聲、會意，猶六十四卦。轉注、假借，猶之掛、互卦。其始至精至微，其終至廣至大。有天道焉，有地道焉，有人道焉。而天地之所以生生生，帝王之所

〔註288〕蔡信發，《說文答問》，頁184。
〔註289〕〔法〕馬若瑟，《六書實義》，頁484。
〔註290〕〔法〕馬若瑟，《六書實義》，頁484〜487。
〔註291〕〔漢〕許慎著，〔清〕段玉裁注，《圈點說文解字》，頁162。
〔註292〕〔漢〕許慎著，〔清〕段玉裁注，《圈點說文解字》，頁707。

以大治理，聖賢之所以迭傳，皆基乎此！……」。〔註293〕

按此語，指事猶如陰陽二爻，即「兩儀」，亦即萊布尼茲創世圖景之二進制；
象形，即兩儀所生之「八卦」；形聲、會意二書，類似八卦相疊而產生之「六
十四卦」；轉注、假借如卜筮之時，產生之「變卦」，由「本卦」易動而來，乃
應用之法非生卦象之法。上述之說，即將四體二用說進行易學形象化，從記
憶術的角度考慮，也是便於記憶與理解。若追本溯源，劉二至此論，多為戴
侗《六書故》「文猶八卦也，文立而字孳，而重之猶八卦之為六十有四也」的
再詮釋。〔註294〕總言之，馬氏認為漢字與《易》同出一原，皆由原祖二人所
創，故而有同一的天學原理，不可忽視，字學是治天學的必由之路——「《大
易》乃文字之祖，五經之宗也。而《大易》與書契同，一原、一向、一道、一
理」。〔註295〕

綜觀馬氏字學理論，上承有唐賈公彥，宋鄭樵，接續明代楊慎、吳元滿、
趙古則、趙宧光等君之六書新論，並化用其師劉凝之成果，下啟乾嘉。充分
反映了清初小學興起的狀況，並成為其中一環。若從其特殊的洋人身份論之，
《六書實義》更具學術史之獨特地位，當為晚清之前，西人研究六書或者《說
文》學之典範與頂峰。馬氏雖嫻熟於六書，但亦不免犯錯。《四庫》謂劉凝「根
本先謬」，馬氏某些部分亦有錯漏，也犯了根本先謬的毛病——如誤形聲為它
書，若假借分類之混亂雜蕪，然依舊瑕不掩瑜。至闡釋於天學之處，正是索
引學派之本色與看家本領。馬氏認定六書指事、象形、會意、假借為貴，而有
聲音關係之形聲與轉注因古音失傳，本義不彰，故相對次要。此論，充分反
映了利瑪竇記憶術中六書以「象」為基礎，索隱學派以《易經》之「象」為核
心，西洋普遍語言運動以象形文字為貴的思想特點。最後，將馬氏六書分類
整理成圖，繪製如下，以求簡明：

〔註293〕〔法〕馬若瑟，《六書實義》，頁488。
〔註294〕〔宋〕戴侗，《六書故》，收入〔清〕紀昀等總纂，《景印文淵閣四庫全書》，
　　　　冊226，頁6。
〔註295〕〔法〕馬若瑟，《六書實義》，頁488。

圖 5.2　馬若瑟六書分類示意圖

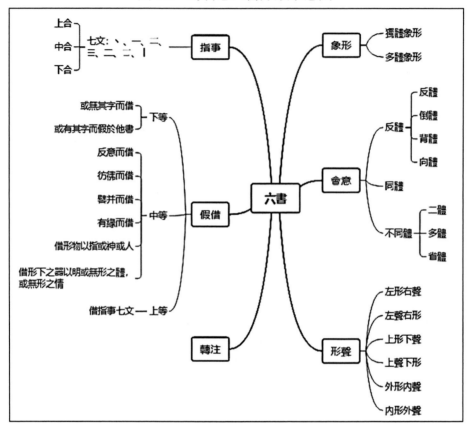

三、「象」與「靈魂」：從記憶術出發論西人漢字研究

　　漢字研究向來與記憶術密不可分，例如萊布尼茨最初論及漢字便是在討論盧爾主義的記憶術「組合術」。更顯的例證，乃是上一節討論的《西國記法》，其第四篇〈立象〉，可謂馬氏《六書實義》之先聲：

> 蓋聞中國文字，祖於六書。古之六書，以象形為首，其次指事，次會意，次諧聲，次假借，終以轉注，皆以補象形之不足。然後，事物之理備焉。但今之文字，由大篆而小篆，小篆而隸，隸而楷，且以襪俗書，去古愈遠，原形遞變，視昔日自然之文，凡以為怪。
>〔註296〕

上述觀點，計有兩端，與馬氏相同，或為馬氏研究之先導：其一，字學之本，在於六書；其二，文字越古越自然；中國文字以「象」為尊。由此，利氏認為

〔註296〕〔義〕利瑪竇詮著，《西國記法》，頁 29。

漢字出自象形，其餘五書皆是彌補象形造字取象之不足。此論與馬氏大大扞格，利瑪竇關於六書之名與次第，顯然運用了宋張有、明代趙古則與吳元滿的體系，而與馬氏趙宧光與劉凝的系統相異——利瑪竇以實象之象形為首，馬氏則以虛象指事為尊。

利氏在〈廣資〉篇中，舉例數字，乃索隱派拆字取象釋字的先鋒，可列表以示相似之處：

表 5.3　利瑪竇、白晉、馬若瑟釋漢字表〔註 297〕

人名	漢字	解釋
利瑪竇	天	一人以管仰窺渾儀，而璿璣運轉不息。
	露	一客行程，傾雨滿道。
	霜	一朝服宰相，張蓋立甘霖中。
白晉	苦	這個字由表示植物的「艹」和「古」構成，表示人類勞作的苦難和受到的懲罰來自偷吃了禁果的原因。並且補充說明拉丁文中表示果子和樹木的單詞——"herba" 和 "arbor" 也有相同的詞根——"r" 和 "b"。
	女媧	中國神話中的婦女形象，傳說她煉成了五色石補天，這很像「耶穌基督的五個傷口」，並且女媧具有陰性神的特點，就像希臘和埃及預言中的女性神明一樣。
	光	「⊥」代表天，「ㅄ」表示三位一體第二個位格，「儿」表示人，也就是上帝道成肉身的形象。
馬若瑟	乘	意思是在適當的時候登上一輛雙輪戰車。由「ㅄ」、「人」、「十」和「北」構成。基督耶穌在天父的命令下，從他的右手邊下來，就在恰當的時候登到了十字上面，好像乘上了一輛戰車。先知以西結（Ezekiel）說過，他聽到這輛戰車來自北方。
	午	早上 11 點至下午 1 點之間的時間，耶穌基督就是在這個時間被釘在十字架上升天的。
	力	白晉神父說這是表示刀的一個字，刀的上部有個點，這個點表示神。這看起來似乎並不可能，也不完全對。但他或許可以證明這種觀點。

利氏在《西國記法》中，以漢字為例，展示記憶術，如何快速記憶漢字。其法依舊不離古典記憶術——將所需記憶之物，化為具有強烈感官作用的具體的、形象的象，以利記憶。其方法有類後世文字學家所不齒的王安石的拆字

〔註 297〕摘錄自：〔義〕利瑪竇詮著，《西國記法》，頁 63；〔丹麥〕龍伯格，《清代來華傳教士馬若瑟研究》，頁 169～173。

法——「波者，水之皮」，此法不合六書，難謂正統，多被其他學者譏諷。
〔註 298〕當然，利氏也止於此，其後繼者若殷鐸澤也頗為類似，未曾多言六
書之象與天學的密切聯繫。這一學說要至索隱派方才大步躍進，提出漢字也
存有神學遺跡，利用類似利瑪竇的解字法，挖掘漢字神學意涵。

　　學界討論記憶術注意到了漢字與象間的關聯，卻忽略象之重要性乃是與
靈魂相應的。換言之，記憶術與靈魂存在莫大聯繫。《六書實義》涉及到「性
學」的部分有：

> 又云：「夫太極，不過最初之元質。而造之、分之、化之、成之，非
> 太極之所能也。」

> 乃天主聖三所定吉期至矣，則天主元子乃取人性（形軀、神靈合而
> 有人之性），締結與己位如佳耦然，是謂之降生，而始有天人，號曰
> 「耶穌」（譯言，「救世者」）。〔註 299〕

靈魂學說如是論人，則為性學，而第二處引文涉及天主降生成人，則為天學
（但也提到了亞里士多德的靈魂及靈魂如何實現生命的學說）。馬氏所謂
「質」，即今之「質料」（Matter），乃「四因說」（four causes）中的「質料因」，
涉及亞里士多德「形質論」（hylomorphism）。至於「元質」，艾儒略有詳解：

> 質有二，一元質，一次質。元質是造物主自生天地之初，備為千萬
> 變化之具。此質非天非地、非木非火……而元質不生不滅，常存不
> 凶，為造化之基，萬象所共。〔註 300〕

由此觀之，「元質」即今之所謂「第一質料」（prime matter）。通俗言之，質料
即身體，而「形式／形式因」（form）則為靈魂，二者結合構成生命。四因說
在艾儒略《性學觕書》中稱為「四所以然」，質料因、形式因、動力因（agent）、
目的因（end），則分別對應「質」、「模」、「造」、「為」，亞氏用以上四因解釋
萬物的運動與變化。〔註 301〕從「元質」這一術語，可以推知馬氏的「造」、
「分」、「化」、「成」，當是結合太極說語境與迎合讀者，對艾氏「造」、「為」、
「質」、「模」的進行適當的調整，也可以說是在文化模子的作用下，產生的

〔註 298〕〔宋〕羅大經，《鶴林玉露》（北京：中華書局，1983 年），頁 53。
〔註 299〕〔法〕馬若瑟，《六書實義》，頁 463、496～497。
〔註 300〕〔義〕艾儒略，《性學觕述》，收入葉農整理，《艾儒略漢文著述全集》，上冊，
　　　　　頁 138。
〔註 301〕〔義〕艾儒略，《性學觕述》，收入葉農整理，《艾儒略漢文著述全集》，上冊，
　　　　　頁 138～139。

異變。

　　須知，艾儒畧討論四因說，乃是放置在靈魂論（Psychology）底下敘述的，
馬氏言耶穌降生成人也與此論息息相關。《性學觕述》第一篇篇名即命之為
〈生、覺、靈三覔〉，意為魂有三分。此說最早見於利瑪竇《天主實義》，利氏
稱之為魂三品：

> 彼世界魂有三品。下品明曰生魂，即草木之魂也。此魂扶草木以生
> 長，草木枯萎，魂亦消滅。中品曰覺魂，則禽獸之魂也。此能附禽
> 獸長育，而又使之以耳目視聽，以口鼻啖嗅，以肢體覺物情，但不
> 能推論道理，至死而魂亦滅焉。上品明靈魂，即人魂也。此兼生魂、
> 覺魂，能扶人長養，及使人知覺物情，而又使之能推論事物，明辨
> 理義。〔註302〕

魂有「生長靈魂／營養靈魂／植物靈魂」（anima vegetativa）、「感覺靈魂／
動物靈魂」（anima senstitiva）、「理性靈魂」（anima spiritula）三種形式的學
說，肇端於亞里士多德，又經多瑪斯・阿奎那引入經院哲學（《神學大全》七
十五～七十八題）。〔註303〕因耶穌會將第三種魂譯作「靈魂」，故總稱「soul
／anima」被耶穌會譯為「魂」或「亞尼瑪」。馬氏《六書實義》中所言「神
靈」，當指「魂」，即「亞尼瑪」。而《三一三》中，便將「anima」稱作「亞
尼瑪」──「惟得亞尼瑪（譯言神也，神心也，靈魂也）以為活之之本焉」，
其靈魂等級論，尤似《神學大全》之論。〔註304〕

　　緊接著，艾儒畧又言靈魂與記憶將存在關聯，即靈魂具有「明無形之
物」、「追遠窮究」、「與肉體不同消長」、「與肉軀同情相背」、「容量無界」、
「反焰」、「察五官迷謬」、「憬然悔悟悔悟」、「人之才能、不定於一」，這十
大功能或特點。〔註305〕其五「容量無界」，便包含「記含、明悟、愛慾」三
種能力。這一點，馬氏在《三一三》也有提及，與《性學觕述》頗為相似：

〔註302〕〔義〕利瑪竇著，〔法〕梅謙立注，譚杰校勘，《天主實義今注》（北京：商
　　　　務印書館，2014年），頁109。
〔註303〕〔古希臘〕亞里士多德著，吳壽彭譯，《靈魂論及其他》（北京：商務印書館，
　　　　1999年），頁6；〔義〕多瑪斯・阿奎那著，徐俊餘譯，《神學大全》，冊3，
　　　　頁1～77。
〔註304〕需注意，馬氏有時討論的「靈魂」是「亞尼瑪」，有時候則指「理性靈魂」。
　　　　未以示區別，後文將「anima」稱為「亞尼瑪」，「理性靈魂」稱為「靈魂」。
　　　　〔法〕馬若瑟，《三一三》，頁140。
〔註305〕〔義〕艾儒畧，《性學觕述》，頁148～150。

> 何謂靈魂之妙？其大約有八：能思一也；能記二也；思而直三也；
> 直而審四也；審而推五也；推而有道六也；有欲而不得滿七也；自
> 主而不可強八也。人達乎此八端，則必知靈魂之尊，而自別於氣遠
> 矣。〔註306〕

馬氏將靈魂之妙用，分作八點，其二即為記憶，並與其他功能密切關聯。

　　亞里士多德很早便揭櫫記憶的本質乃是通過感官所建立的「象」，回憶便
是再現這些儲存的「象」。〔註307〕阿奎那則在亞氏的基礎上，豐滿了亞氏記
憶與靈魂關聯之說：

> 物象不只留存在魂的感官部分，更好說是保存在結合體上，因為記
> 憶力是一種身體器官的活動。但是智能本身也是保存物象，而不需
> 要身體器官。
>
> 而是將記憶看為靈魂的永久保存，將智能看為智能之現實活動……
> 只能來自記憶，就如行動出之於習性。〔註308〕

按此思路，動物沒有智能，蓋因其魂無法保存記憶，無法擁有知識習性
（habitus scientiae）。這便是多數歐儒認為象形文字具有神聖性的原因——
直接由最為智能源頭的、可構成記憶的象直接組建的文字。又如第二章論
及的培根「真實字符」研究，其出發角度之一，便是考量減少記憶與知識的
儲存。〔註309〕

　　歐洲研究記憶術的學者，為記憶文獻，數百年來孜孜無怠，未曾中斷探
索字母文字形象化之道，以求達快速記憶與長久記憶之目的。如 16 世紀威尼
斯出版之《記憶技巧彙編》（*Congestorium Artificiose Memorie*，1533）一書，
便可作為例證：

〔註306〕〔法〕馬若瑟，《三一三》，頁 163。
〔註307〕〔古希臘〕亞里士多德著，吳壽彭譯，《自然諸短篇》，收入《靈魂論及其他》，
　　　　　頁 231。
〔註308〕〔義〕多瑪斯・阿奎那，《神學大全》，冊 3，頁 92、94～95。
〔註309〕〔英〕著，劉運同譯，《學術的進展》，頁 120～121。

圖 5.4　《記憶技巧彙編》字母象形化圖例〔註 310〕

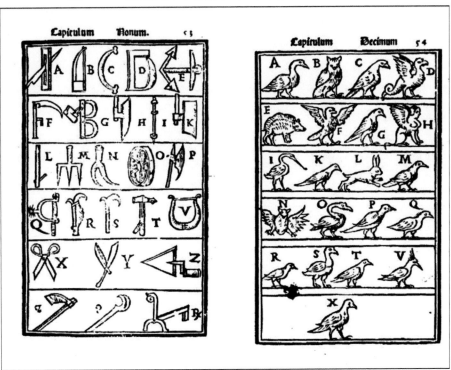

以記憶術為小學基本功底的歐洲學者，甫一見到直接由象形構成的埃及文字
與漢字，必然欣喜若狂，視為最高智慧結晶，乃至懷疑其為最初文字也不出
意外。由是，在普遍文字的追尋與普遍文字建構的運動中，韋伯、萊布尼茨
等將漢字地位放置於「至尊」地位，便不足為奇了。像是萊氏，便在筆記中
稱道，中國文字在本質上就是適於記憶用的圖象。〔註 311〕只是後來，中國
文字被證明是人工文字，而非原初語言。其神聖的光環被摘除，而學者也隨
著現代性之影響，自信地認定有能力創造類似原初語言的「象形文字」，幫
助記憶，新創一門普遍語言。至於盧爾主義者，運用神秘主義改造的記憶術
（組合術），用於挖掘神聖的「上帝之名」，並以此法作為傳教手段，也為索
隱派的先行者。此外，阿奎那為《聖經》使用隱喻與意象辯護，而非單純強
調抽象。他指陳，《聖經》之所以要使用文科七藝中得最下等的「文法」或

〔註 310〕Romberch, Johann Horst von. *Congestorium Artificiose Memorie*. Venetijs:
Melchiorem Sessam, 1533. 53～54. 書影來自法國國家圖書館（Bibliothèque
nationale de France, ark:/12148/bpt6k594964），已獲授權。

〔註 311〕Yates, F. A. *The Art of Memory*.381.

最低級的知識，乃是因為經文用有形的事物之比喻來講精神層面上的事物，乃因為人的一切知識始於感官。〔註312〕這也解釋了馬若瑟「《古經》之文也奧隱，《新經》之旨也平易。《古經》之辭也多寓言，而其事大抵取象。《新經》之訓也貴直言，而其事莫不為實事。古者長喻以形容道，聖者凝道而古喻明」之語。〔註313〕據此，索隱派藉此說明漢字的神聖性與存有上帝之名，也是在情理之中。

綜上言之，馬若瑟之所以認為象之為尊，六書之中凡是與象有關，如指事（虛象）、象形（實象）等，皆可能存在天主遺跡。因為象便是一切感官的開始，是記憶，是歷史，是智能的來源，也是人之靈魂的特有機能。依靠由象構成的漢字，可以直接達到文字與記憶直接勾連、轉換的優點。這樣的優點，如何能與神學脫離關係。而天學應是形而上的，故以虛象造字之指事較之依照實象造字的象形，則更為抽象。職是之故，指事尊於象形，乃寄寓天學記憶最多的造字之法。

第四節　餘論：翻轉的 18 世紀──基於漢字的中國形象變遷

餘論旨在回應緒論提出之漢字收編對晚清、民國乃至今天，產生的幽微影響。這影響，向來備受忽視。部分內容在第二章論述「中國之名／China／Chine」部分已有涉及，本節另從語言與文明等級秩序，漢字地位之下降，相應之國家形象之易動，索隱字學的壓抑與回歸三個面向來論述，以資照應當下。

一、文藝復興的黑暗面：語言等級與文明秩序等級

瓦爾特・米尼奧羅提出了「文藝復興的陰暗面」（the darker side of the Renaissance）的觀點，主要涉及 16、17 世紀，乃「早期現代階段概念」的另一角度詮釋，突顯「古典傳統的重生為殖民擴張提供了合法性」。〔註314〕換言之，文藝復興為傳教士提供了思想武器，以現代性的名義，將非西方世界之語言、記憶、空間都逐一殖民化。這一切，尤其是以大航海時期簽訂之《托

〔註312〕Ibid，78～79.
〔註313〕〔法〕馬若瑟，《經傳議論》，自序，頁 3。
〔註314〕〔美〕瓦爾特・米尼奧羅著，魏然譯，《文藝復興的隱暗面：識字教育、地域性與殖民化》，頁 14。

德西利亞斯條約》及其後的《薩拉戈薩條約》（*Treaty of Zaragoza*）為具體標誌。二者無視非歐洲世界的主權，肆意劃定了西方政治勢力範圍，開始了現代世界秩序的地緣政治。在此一過程中，亞洲變成了東印度，一併滋生了關乎「人心」的地緣政治──文明等級論與東方主義。在文藝復興之先，與東方相對照的西方文明尚不存在。〔註315〕

　　整個18世紀是一個翻轉的世紀，從17世紀起至18世紀中葉，西方社會尚處於所謂的「中國潮」（Chinoiserie）。此時的中國形象高大，為西方學習、模仿、讚頌的對象，批評質疑之聲少於正面讚譽。但也不可忽略第二章所討論的，中國形象已開始出現從「中華」被物化為 "China" 的趨勢。然而，18世紀中葉以後，中國熱降溫，歐洲的快速崛起使其自尊自大，自命世界之中心。相對而言東方世界開始沒落，遂致東方主義高漲，中國形象不斷改易──中國形象的轉變與漢字的地位可謂同病相憐。

　　須知，語言等級與世界秩序與文明等級是密切聯繫的。在馬若瑟的時代，便存在批評漢字數量龐大，掌握困難，造成中國人盲目自大的狀況，如李明所言：「依我之見，這數量眾多的中國字是中國人無知的根源所在，因為把一生都用於識字，他們幾乎沒有時間研究其他的科學，當他們知書識字後，自以為已是相當有學問了。」〔註316〕與馬氏差不多是同時代之漢學家巴耶爾，也接受萊氏系統，認為漢字起源於《易經》。同時，巴耶爾指明，中國之象形文字雖類似圖畫，但絕非相類原始民族（如墨西哥）用圖畫代表文字。這與漢字系統大相徑庭，但漢字也不具備基歇爾所謂的神秘色彩，更貼向由記憶組合術推廣延伸而來之漢字由「根漢字」組成的組合文字。〔註317〕雖然此時漢字依舊位處頂端，在隨著現代性的侵蝕，漢字已從廣泛認為是具備神聖性質的原初語言，位移到鮮有神秘色彩的人工語言。進而隨著現代性之進化觀念的深入人心，至第二階段之現代性的回歸與湧動，「原始」概念由原本神學詮釋中的最接近神的純粹，變成了無絲毫進步之落後與野蠻，無一不致使中國文字的地位驟然下跌。

〔註315〕〔美〕瓦爾特・米尼奧羅著，魏然譯，《文藝復興的隱暗面：識字教育、地域性與殖民化》，頁3～4；〔美〕劉禾，〈序言：全球史研究的新路徑〉，收入劉禾主編，《世界秩序與文明等級：全球史研究的新路徑》（北京：生活・讀書・新知三聯書店，2016年），頁1～2。
〔註316〕〔法〕李明，《中國近事報道（1687～1692）》，頁170。
〔註317〕〔丹麥〕龍伯格著，王麗虹譯，《漢學先驅巴耶爾》，頁110～111。

二、祛魅後的漢字：原始論與國家形象的聯結

　　18 世紀是祛魅的世紀，漢字地位隨之強弱易位。祛魅機制破除了語言神授的謎思，斬斷了由神學體系建立起來的舊文明等級。現代世界不再頻頻回首，稱頌軸心時代，而是將目光投向光明未來，以進步觀關照歷史。漢字在歐洲兩、三個世紀的論述中，長期作為一種古老神聖的語言。在歷經進步觀念轉捩之後，漢字頭頂光輝的古老王冠，變成了落後破敗、不知進取的敝履。

　　赫爾德的《論語言的起源》一書，便是寫作於如是一個第二階段現代性醞釀與中國熱退潮的時代。他反對語言神授的理論，提出雖然人類通過模仿發明了語言，但若是人缺少悟性與心靈的參與，難使語言進步。同時，這一時期種族劃分學說得以更新，以膚色與居住大陸的分類法深入人心，赫爾德在書中對黑人大加諷刺，論說語言與人的精神息息相關，又受到風土氣候之影響，繼而對語言與思維產生影響。〔註 318〕按照赫氏之邏輯，其「最貧乏、最古老、最原始的語言無疑是在東方」的論定，無疑將東方語言從崇高的地位投擲在地，暗示原本神聖的語言在風土氣候的作用下，阻礙了思維乃至整個民族的進化。〔註 319〕

　　赫爾德的研究，無疑印證了 18 世紀中葉之後，中國熱的結束。周寧指出，歐洲中國熱的退場，其主要表現分作兩種：其一是淡忘與遺忘，另一種是排斥與厭惡。〔註 320〕第二種形態在 18 世紀末開始佔據主流，醜化中國的言論層出不窮、愈演愈烈。如孔多塞侯爵（Marie Jean Antoine Nicolas de Caritat, marquis de Condorcet，1743～1794）之《人類精神進步史表綱要》（*Esquisse d'un tableau historique des progrès de l'esprit humain*，1795），便是一部充斥啟蒙色彩的歷史回顧。其論遠在洪堡特母語決定思維論之先，與赫爾德為同一時代。兩相比較，孔氏之言與頗類赫氏，繼續打擊了中國文字的地位，直言象形文字不利啟蒙。人類精神的進步，必然伴隨著語言的普及，書寫便有了必要性。但是，究其本質而言，書寫就是「確保傳統、固定傳統、交流與傳遞知識的惟一手段」。〔註 321〕對於中國而言，漢字的功能與性質乃統治工具而

〔註 318〕〔德〕J. G 赫爾德著，姚小平譯，《論語言的起源》，頁 80、97、111。
〔註 319〕〔德〕J. G 赫爾德著，姚小平譯，《論語言的起源》，頁 57。
〔註 320〕周寧，《世紀中國潮‧中國形象：西方的學說與傳說》（北京：學苑出版社，2004 年），頁 196。
〔註 321〕〔法〕孔多塞（Condorcet）著，何兆武等譯，《人類進步史表綱要》（北京：生活‧讀書‧新知三聯書店，1998 年），頁 8、34。

非是傳遞知識為第一要務：

> 象形文字的書寫時他們最初的發明之一，或者便是在教育者的世襲
> 階級形成之前就已經被人發明了。既然他們的目標並不是要進行啟
> 蒙而是要進行統治，所以他們不僅不把自己的全部知識都交給人
> 民……〔註 322〕

孔氏從啟蒙的角度出發，批評象形文字一貫善於展示超自然的、聖潔的、神
明的東西而迷惑百姓，也是馬若瑟《六書實義》所進行的研究。這些內容在
第三章中曾討論過，在第二次現代性浪潮中，神秘性質被歸類為迷信一端而
排除出現代世界。中國人沉迷文字的象徵意義，不斷創造形而上的體系，使
得「他們的語言和他們的巨著在人民面前展現出一幅荒誕的神話體系，那對
於人民竟變成了最荒誕的信仰和最冥頑不靈的崇拜、最可恥或最野蠻的種種
做法的基礎」。〔註 323〕

　　同時，前文所論「本部」問題中也被孔多塞觸及——語言關乎血緣聯繫，
又是同盟的要件——「凡是認為自己有著共同的起源並操著同樣語言的民族，
幾乎總是形成一個多少是很密切的聯盟」。〔註 324〕中國或許在傳教士原先的
論述下與西方語言是同源的，但隨著啟蒙運動高漲，具有顯著落後與異質性
文字特徵的漢字，自然且迅速喪失了與西方同盟甚至並肩站立之資格。類似
的觀點，經由黑格爾的強化論述，中國語言阻礙思維進步與啟蒙的論述，幾
乎成為了西方世界的普遍共識。〔註 325〕

〔註 322〕〔法〕孔多塞著，何兆武等譯，《人類進步史表綱要》，頁 34。
〔註 323〕〔法〕孔多塞著，何兆武等譯，《人類進步史表綱要》，頁 36。
〔註 324〕〔法〕孔多塞著，何兆武等譯，《人類進步史表綱要》，頁 26。
〔註 325〕程巍指出，18 世紀末道 19 世紀初，西方通過資產階級政治革命和經濟革命
　　　　取得巨大發展，並「暫時超過」中國。爾後，意識形態家很快將 18 世紀末取
　　　　得的「歷史優勢」解釋為一種「種族優勢」：西方成為衡量其他地區的絕對的
　　　　唯一、最高的尺度，凡有所相異者，如人種、語言、風俗、制度等，均被納入
　　　　野蠻或半野蠻狀態。期間，黑格爾便是批評中國語言是思維障礙的主力軍。
　　　　程巍，〈語言等級與清末民初的「漢字革命」〉，收入劉禾主編，《世界秩序與
　　　　文明等級：全球史研究的新路徑》，頁 362～365；黑格爾的觀點，例如：「一
　　　　種語言，假如它具有豐富的邏輯詞彙，即對思維規定本身有專門的和獨特的
　　　　詞彙，那就是它的優點……中國語言的成就，據說還簡直沒有，或很少達到
　　　　這種地步。」〔德〕黑格爾著，楊之一譯，《邏輯學・上卷》（北京：商務印書
　　　　館，2017 年），頁 8；錢鍾書則駁之曰：「黑格爾嘗鄙薄吾國語文，以為不
　　　　宜思辨；又自誇德語能冥契道妙……其不知漢語，不必責也；無知而掉以輕
　　　　心，發為高論，又老師巨子之常態慣技，無足怪也。」錢鍾書，《管錐編：補

　　蘇源熙更是指出，17、18 世紀歐人討論漢語時，往往集中在從結合語音與語意兩條線索的文字系統上研究漢字，故而認為漢字獨一無二。但 19 世紀早期，語法成為了問題討論的中心，也改變了學者對中國的看法：

> 中國不再是對西方多有裨益的高級文明，而是一個極度缺乏西方社
> 會自視擁有的諸多優點的社會。漢語曾經被稱讚的豐富性，現在則
> 變成了一種缺陷。語言學中以歷史語言學和比較語文學代替了普遍
> 語言，這個轉變也帶來了對漢字的重新評價。〔註 326〕

而且，蘇氏強調，對漢語的重新評價並非建立在新的訊息之上——西方對中國之了解在 1750～1820 間沒有大的變動。也就是意味著改變的是西方人的態度，而非有新的資料用以佐證，但漢語卻因此「失去」了語法。〔註 327〕

　　此外，不可忽略的是，百年來替中國發聲之友軍耶穌會，在 1773 年被教宗解散。自此，中國進步、文明、典範的論述聲量在 18 世紀後半葉幾乎斷絕，失去活水之源。〔註 328〕歐洲的中國研究，難有新的族內人基於中國視角論辯中國問題。由是導致西方對於中國形象之詮釋，必然是出於日益高漲的歐洲中心觀與東方主義，而非中國中心觀（China-centered approach）。職是之故，中國形象必然在文明等級體系中下滑，甚至出現復魅（re-enchantment）的狀況（中國形象的妖魔化），以呼應西方的殖民訴求。

三、漢字收編的副產品：中國人種西來說、漢字改革與六書改良

　　清末乃「三千年未有之變局」，在語言本部的機制作用下，中國語言擁有之明顯異質性特點，在歐洲中心論運作下，中國於文明等級中被放置在半野蠻的位階。西方話語強勢佔領中國語境，中國於世界之林失去言說自身的能

　　　　　訂重排本》（北京：生活・讀書・新知三聯書店，2001 年），頁 4。
〔註 326〕〔美〕蘇源熙著，盛珂譯，《話語的長城：文化中國探險記》，頁 99。
〔註 327〕以上蘇源熙觀點的引用以及漢語失去語法的過程，參見〈總是多重的翻譯：
　　　　　或漢語如何失去了語法〉章。〔美〕蘇源熙著，盛珂譯，《話語的長城：文化
　　　　　中國探險記》，頁 97～117。
〔註 328〕艾田蒲持相同觀點，他給出一系列答案說明西方仰慕中國者為何會轉變為排
　　　　　斥者（具體演變的過程可參考艾著〈仰慕中國者者與排斥中國者〉部分）：
　　　　　其一，過分仰慕中國產生之副作用，人們開始厭倦關心這個遙遠的國度，導
　　　　　致了對中國的排斥；其二，中國對歐洲影響的減弱恰巧與耶穌會被取締（1777
　　　　　年）相一致；其三，愛爾古拉諾誠和龐培城的發現，引起了對希臘——羅馬
　　　　　文化興趣的復甦，以及南海人間天堂的新神話。〔法〕艾田蒲，《中國之歐洲
　　　　　（下卷）》（鄭州：河南人民出版社，1994 年），頁 352。

力，中國語言與形象由西方世界基於東方主義進行義界與壟斷。

　　進入晚清，耶穌會得以重返中國之時（1814 年復會，1842 年重入中國），時局已大為不同。耶穌會已不再是西方獲知中國消息的主要管道來源，英、美新教傳教士之勢力遠遠大於耶穌會士。即使是天主教內部，法國遣使會阻撓耶穌會重返京師，僅能蹐縮「上海」，雖為上海現代城市之發展作出不可磨滅之貢獻，然無法在北京發揮影響力的耶穌會已無法重返往日在西方世界擁有詮釋中國形象壟斷權的光輝歲月。新教傳教士可沒有耶穌會替中國辯護的傳統，晚清傳教士兼漢學家基於東方主義，批評中國向來不手軟。

　　19 世紀末，大量傳教士延續漢語阻礙啟蒙與普及教育的歐洲定論，制定了與耶穌會士截然相反的語言政策。即繞開漢字難以掌握之弊病，啟用新的捷徑——漢字羅馬字母化。如斯坦尼斯拉斯・赫尼茲（Stanislas Hernisz，1805～1866）在其《習漢英合話》（*A Guide to Conversation in the English and Chinese Languages for the Use of Americans and Chinese in California and Elsewhere*，1854）倡議中國人用字母表達母語：「為了使中國人會讀英文，本書嘗試將他們的語言用我們的字母作為媒介來熟悉。」〔註 329〕這些話語，如第二章論及之中國國名的物化勸說如出一轍。中國語言及文字不符合語言進化的觀點，在 19 世紀末進入中國知識圈中，有如病毒一般迅速傳播，被大部分中國知識份子奉為金科玉律。除了關乎識字普及、啟蒙救亡之外，漢字革命一併具有實現「團結革命之要義」與「世界主義幻象」的兩大功用。〔註 330〕於是，緒論中的漢字改革問題，在 20 世紀的中國反覆登場，其因在此。

　　除此之外，中國語言也伴隨著國力的衰微，首先失去了漢語為世界諸語之母的地位。如英國傳教士艾約瑟（Joseph Edkins，1823～1905）運用進化論研究漢語，瓦解了韋伯原初語言論。在艾氏筆下，漢語成為一種「孤立」（isolated）的「原始語言」（primeval language），而非原初語言，故無法作為如原初語言一般的語言之母，派生其他語言。〔註 331〕其二，基於神學意義的

〔註 329〕Hernisz, Stanislas. *A Guide to Conversation in the English and Chinese Languages for the Use of Americans and Chinese in California and Elsewhere.* Boston: John P. Jewett & Company, 1854. I.

〔註 330〕詳見：程巍，〈語言等級與清末民初的「漢字革命」〉，收入劉禾主編，《世界秩序與文明等級：全球史研究的新路徑》，頁 378～404。

〔註 331〕Edkins, Joseph. *The Evolution of The Chinese Language: As Exemplifying The*

起源論，中國文字及代表之人種，發生了位移——從閃的後裔，變成了基歇爾所謂之埃及人（含）之後裔。這類學說，在晚清民國亦甚囂塵上，實乃歐洲18 世紀關於中國人種起源爭論在中國之回歸。此說典型代表即法國東方學家克拉伯里（Albert Terrien de Lacouperie，1844～1894），他所倡之中國人種與文明來自巴比倫說，實乃基歇爾「大夏」說的再闡釋。但舊瓶裝新酒之時，克氏注入了新建立的文明等級秩序。此即，中國形象一落千丈，從理性帝國轉而被描述為「聰明卻缺乏創造力」、「活在過去」的民族。至於文字一面，克氏在1888 年提出漢字實乃古巴比倫古地亞（Gudea）與漢謨拉比王（Khammurabi）之間時代的巴比倫文字的衍生物——由阿卡德人（Akkadians）移民至中國攜帶而來。此外，克氏論還引用了種種中國人的起源學說，如艾約瑟的巴比倫示拿說，乃至更早之德經等人的埃及論。〔註 332〕另有馬禮遜之弟子修德（Samuel Kidd，1804～1843），是倫敦大學學院（University College London）首任中文教授（理雅各為其弟子），也提出了漢字源於埃及說，代表了鴉片戰爭前英國學界的觀點。〔註 333〕這類學說皆屬於基歇爾之體系，並不斷提出語言學、人類學、考古學的論據強化中國人種西來說，幾為一時之真理，並宣告了韋伯體系的衰退。

中國人種西來之說在康熙朝耶穌會《人類源流》中便已提及，卻從未被主流知識分子討論。然此論經克氏宣揚之後，在東亞地區回響不斷。宋恕在討論小學之時，便回應了上述中國人種與文字西來之說：

> 西人謂世有文字始於亞洲之非尼西人。又謂巴比倫文字最類中國字，《易》之「乾、坤」乃呼「天、地」土音，《爾雅》所載干支別名亦然，疑中國之學傳自巴比倫。〔註 334〕

該文作於1895 年，與拉氏之論相隔一年，足見晚清中西學術往來之密切。當

Origin And Growth Of Human Speech. New York: Trübner and Co., 1888. V-VI.

〔註 332〕 Terrien de Lacouperie, A. E. *Western Origin of the Early Chinese Civilisation from 2，300 B.C. to 200 A.D. : or Chapters on the Elements Derived from the Old Civilisations of West Asia in the Formation of The Ancient Chinese Culture.* London: Asher & Co., 1894. V-VIII.

〔註 333〕 詳見關詩珮的研究：關詩珮，〈鴉片戰爭前的漢學水平：漢字源於埃及說〉，《譯者與學者：香港與大英帝國中文知識建構》（香港：牛津大學出版社，2017 年），頁 82～93。

〔註 334〕 〔清〕宋恕，《六字課齋津談‧小學類第四》，收入胡珠生編，《宋恕集》（北京：中華書局，1993 年），頁 56。

然，宋恕的這番言論在當時，如同康熙朝的《人類源流》一般，並未引起學界關注。但很快，局面發生的變化。克拉伯里的觀點旅行至東洋，又經日本回流中國，遂在中國引起軒然大波。1900 年，日本學者白河次郎（1874～1919）與國府種德（1873～1950）著《支那文明史》，介紹拉式專書及其理論。1903年，《支那文明史》由上海競化書局譯成中文，備受關注。其第三章〈支那民族從西亞細亞來之說〉如此寫道：

> 支那古代文明在西方之根元，以苦柏黎之說而著。謂支那太古民族，從加爾齊亞、巴比倫地方移住者。其說雖未全中事實之肯綮，而研究極新，其論點往往饒有可觀……支那文明輸入者巴古民族，初於斯撒奈之境界附近……學巴比倫尼亞傳來之文字，其後以此術與它加齊亞文明之諸原素，共輸入之東方……〔註335〕

其語在證明漢字與巴比倫楔形文字存有演化關係時，立論角度還是自傳教士定鼎下來的《周易》卦象。嗣後，中國人種西來說，大舉進入中國本土學者的再詮釋階段。猶如中國無名之惑，同樣從西方回流至中國知識界並牢牢佔據話語權。

1903 年，蔣智由（1865～1929）開始在《新民叢報》連載〈中國人種攷〉。在第一篇即釐清當世流行之人種源流兩種，即基督教之創世說與達爾文進化論。人種西來說屬於前者，涉及《聖經》大洪水和巴比倫的歷史。〔註336〕稍後又有劉師培在其《中國民族志》、《論中國對外思想之變遷》、《思國篇》、《攘書》等論著，章太炎《訄書》等接引此說。除卻大學者外，著名革命黨人如陶成章（1878～1912）1904 年之《中華民族權力消長史》，宋教仁（1882～1913）《漢族侵略史》等，皆認同中國人種、語言、文明西來之說。且此類說法都用語言、文字作為有力證據，由此可見收編漢字之論確為中國形象論異變的「幫兇」。〔註337〕

若從排滿的角度觀之，中國人種與文明西來之說，區別了漢人與滿人；

〔註335〕詳見：〔日〕白河次郎、〔日〕國府種德著，競化書局譯，《支那文明史》（上海：競化書局，1903 年），頁 20～52。
〔註336〕觀雲，〈中國人種攷（一）〉，《新民叢報》第 25 號（1903 年 2 月 11 日），歷史，頁 1～16。
〔註337〕李帆，〈人種與文明：拉克伯里（Terrien de Lacouperie）學說傳入中國後的若干問題〉，《西南民族大學學報（人文社科版）》第 198 期（2008 年 2 月），頁 31～35；孫江，〈拉克伯里中國文明西來說在東亞的傳佈與文本之比較〉，《歷史研究》2010 年第 1 期（2010 年 2 月），頁 116～192。

從反抗西方中國文明與人種落後論看，此說亦可抹平中西差異之鴻溝，故而
西來說流行自有其存在依據。如此述行之下，中國人種、文字、文明西來之
說，竟成顯學。甚至政府廟堂，也從此論。如北洋政府設立之國歌《中華雄立
宇宙間》，其歌辭「華胄來從崑崙巔」，即充分反映出中國人種西來說影響力
之大且深，連中央政府亦不能倖免。但其隱微之源頭，學界僅看到 18 世紀歐
洲中國人種起源大爭辯及 19 世紀克氏的研究成果，而忽略 17 世紀以基歇爾
為首的收編漢字者所提出的中國人種來自埃及並經巴比倫進入中國的學說，
不斷在為其後兩個世紀之相關論述提供思想源泉與理論依據。當然，此論並
非沒有反對之聲，晚清外交官如郭嵩燾（1818～1891）等，出於國家尊嚴，提
倡中國文明最早之說。學界出現大量反對浪潮要至 20 世紀 20 年代後期，歷
經五四與第三階段現代性之洗禮，考古學有所成績與「疑古」風潮興起，西
來之說方才開始遭受壓抑。限於文本，茲不贅述。〔註338〕

　　綜上所述，18 世紀後半葉時，出現了語言文字「不變論」至「進化論」
的分野，即文字受之於天，一筆一劃皆天經地義，沒有低級向高級之演化規
律的觀念，位移至世界範圍內之文字可看出一個總的系統，各國文字有其各
自演變，但文字總體有著共同的進化之新說。〔註339〕晚清以來文字進化論當
道，六書學說也不能獨善其身。西方文字有「三書」之說──以意符、音符、
定符（determinative）〔註340〕，最終入侵中國六書，部分學者提出調整六書為
三書，以迎合現代性的呼喚。如唐蘭闡釋六書缺點諸多，又皆為古論，不合
新時代價值，故而提倡三書，其言道：「我把中國文字分析分為三種，名為三
書。第一是象形文字，第二是象意文字，這兩種屬於上古期的圖繪文字。第
三是形聲文字，是屬於近古期的聲符文字……」。〔註341〕足見西方對中國語

〔註338〕如郭嵩燾記錄其與香港總督亨得利（即軒尼詩爵士，Sir John Pope Hennessy，
　　　　1834～1891）之言，引證西方文明與文字源自中國：「自云與威妥瑪皆愛爾蘭人，
　　　　近年愛爾蘭有掘地得小印玉數方，皆中國篆文，數千年前實與中國同文。……
　　　　亨得利言：『不然。中國文教最先。埃及古碑有恍佛中國文字之遺。由中國西至
　　　　埃及，再西至愛爾蘭，是時倫敦猶為混沌之國。……』」；後者反對之聲，若柳
　　　　詒徵（1880～1956）云：「近世淺人，不識其源，乃造為民族西來。凡我文化，
　　　　一出於巴比倫西亞里亞之說，然羌無確證，不足成為信讞」。〔清〕郭嵩燾撰，
　　　　梁小進主編，《郭嵩燾全集‧十一‧史部四‧日記四》（長沙：嶽麓書社，2018
　　　　年），頁 67；柳詒徵，〈自立與他立〉，《學衡》第 43 期（1925 年 7 月），頁 2。
〔註339〕周有光，《世界文字發展史》（上海：上海教育出版社，1997 年），頁 17～18。
〔註340〕周有光，《世界文字發展史》，頁 16。
〔註341〕唐蘭，《古文字學導論（增訂本）》，頁 402～403。

言文字之強勢收編，即使連本土學者也自發響應，較之 17～18 世紀初僅有西方學者參與的面貌大不相同。

四、壓抑與回歸：被壓抑的馬若瑟與索隱主義的回歸

有壓抑，必然有回歸。馬氏作品被壓抑（其《六書實義》雖有法譯本，最終皆未能出版），以至於西方對中國文字的研究一直未能深入中國學統，而是反復基於東方主義進行觀察，操演著文化霸權。如此之研究與敘事，必然受到國力與現代性中的進化要素所影響，即關聯著強弱易位，文明與野蠻的評判，殖民與反殖民的鬥爭。

1740 年代左右，索隱派三傑相繼逝世，西人漢字研究進入百年沉寂的階段。除卻傳教士，即使是西方本土學者，也鮮見專論漢語之作。馬若瑟的大量索隱主義著作，礙於教會內部的權力傾軋，皆未能刊印，沉睡世界各地——中國、法國與羅馬。尤其是關於漢字與漢語的兩部（《六書實義》與《漢語劄記》）劃時代意義之皇皇巨著，就連手稿也遭人遺忘，甚至《六書實義》馬氏自譯的法文譯本也已亡佚。

隨著 19 世紀的到來，馬若瑟的作品終於得到了回歸，成為學院漢學草創時期第一部漢語教科書的重要參考文獻——雷慕沙 1822 年出版《漢文啟蒙》（*Eléments de la grammaire chinoise*），以為授課教材。在此之先，他花了巨大力氣尋找《漢語劄記》，終在王室圖書館獲得此書。〔註 342〕嗣後，《漢語劄記》在 1931、1847、1893 多次出版並譯作英文。不僅如此，教宗利奧十三世（Leo PP. XIII，1878～1903）於 1878 年為索隱派平反昭雪，表彰馬若瑟的學說在傳教事業中做出了卓越的貢獻。〔註 343〕同年，《中國古籍中之基督教主要教條之遺跡》終於出版法譯單行本。〔註 344〕可惜，失去了法譯本的《六書實義》卻未能如此幸運，時至今日，未能引起足夠重視。希望透過本研究，可達到拋磚引玉之效果。

若是《六書實義》在 18 世紀未遭抑制，啟蒙時代之思想家便不必參考遊記漢學或基歇爾等人的舊論，而明中國除卻廣義象形文字之外，尚有依據聲符而設立之形聲，以及被劉、馬二氏譽為類似歐洲字母字根造字方法之轉注。

〔註 342〕〔丹麥〕龍伯格，《清代來華傳教士馬若瑟研究》，頁 240。
〔註 343〕〔丹麥〕龍伯格，《清代來華傳教士馬若瑟研究》，頁 254～255。
〔註 344〕1837 年曾收入《基督教宗教哲學年鑒》。〔法〕費賴之著，馮承均譯，《在華耶穌會士列傳及書目》，頁 532。

或許能夠切斷 18 世紀下半葉以來，用漢字來證明中國落後與樣野蠻形象合理性的其中一項證據鏈條。

不僅如此，在馬氏生前被噤聲的索隱主義，在 19 世紀被包裝成各種樣態得以回歸。如朗宓榭指出，隨著 19 世紀浪漫主義到來，索隱派的部分作品得以出版或再版。甚至本世紀盛行於西方之「雜交品」——東亞神秘主義（"East Asian" Mysticism），實際上是非科學與宗教外衣包裝下的索隱主義之再生。如在德國傳教士兼漢學家衛禮賢（Richard Wilhelm，1873～1930）的譯作中，可以發覺其為德國新教徒的「索隱主義」。〔註345〕及至今時，漢語神學、網路世界，乃至學界，依舊敘述著自耶穌會索隱派以來之漢字與《聖經》之間存有奇妙聯繫的學說，再現壓抑回歸。典型之代表，即為赫兆豐提及的李美基、鮑博瑞、唐妙娟之《上帝給中國人的應許》（此書即漢字索隱的餘音），王敬之《聖經與中國古代經典——神學與國學對話錄》，陳慰中《共同的上帝》。〔註346〕故而，馬若瑟的《六書實義》依舊有關懷當下的現實意義，以及追本溯源的歷史價值。

〔註345〕Lackner, Michael. "Jesuit Figrism." 142～143.
〔註346〕赫兆豐，〈淺談《聖經》索隱派對中國典籍的濫用——以王敬之《〈聖經〉與中國古代經典——神學與國學對話錄》為例〉，頁 89。

第六章 結 論

　　1583 年，利瑪竇與羅明堅進入內地，拉開了近代中西交匯的帷幕，中、西兩大文明／帝國自此展開了較大規模的接觸。如此可言，世界正式進入了中國，且第一期階段的現代性也開始悄然影響中國。首先，依照依納爵設立的耶穌會傳統，利氏為赴華宣教士確立了「適應政策」與學術傳教路線，運用自身對古代經典的獨特理解來重新詮釋經書，為經書注入基督宗教的思想。康熙朝入華的索隱派主要三傑──白晉、馬若瑟、傅聖澤等人，在利氏的基礎（補儒與實學）之上搭築高臺，運以宗教改革中興起之古代神學，介入以《易經》為基礎的中國學術經學體系，試圖通過西體中用的手段來證明天主教思想確實曾存在上古中國。由是，可從馬若瑟一生著述中得見，其有關中國墳典的寓意解經之作汗牛充棟，學術成果豐碩，實為明清傳教士中不可忽略的對象。

　　若單單檢視明清在華傳教士之漢語研究，大致可將西人學習與研究漢語之成果分作兩個階段。首先，依照現代性之分段，劃定之大致時域範圍約在1583 年至 18 世紀 40 年代之間，即屬第一階段現代性。時間之開端以利瑪竇進入內地為標誌，而截止時段則從兩方面考量而選擇在 1740 年左右：其一，18 世紀 20 年代發生雍正禁教，在華傳教士除宮中留用之徒，幾乎都被逐至澳門，遠離內地致使漢語研究工作停滯，又缺乏新人進入內地而使研究失去後繼之力；其二，馬若瑟、傅聖澤等人皆在 1740 左右去世，中國索隱派就此落下了帷幕。故言，至第二階段現代性進入中國之先，西人漢語研究成果再無重要成果。不僅如此，這一階段之漢語研究，並非孤立於傳教士內部，而是與歐洲本土學者互通有無，共同參與漢字收編這場學術運動，並構

成了歐洲尋找普遍語言的一環。最後說明，第一階段現代性時域內研究之漢字成果，幾乎將漢字作為原初語言的地位來歌頌與解析，與第二階段之現代性認定漢語為原始語言的修正話語截然相反。此時，洶湧著現代性帶來的國力、思想、文化、觀念的驟變，現代性賦予了進步、科學、啟蒙的知識概念，使得人不再受神的箝制，也不再盲從過往。於是乎，古老、文明、理性典範的巍巍中國形象，以及自身失聲的狀況之下，被西方塑造成了半野蠻、停滯、落後、迷信、無知、自大的翻轉形象。這一場裂變，西方學界扮演了關鍵性的角色，他們反復證明漢字的落後性、不利啟蒙與知識普及，並對 17～18 世紀初的漢字收編成果進行另一角度的再詮釋——注入了現代世界的時間與歷史觀念，將漢字放置在停滯於古代文明的標尺上與啟蒙時代的字母文字相互參照。

馬若瑟位處中國第一階段現代性的尾聲，《六書實義》凝聚了歐洲 16 世紀以來的漢字認知、文藝復興以降的語言觀念、宗教改革以來的護教學傳統，以及中國宋、元、明、清初以來的六書研究成果，體現現代性的教義問答文本形式，乃是中西交匯與演化的結晶。綜觀該作，馬氏之論呈現出中與西、新與舊、傳統與現代、漢字與字母、易經與記憶、儒學與天學、佛道與天主、個人與帝國等形形色色元素的互動，反映出第一階段現代性作用於擁有不同陳述位置（既是法國人又是中國人）的馬若瑟之聲，折射其有關中國文化與現代性的種種想像。這些想像與晚清第二階段現代性，有著截然不同的面貌——基於中西相對平等，而非西方世界獨享現代性的「代言權」與「詮釋權」。

在緒論之中，本研究提出了四大問題，作為本研究之核心：

一、17～18 世紀初西人收編漢字之過程為何？

二、早期現代性的思考。

三、馬氏於漢字領域有何獨步群倫之處？

四、中國性的思考。

下文便回應此四問，以為總結，擇其要者，論述於下。

第二章首先釐清了在馬若瑟之先，17～18 世紀初的西人收編漢字之成果。根據對基歇爾《中國圖說》、約翰·韋伯《論中華帝國的語言可能是原初語言的歷史論文》、米勒、門采爾、萊布尼茨、馬松等重要學者之學說整理，概括出六種漢字收編的類型：

　　一、基歇爾「漢字源自埃及」說。該說開闢了將漢字與埃及文字在象形方面的比較研究，隨之附帶的中國人種考證，皆旨在證明中國人種及其文字來自埃及，後經巴比倫進入中國。該說幫助西方將中國納入基督宗教文明等級秩序之中，遂而引發 18 世紀德經、伏爾泰等君的論辯。及至 19 世紀，又有克拉伯里等人集前輩大成，並於 20 世紀初在中國成為顯學，梁啟超、劉師培、宋教仁等大師或革命家皆參與此說之建構。

　　二、約翰・韋伯「原初語言」論。韋伯在其著中證明中國文字乃由亞當所創，並傳予後代，且未歷經巴別塔語言變亂。原初論或是馬若瑟六書起源於亞當、厄襪說的直接思想來源。

　　三、米勒、門采爾、萊布尼茨之「中文鑰匙」說。該論脫胎於記憶術，旨在說明漢字乃一存有組合規律的人工文字，若掌握該組合秘訣，歐人亦可迅速掌握漢字。依後學傅爾蒙、弗蕾萊之研究，所謂「鑰題」，極可能是中文之「部首」。

　　四、萊布尼茨「創世圖景」說。該說與索隱派理論息息相關，乃是萊氏與白晉通信中，結合二進制與伏羲八卦而形成之理論。萊布尼茨基於神秘主義宣稱，八卦所蘊藏的數學特徵，隱喻了上帝創世過程。這一理論，在馬若瑟《六書實義》論《易》、漢字起源以及指事時亦有涉及。

　　五、馬松《文人共和國歷史批判》的裨益聖經詮釋說，即運用漢語說明《聖經》詞彙難解之處。

　　六、白晉開創之索隱主義，即舊約象徵論、字面主義預表論與神秘主義（新柏拉圖主義、喀巴拉主義、赫爾墨斯主義、畢達哥拉斯主義）的混合學術手段，詮釋以《易經》為中心的中國經典，直接影響了馬氏的研究。

　　上述說法的演變，可以從現代性給出一個合理的解釋。即漢字收編理論層層遞進，呈現出進步與科學觀念之雙重影響：從最先的原初論，至推論漢字為人工語言，再至模仿漢字設計普遍語言，呈現的是在現代性影響下，人們收編自然乃至改造萬物的野心，而非依託祈求神明。在啟蒙時期，經孔多塞、黑格爾等人基於進化觀的重新敘述，更易漢字地位——將之從典範文字，拽入原始文字之行列。這樣的話語，伴隨著中國形象的翻轉，在歐洲歷經發酵與定鼎，急速旅行至東亞，並大舉入侵晚清這個「新世界」。

　　第三章集中論述現代性的部分，共分作三端：中國與現代性、現代性之緣起、傳教士與現代性。其一，論證明清之際確實存在現代性，主要從譯介

（包納新知、新世界觀與地理觀、印刷、醫學等角度）與歐式白話文角度予以證明。由此推衍出現代性呈現壓抑與更高層次回歸的特點，即可將現代性分作三個階段：

一、第一階段現代性：1583～1839；

二、第二階段現代性：1840～1919左右（新文化運動／五四運動）；

三、第三階段現代性：五四之後。

其二，現代性起源於神學內部針對唯名論的鬥爭，隨即刺激新柏拉圖主義、赫爾墨斯主義、喀巴拉主義等神秘主義在文藝復興中興盛，以及宗教改革的出現。耶穌會之建立，便是出於回應宗教改革，駁斥改革派使用之字面主義，耶穌會等天主教修會復用以寓意解經為核心的古代神學（寓意解經＋神秘主義），意在包納異教以示對新教的抗爭。不僅如此，神秘主義又為18世紀之科學與不信教，提供了相應的思想鬥爭武器，奠定了科學與無神論的基礎。然而，在18世紀啟蒙運動高潮之時，神秘主義從現代性的推手被建構為迷信而被排除出了現代世界。但若從祛魅以前之時代入手，馬氏所處的時代，其所運用之索隱主義（舊約寓意解經＋新約字面主義預表論＋神秘主義）〔註1〕，本身即使一種關聯著現代性的學術手段。

其三，按上述分類，馬若瑟屬於第一階段的現代性，其《六書實義》本身即為一種現代性催生之文類——大興於宗教改革時期的《教理問答》。由此引出，現代性之興起，源自於神學內部的鬥爭而產生的新柏拉圖主義、神秘主義、科學、宗教改革等現代性的標誌事件或元素，且此論在《六書實義》上可得而見之——通過六書詮釋，除傳播神學思想外，亦涉及腦主記憶說等西洋新知，以及文藝復興以來各種思潮。此外，有壓抑必然有回歸，如索隱主義在18世紀遭到抑制，然他們的學說在18世紀乃至20、21世紀尚在不斷回歸，甚至大放異彩。

馬若瑟《六書實義》的學術貢獻，主要在第五章論及。首先，馬氏論六書的基本學理，完全從小學傳統入手。除師承劉凝外，另接續宋、元、明以來，鄭樵、吳元滿、趙古則、趙宧光等人的六書學體系，並下啟乾嘉時代。如馬氏統合前儒的「四體二用」與「四經二緯」論，要至戴震與王筠重提方才廣為流傳。由此言，在鴉片戰爭之前，於《說文》／六書領域，馬氏當為西方第

〔註1〕須知在宗教改革以後，預表論作為字面主義的方法與天主教寓意解經有所對立，然馬若瑟的索隱主義，卻統合二者，未作分立。

一人。即便是放置在清代前期,《六書實義》亦極具有承前啟後之意義。職是之故,文字學史中當有馬氏一定之地位。

其二,馬氏明辨六書,將漢字分作「文」與「字」,並在天學意義上排列六書次序與界分含義。其論基於文貴字輕的基本觀念,故而提出指事、象形貴於會意、形聲;再者,聲賤意貴,故而會意高於形聲。上述四書為造字之法,轉注、假借為用字之法。從「象」論之,指事乃取形上之虛像造字,所論之事,乃天主之理;而象形則據形下之物造字,所模仿者,皆為受造之物,故次一等,且部分合體象形者所摹仿者有天定之形,藏有天學奧義。由是按指事、象形、會意、形聲進行等級排列,轉注、假借則是用字之法,另為一列。至於最尊者假借,分上、中、下三等。最上者,借指事之象——指事中涉及三位一體與彌賽亞之基礎之七文——「ヽ、一、二、三、二、二、丨」。以上之說,一一賦予了神學意涵或者說建立了等效的關係,以為馬若瑟六書理論的核心觀念。

其三,「象」之所以重要,蓋因其與記憶息息相關。記憶倚賴「象」而存於大腦,乃靈魂之功能,又關乎智慧。故而,將「象」與漢字之間,以「象」為聯結觀之,可以知曉西人為何反復論證漢字之神聖性。其四,針對以上之說,馬若瑟建立了如下的治學體系:小學(六書+史書+歷代文學+記憶術)——中學(後儒之說+諸子百家)——大學(聖人之道/天學/道科/《六經》)。即試圖從知識再生產的角度,洗盪中國學統,從文化根源上促使全中國皈依天主之教。

第四問專論「中國性」,並集中於第四章論述。首先,需將禮儀之爭視為一場收編與反收編的運動,康熙希望將中國天主教納入中國政教,斷絕西方之遙控。羅馬則反對中國天主教進行本色化的改易,強加介入,展示其絕對權威。隨著教廷特使來華,宗教對立未有停歇,反而越演越烈。康熙皇帝為達收編的效果,祭出一系列收編政策——「如中國人一樣」、「語言必重」、「西學東源」。若有不服從者,必遭驅除;遵從者,則必須照利瑪竇之規矩行事。耶穌會索隱派正是在這樣之大背景下,為圖緩和中西矛盾與迎合皇帝「西學東源」的觀念而催生的思想流派。不禁反思,到底是誰在收編的問題:從中國角度觀之,索隱派立論之基在入門版的西學東源,有利中國收編天主教;若從西洋角度論之,索隱派乃是為收編中國文化入基督宗教文明,而做出的適度妥協。在如此微妙的氛圍之下,馬氏或出於皇帝「語言必重」之新令與

西人不通語言的惡劣觀感，撰寫《六書實義》，試圖扭轉失控之局勢，重返傳教榮景。由是從求貫徹落實「如中國人一樣」之命令角度切入，則可發現《六書實義》至少在四種形式上表演了「中國性」——「玄」字避諱、假託中國人名、以及注意用正字與俗字之別（除了顯示文字學功底外，一併達到區分序、跋、正文三位不同作者身份的目的）、參引大量中國典籍。並與馬若瑟《經傳議論》與《天學總論》相較，推導出馬若瑟想要模仿白晉，存有將《六書實義》敬獻皇帝御覽乃至推廣全國的野心。

馬若瑟《六書實義》，遠超同輩耶穌會士，其六書論說水準，亦不遜清儒。可惜在 18 世紀這個翻轉中國形象的重要世紀，《六書實義》遭到長期壓抑，未能付梓而流落西洋。以致給歐人留下漢字僅僅為原始的象形文字這一刻板印象。最終導致西人在歐洲中心主義與東方主義的視域下，移動漢字等級，順便以漢字的落後性論證中國在世界文明等級中處於「半文明」、「半蒙昧」的位階，連帶為 19 世紀殖民中國提供了有力藉口（包含人種說）。若從早期現代性檢視，則可以勾勒中國學在西方與在東方的演變過程中，《六書實義》烙印的時代痕跡，寄託了現代世界建構初期，馬若瑟作為「中間物」的參與狀況，以及他對中國文化與現代性的各種想像，豐富了清代現代性與中西文化交流的成果圖景。馬氏之作，雖稱頌漢字優於西方文字，但從更深的角度言之，其實馬若瑟與基歇爾、萊布尼茨等人，或是 18 世紀末、19 世紀的收編者並無二致——潛台詞皆為中國人無法正確認知自身文化，亟待西人幫助，充當引路人。

綜上，馬若瑟之研究成果除卻在中國語言與文字方面的取得的卓然貢獻外，在漢學學科的初朔期提供雷慕沙相應的幫助，足夠被稱為漢學學科的隱形「奠基者」。最後，以教宗利奧十三世 1878 年 8 月 12 日於聖伯多祿大殿為馬若瑟平反的聲明作為本研究之結語：

> 他通過令人信服的論據，致力於消除存在於人們頭腦中的錯誤看法，確實用了一種了不起的方式為清除傳播基督宗教過程中所遇到的障礙作出了巨大的貢獻。因此我要祝賀你們，親愛的孩子們，在一位上個世紀在華耶穌會士所完成的高深研究的幫助下，你們正在用一種新的視角去研究中國典籍和古代聖人的作品，而且從這些書中摘錄了有關我們神聖宗教之傳統和教義的清楚證據，這些證據證明了在上述地區很早以前就接受了基督的宣告，並且在其古風中已

顯示，中國人早就明確地從聖人的作品中獲得了宗教的教規和學
說。〔註2〕

馬若瑟的學說，終於在其逝世一個半世紀之後，正式獲得了教會的承認並賦
予相應的正當性。換言之，此論在某種程度上，可以視為索隱主義在18世紀
被長期壓抑之後，終究在下一個現代性階段中，得以再度從更高層面回歸的
宣言。

〔註2〕轉引自龍伯格之翻譯:〔丹麥〕龍伯格，《清代來華傳教士馬若瑟研究》，頁255。

參考文獻

一、傳統文獻

（按時代先後排列，同時代者按姓氏筆畫排序，傳教士列於最末）

1. 〔漢〕孔安國傳，〔唐〕孔穎達正義，《尚書正義》，收入〔清〕阮元校勘，《十三經注疏》，冊 1，臺北：藝文印書館，2001 年。

2. 〔漢〕毛亨傳，〔漢〕鄭玄箋，〔唐〕孔穎達正義，《毛詩正義》，收入〔清〕阮元校勘，《十三經注疏》，冊 2。

3. 〔漢〕班固，《漢書》，北京：中華書局，1962 年。

4. 〔漢〕許慎著，〔清〕段玉裁注，《圈點說文解字》，臺北：萬卷樓，2002 年。

5. _____，〔宋〕徐鉉增釋，《說文解字》，收入〔清〕紀昀等總纂，《景印文淵閣四庫全書》，臺北：臺灣商務印書館，1983 年，冊 223。

6. _____，〔宋〕徐鍇增釋，《說文解字》，收入〔清〕紀昀等總纂，《景印文淵閣四庫全書》，冊 223，頁 63～384。

7. 〔漢〕董仲舒原著，蘇輿撰，鍾哲點校，《春秋繁露義證》，北京：中華書局，1992 年。

8. 〔漢〕趙岐注，〔宋〕孫奭疏，《孟子注疏》，收入〔清〕阮元校勘，《十三經注疏》，冊 8。

9. 〔漢〕劉熙，《釋名》，北京：中華書局，1985 年。

10. 〔漢〕鄭玄注，〔唐〕賈公彥疏，《周禮注疏》，收入〔清〕阮元校勘，《十三經注疏》，冊 3。

11. 〔漢〕鄭眾，《周禮鄭司農解詁一卷》（玉函山房輯佚書秦漢古籍佚書影印本），收入文懷沙主編，《四部文明・秦漢文明卷・三十六》，西安：陝西人民出版社，2007 年，頁 701～773。

12. 〔魏〕王弼注，〔晉〕韓康伯注，〔唐〕孔穎達正義，《周易正義》，收入〔清〕阮元校勘，《十三經注疏》，冊 1。

13. _____，樓宇烈校釋，《老子道德經校釋》，北京：中華書局，2008 年。

14. _____，〔唐〕邢璹注，〔明〕程榮校，《周易略例》（明萬曆二十年〔1592〕刊「漢魏叢書」影印本），收入嚴靈峯編輯，《無求備齋易經集成》，臺北：成文出版社，1976 年，冊 149。

15. 〔魏〕何晏集解，〔宋〕刑昺疏，《論語注疏》，收入〔清〕阮元校勘，《十三經注疏》，冊 8。

16. 〔晉〕衛恆，《四體書勢》，收入〔唐〕房玄齡等撰，《晉書》，北京：中華書局，1974 年，冊 4，頁 1061～1066。

17. 〔梁〕顧野王撰，〔唐〕孫強增補，〔宋〕陳彭年等重修，《重修玉編》，收入〔清〕紀昀等總纂，《景印文淵閣四庫全書》，冊 224，頁 1～242。

18. 〔隋〕顏之推，《顏氏家訓》，收入〔清〕紀昀等總纂，《景印文淵閣四庫全書》，冊 848，頁 937～989。

19. 〔唐〕王冰注，〔宋〕史崧校正、音釋，《靈樞經》，收入〔清〕紀昀等總纂，《景印文淵閣四庫全書》，冊 197，頁 317～428。

20. 〔唐〕顏元孫，《干祿字書》，收入〔清〕紀昀等總纂，《景印文淵閣四庫全書》，冊 224，頁 243～250。

21. 〔唐〕《序聽迷詩所經》，收入周燮藩主編，王美秀分卷主編，中國宗教歷史文獻集成編纂委員會編纂，《東傳福音》，合肥：黃山書社，2005 年，冊 1，頁 31～35。

22. 〔南唐〕徐鍇撰，〔南唐〕朱翱反切，《說文繫傳》，收入〔清〕紀昀等總纂，《景印文淵閣四庫全書》，冊 223，頁 385～790。

23. 〔宋〕朱熹，《四書章句集注》，收入〔清〕紀昀等總纂，《景印文淵閣四庫全書》，冊 197，頁 1～214。

24. _____，《朱子語類》，收入《朱子全書》，上海：上海古籍出版社，合肥：安徽教育出版社，2002 年，冊 16。

25. _____，〔明〕陳選集註，《御定小學集註》，收入〔清〕紀昀等總纂，《景印文淵閣四庫全書》，冊 699，頁 524，頁 521～605。

26. 〔宋〕張有撰，〔元〕吳均增補，《增修復古編四卷》（北京圖書館藏明初刻本），收入四庫全書存目叢書編纂委員會編，《四庫全書存目叢書・經部一八八》，臺南：莊嚴文化事業有限公司，1997 年，頁 251～288。

27. 〔宋〕程顥、〔宋〕程頤著，王孝魚點校《二程集》，北京：中華書局，1981 年。

28. 〔宋〕鄭樵，《六書略》，臺北：藝文印書館，1976 年。

29. _____，吳懷祺校補、編著，《鄭樵文集》，北京：書目文獻出版社，1992 年。

30. _____，王樹民點校，《通志二十略》，北京：中華書局，1995 年。

31. 〔宋〕戴侗，《六書故》，收入〔清〕紀昀等總纂，《景印文淵閣四庫全書》，冊 226，頁 1～618。

32. 〔宋〕羅大經，《鶴林玉露》，北京：中華書局，1983 年。

33. 〔宋〕羅泌，《路史》，收入〔清〕紀昀等總纂，《景印文淵閣四庫全書》，冊 383，頁 1～654。

34. 〔金〕韓孝彥、〔金〕韓道昭撰，〔明〕釋文儒、〔明〕思遠、〔明〕文通刪補，《成化丁亥重刊改併五音類聚四聲篇海》，收入《續修四庫全書》編纂委員會編，《續修四庫全書・二二九・經部・小學類》，上海：上海古籍出版社，2002 年，頁 245～529。

35. 〔元〕王申子，《大易緝說》，收入〔清〕紀昀等總纂，《景印文淵閣四庫全書》，冊 24，頁 17～304。

36. 〔元〕周伯琦，《說文字原》，收入〔清〕紀昀等總纂，《景印文淵閣四庫全書》，冊 228，頁 75～105。

37. 〔元〕楊恆，《六書統》，收入〔清〕紀昀等總纂，《景印文淵閣四庫全書》，冊 227。

38. 〔明〕王守仁著，〔明〕徐愛錄，葉鈞點註，《傳習錄》，臺北：臺灣商務印書館，1974 年。

39. 〔明〕吳元滿，《六書正義十二卷》，收入《續修四庫全書》編纂委員會編，《續修四庫全書・二〇三・經部・小學類》，頁 1～312。

40. ＿＿＿＿，《六書總要五卷附正小篆之訛一卷》（中國科學院圖書館藏明萬
曆十二年〔1584〕刻本），收入四庫全書存目叢書編纂委員會編，《四庫
全書存目叢書·經部一九四》，頁 71～591。

41. ＿＿＿＿，《諧聲指南一卷》（中國科學院圖書館藏明萬曆十二年〔1584〕
刻本），收入四庫全書存目叢書編纂委員會編，《四庫全書存目叢書·經
部一九四》，頁 667～689。

42. 〔明〕胡廣等奉敕撰，《四書大全》，收入〔清〕紀昀等總纂，《景印文淵
閣四庫全書》，冊 205。

43. 〔明〕徐光啟、〔明〕李之藻、〔明〕楊廷筠著，李天綱編注，《明末天主
教三柱石文箋注──徐光啟、李之藻、楊廷筠論教文集》，香港：道風書
社，2007 年。

44. 〔明〕徐光啟著，王重民編，《徐文定公（光啟）集（上）》，臺北：文海
出版社，1987 年。

45. ＿＿＿＿，王重民校，《徐光啟集》，上海：上海古籍出版社，1984 年。

46. 〔明〕徐道編修，〔清〕張繼宗、〔清〕黃掌綸修訂，《歷代神仙通卷·二
集》，致和堂，1700 年，德國巴伐利亞州立圖書館藏，編號：BV036898577。

47. 〔明〕袁黃編，《鼎鍥趙田了凡袁先生編纂古本歷史大方綱鑑補三十九卷
首一卷（一）》（明萬曆三十八年〔1610〕雙峰堂余氏刻本），收入四庫禁
燬書叢刊編纂委員會編，《四庫禁燬書叢刊·史部第六七冊》，北京：北
京出版社，1998 年，頁 99～741。

48. 〔明〕楊慎，《轉注古音略（附《古音後語》）》，北京：中華書局，1985 年。

49. 〔明〕熊明遇著，徐光台校釋，《函宇通校釋：格致草（附則草）》，上海：
上海交通大學出版社，2014 年。

50. 〔明〕趙宧光，《六書長箋》（據上海圖書館藏明崇禎四年趙均崇禎四年〔
1631〕小宛堂刻本影印），收入《續修四庫全書》編纂委員會編，《續修
四庫全書·二〇三·經部·小學類》，頁 413～457。

51. ＿＿＿＿，《說文長箋一百卷首二卷解題一卷（二）》（首都圖書館藏明崇禎
四年〔1631〕趙均小宛堂刻本），收入四庫全書存目叢書編纂委員會編，
《四庫全書存目叢書·經部一九六》，頁 459～564。

52. 〔明〕趙撝謙，《六書本義》，收入〔清〕紀昀等總纂，《景印文淵閣四庫

全書》，冊 228，頁 285～374。

53. 〔明〕韓霖、〔明〕張賡合著，《耶穌會西來諸位先生姓氏》，附於《聖教信證》。全書收入周燮藩主編，王美秀分卷主編，中國宗教歷史文獻集成編纂委員會編纂，《東傳福音》，冊 3，頁 46～70。

54. 〔清〕于成龍等修，〔清〕杜果等纂，《江西通志》（清康熙二十二年〔1683〕刻本），收入《中國方志叢書・華中地方・781》，臺北：成文出版有限公司，1989 年。

55. 〔清〕方中通，《陪集・陪古》（康熙本〔1662～1722〕），哈佛燕京圖書館藏，編號：990086069880203941。

56. 〔清〕方以智，《浮山文集後編》，收入《續修四庫全書》編纂委員會編，《續修四庫全書・一三九八・集部・別集類》，頁 359～402。

57. 〔清〕牛鈕等奉敕撰，《日講易經解義》，收入〔清〕紀昀等總纂，《景印文淵閣四庫全書》，冊 37，頁 201～704。

58. 〔清〕王夫之撰，嚴壽澂導讀，《船山思問錄》，上海：上海古籍出版社，2000 年。

59. 〔清〕王先謙撰，沈嘯寰、王星賢點校，《荀子集解》，北京：中華書局，1988 年。

60. 〔清〕王筠，《說文釋例二十卷釋例補正二十卷》（清道光二十八年〔1848〕王氏自刻咸豐二年〔1852〕補刻本），收入《山東文獻集成》編纂委員會編，《山東文獻集成・第二輯・冊 12》，濟南：山東大學出版社，2007 年，頁 1～502。

61. 〔清〕王錫闡，〈秝策〉，收入〔清〕黎庶昌等校勘，《松陵文錄》（同治十三年〔1874〕刻本），哈佛大學燕京圖書館藏，編號：990071493530203941。

62. 〔清〕世宗纂，《聖祖仁皇帝庭訓格言》，收入〔清〕紀昀等總纂，《景印文淵閣四庫全書》，冊 717，頁 613～662。

63. 〔清〕永瑢、〔清〕紀昀等撰，《欽定四庫全書總目・經部》，收入〔清〕紀昀等總纂，《景印文淵閣四庫全書》，冊 1。

64. 〔清〕全祖望，〈梨洲先生神道碑文〉，收入沈善洪主編，吳光執行主編，《黃宗羲全集・第十二冊》，杭州：浙江古籍出版社，2005 年，頁 1～14。

65. 〔清〕朱菱、文國繡修，〔清〕鄒廷機、翁兆行纂，《南平縣志》（康熙五

十八年〔1719〕刻本），收入上海書店出版社編，《中國地方集成・福建
府縣志輯》，上海：上海書店出版社，2000 年，頁 1～240。

66. 〔清〕吳任臣注，《山海經廣注》，收入〔清〕紀昀等總纂，《景印文淵閣
四庫全書》，冊 1042，頁 85～244。

67. 〔清〕宋恕，《六字課齋津談・小學類第四》，收入胡珠生編，《宋恕集》，
北京：中華書局，1993 年。

68. 〔清〕李光地等奉敕撰，《御纂周易折中》，收入〔清〕紀昀等總纂，《景
印文淵閣四庫全書・第 38 冊》，頁 1～564。

69. 〔清〕柏春修，〔清〕魯琪光等纂，《南豐縣志》（同治十年〔1871〕刊本），
收入《中國方志叢書・華中地方・827》。

70. 〔清〕孫世昌，《廣信府志》（康熙二十二年〔1683〕刻本），收入上海圖
書館編，《上海圖書館藏稀見方志叢刊》，北京：國家圖書館出版社，2011
年，冊 135。

71. 〔清〕徐昂發，《畏壘筆記》，收入嚴一萍選輯，《叢書名四部分類叢書集
成・續編（第 10 輯）・殷禮在斯堂叢書（第 2 函）》，臺北：藝文印書館，
1970 年。

72. 〔清〕徐灝撰，《說文解字注箋》，收入《續修四庫全書》編纂委員會編，
《續修四庫全書・二二五・經部・小學類》，頁 125～668。

73. 〔清〕康熙五十二年敕撰，《御製數理精蘊（一）》，收入〔清〕紀昀等總
纂，《景印文淵閣四庫全書》，冊 799。

74. 〔清〕張廷玉、〔清〕陳敬書等奉敕纂，《御定康熙字典》，收入〔清〕紀
昀等總纂，《景印文淵閣四庫全書》，冊 223～225。

75. 〔清〕張德彝，左步青點，鐘叔河校，《隨使法國記（三述奇）》，長沙：
湖南人民出版社，1982 年。

76. 〔清〕曹雪芹、〔清〕高鶚原著，胡汝章注釋、續錄，胡適考證，《紅樓夢
注釋　續錄　考證》，臺南：三和出版社，2003 年。

77. 〔清〕梁碧海修，〔清〕劉應祁纂，《寶慶府志》，康熙二十三年（1684）
刻本。收入北京愛如生數字化技術研究中心出版之《中國方志庫》。

78. 〔清〕梅文鼎，〈上孝感相國〉，《續學堂詩鈔》，收入《續修四庫全書》編
纂委員會編，《續修四庫全書・一四一三・集部・別集類》，頁 506～507。

79. 〔清〕章學誠、孫德謙著，《文史通義·太史公書義法》，臺北：世界書局股份有限公司，2009 年。

80. 〔清〕郭嵩燾撰，梁小進主編，《郭嵩燾全集·十一·史部四·日記四》，長沙：嶽麓書社，2018 年。

81. 〔清〕曾國藩著，王澧華校點，《曾國藩詩文集》，上海：上海古籍出版社，2013 年。

82. 〔清〕黃大成，《平樂縣志》，康熙五十六年（1717）刻本。收入北京愛如生數字化技術研究中心出品之《中國方志庫》。

83. 〔清〕黃伯祿，《正教奉褒》（上海：上海慈母堂 1883 年），收入輔仁大學天主教史料研究中心編，《中國天主教史料彙編》，臺北：輔仁大學出版社，2003 年，頁 445～569。

84. 〔清〕聖祖御製，〈三角形推算法論〉，《聖祖仁皇帝御製文集（二）·第三集》，收入〔清〕紀昀等總纂，《景印文淵閣四庫全書》，冊 1299，頁 156～157。

85. 〔清〕萬光泰，《轉注緒言》，收入〔清〕謝啟昆撰，《小學考》，臺北：藝文印書館，1974 年，頁 462～464。

86. 〔清〕劉凝，〈六書夬自序〉，收入〔清〕鄭釴修，〔清〕劉凝等纂，《南豐縣志》（康熙二十二年〔1683〕刊本），收入《中國方志叢書·華中地方·第八二五》，頁 1141～1143。

87. _____，〈說文解字夬序〉，收入〔清〕鄭釴修，〔清〕劉凝等纂，《南豐縣志》，收入《中國方志叢書·華中地方·第八二五》，頁 1149～1153。

88. 〔清〕蔣良騏撰，林樹惠、傅貴九校點，《東華錄》，北京：中華書局，1980 年。

89. 〔清〕鄧實，〈古學復興論〉，收入張枬、王忍之編，《辛亥革命前十年間時論選集·第二卷》，北京：生活·讀書·新知三聯書店，1963 年，頁 56～60。

90. 〔清〕戴震，《戴震集》，臺北：里仁書局，1980 年。

91. 〔清〕魏勵形修，〔清〕陳元麟纂，《漳州府志》，康熙五十四年（1615）刻本。收入北京愛如生數字化技術研究中心出品之《中國方志庫》。

92. 〔清〕顧炎武撰，劉永翔校點，《顧炎武全集：亭林詩文集；詩律蒙告》，

上海：上海古籍出版社，2012 年。

93. 〔清〕《清實錄·聖祖仁皇帝實錄》，北京：中華書局，1985 年。

94. 〔日〕瀧川龜太郎，《史記會注考證》，臺北：萬卷樓圖書股份有限公司，
1993 年。

95. 〔明·義〕艾儒畧（Giulio Aleni）著，謝方校釋，《職方外紀校釋》，北京：
中華書局，1996 年。

96. _____，《天主降生引義》（清光緒十三年〔1887〕上海慈母堂刻本），收
入〔義〕艾儒畧著，葉農整理，《艾儒畧漢文著述全集》，桂林：廣西師
範大學出版社，2011 年，上冊，頁 459～481。

97. _____，《天主聖教四字經文》（清康熙二年〔1663〕江西欽一堂重刊本），
收入〔義〕艾儒畧著，葉農整理，《艾儒畧漢文著述全集》，下冊，頁 169
～194。

98. _____，《西學凡》，《艾儒畧漢文著述全集》，上冊，頁 79～108。

99. _____，《性學觕述》，《艾儒畧漢文著述全集》，上冊，頁 121～207。

100. 〔明·義〕利瑪竇（Matteo Ricci）詮著，《西國記法》（法國國家圖書館
藏本），收入〔義〕利瑪竇等著，吳相湘主編，《天主教東傳文獻》，臺北：
臺灣學生書局，1965 年，頁 1～70。

101. _____，〔法〕梅謙立（Thierry Meynard）注，譚杰校勘，《天主實義今
注》，北京：商務印書館，2014 年。

102. 〔明·義〕高一志（Alphonse Vagnoni）著，〔法〕梅謙立編注，譚杰校勘，
《童幼教育今注》，北京：商務印書館，2017 年。

103. 〔明·葡〕傅汎際（François Furtado）譯義，〔明〕李之藻達辭，《名理探》，
臺北：臺灣商務印書館，1965 年。

104. 〔明·德〕湯若望（Johann Adam Schall von Bell）記，〈都門建堂碑記〉，
收入〔義〕艾儒畧，《天主聖教四字經文》，《艾儒畧漢文著述全集》，下
冊，頁 174～175。

105. 〔清·法〕馬若瑟，《六書實義》，收入鐘鳴旦（Nicolas Standaert）、杜鼎
克（Ad Dudink）、蒙曦（Nathalie Monnet）主編，《法國國家圖書館明清
天主教文獻》，臺北：利氏學社，2009 年，冊 25，頁 443～502。

106. _____，《天學總論》，收入鐘鳴旦、杜鼎克、蒙曦主編，《法國國家圖書

館明清天主教文獻》，冊 26，頁 481～524。

107. _____，《經傳眾說》，收入鐘鳴旦、杜鼎克、蒙曦主編，《法國國家圖書館明清天主教文獻》，冊 26，頁 525～571。

108. _____，《儒交信》（徐家匯藏書樓抄本），收入鐘鳴旦，杜鼎克，王仁芳編，《徐家匯藏書樓明清天主教文獻續編》，臺北：臺北利氏學社，2013年，冊 26，頁 3～154。

109. _____，《儒教實義》，收入周燮藩主編，王美秀分卷主編，《中國宗教歷史文獻集成·第三編·東傳福音》，合肥：黃山書社，2005，頁 284～303。

110.〔清·法〕賀清泰（Louis Antoine de Poirot）譯註，李奭學、鄭海娟主編，《古今聖經殘稿》，北京：中華書局，2014 年。

111.〔清·法〕樊國棟（Alphonse Favier），《燕京開教署》（北京：救世堂，1905），收入輔仁大學天主教史料研究中心編，《中國天主教史料彙編》，頁 285～443。

112.〔清·義〕利類思（Lodovico Buglio），《超性學要》，收入張西平、任大援、〔義〕馬西尼（Federico Masini）、〔義〕裴佐寧（Ambrogio M. Piazzoni）主編，《梵蒂岡圖書館藏明清中西文化交流史文獻叢刊（第一輯）》，鄭州：大象出版社，2014 年，冊 10。

113.〔清·義〕殷鐸澤（Prospero Intorcetta）、〔葡〕郭納爵（Ignatius da Costa）譯，〔義〕聶伯多（Pierre Cunevari）、〔葡〕何大化（António de Gouvea）、〔義〕潘國光（Francois Brancati）、〔比〕柏應理（Philippe Couplet）、〔比〕魯日滿（François de Rougemont）訂，〔法〕劉迪我（Jacques le Favre）准，《西文四書直解》，建昌，1662 年，義大利西西里大區中央圖書館（Biblioteca Centrale della Regione Siciliana）藏，編號：PALE007376。

114.〔清〕無名氏，《人類源流》，收入鐘鳴旦、杜鼎克、王仁芳編，《徐家匯藏書樓明清天主教文獻續編》，冊 26，頁 487～575。

二、未出版物

1.〔法〕馬若瑟，《三一三》，巴黎耶穌會檔案館藏，編號：Fonds Brotier vol. 120。

2. _____，《經傳議論》，法國國家圖書館藏，編號：Chinois7164。

3. _____，《夢美土記》，法國國家圖書館藏，編號：Chinois4989。

4. _____，《漢語箚記》手稿（Notitia Linguae Sinicae），法國國家圖書館藏，
編號：Chinois9259。

5. 〔清〕夏瑪弟亞，《禮記祭禮泡製》，法國國家圖書館藏，編號：Chinois7157。

6. 李奭學，〈白話文：賀清泰譯《古新聖經》及其北堂本今昔〉，中央研究
院「五四運動 100 週年」國際學術研討會會議論文，2019 年 5 月 3 日，
未出版。

7. 著者不詳，《初學滿文指蒙歌》，中央民族大學藏抄本，編號：41.5511／7。

三、近人專著

1. 中國第一歷史檔案館編，《清中前期西洋天主教在華活動檔案史料》，北
京：中華書局，2003 年。

2. _____、中國海外漢學中心合編，安雙成編譯，《清初西洋傳教士滿文檔
案譯本》，鄭州：大象出版社，2014 年。

3. _____、澳門基金會、暨南大學古籍研究所合編，《明清時期澳門問題檔
案文獻彙編》，北京：人民出版社，1999 年。

4. _____，《康熙朝滿文硃批奏摺全譯》，北京：中國社會科學出版社，1996
年。

5. 方豪，《中西交通史》，上海：上海人民出版社，2015 年。

6. _____，《中國天主教史人物傳・中》，北京：中華書局，1988 年。

7. _____，《李之藻研究》，北京：海豚出版社，2016 年。

8. 毛曉陽，《清代江西進士叢考》，南昌：江西高教出版社，2014 年。

9. 毛澤東，《毛澤東選集》，北京：人民出版社，1991 年。

10. 王汎森，《權力的毛細管作用：清代的思想、學術與心態（修訂版）》，臺
北：聯經出版事業股份有限公司，2014 年。

11. 王海龍，〈導讀一：對闡釋人類學的闡釋〉，收入〔美〕克利福德・吉爾
茲（Clifford Geertz）著，王海龍、張家瑄譯，《地方性知識：闡釋人類學
論文集》，北京：中央編譯出版社，2000 年，頁 1～27。

12. 王國維，《王國維先生全集》，臺北：大通書局，1976 年。

13. 王德碩，《北美的中國基督教史研究論述》，上海：上海人民出版社，
2016 年。

14. 古添洪、陳惠樺編著,《比較文學的墾拓在台灣》,臺北:東大圖書,1976年。

15. 司馬朝軍,《續修四庫全書雜家類提要》,北京:商務印書館,2013年。

16. 白雲曉,《聖經地名詞典》,北京:中央編譯出版社,2004年。

17. 朱崇科,《「南洋糾葛」與本土中國性》,廣州:廣東人民出版社,2014年。

18. 余英時,《中國思想傳統的現代詮釋》,臺北:聯經,1987年。

19. _____,《論戴震與章學誠:清代中期學術思想史研究》,北京:生活・讀書・新知三聯書店,2000年。

20. 吳孟雪,《明清時期——歐洲人眼中的中國》,北京:中華書局,2000年。

21. 吳莉葦,《當諾亞方舟遭遇伏羲神農:啟蒙時代歐洲的中國上古史論爭》,北京:中國人民大學出版社,2004年。

22. 吳敬恆,〈吳敬恆說文詁林補遺敘〉,收入《說文解字詁林正補合編》,臺北:鼎文書局,1977年,頁30～43。

23. 宋莉華,《傳教士漢文小說研究》,上海:上海古籍出版社,2010年。

24. 李天剛,《中國禮儀之爭:歷史文獻和意義》,上海:上海古籍出版社,1998年。

25. _____,〈康乾中梵交往及其世界史意義:《清廷十三年——馬國賢在華回憶錄導言》〉,收入〔義〕馬國賢(Matteo Rippa)著,李天綱譯,《清廷十三年:馬國賢回憶錄》,上海:上海古籍出版社,2004,頁1～40。

26. 李玉平,《互文性:文學理論研究的新視野》,北京:商務印書館,2014年。

27. 李伯重,《江南早期的工業化(1550～1850)》,北京:社會科學文獻出版社,2000年。

28. 李奭學,〈白話文〉,收入〔美〕王德威等編著,《五四@100:文化・思想・歷史》,新北:聯經出版事業股份有限公司,2019年,頁129～133。

29. _____,《中國晚明與歐洲文學——明末耶穌會古典型證道故事考詮》,臺北:中央研究院、聯經出版事業股份有限公司,2005年。

30. _____,《明清西學六論》,杭州:浙江大學出版社,2016年。

31. _____,《譯述:明末耶穌會翻譯文學論》,香港:中文大學出版社,2012年。

32. 李真,《馬若瑟〈漢語札記〉研究》,北京:商務印書館,2014年。

33. 李清志，《古書版本鑑定研究》，臺北：文史哲出版社，1986 年。

34. 李清華，《地方性知識與民族性文本：格爾茨的藝術人類學思想研究》，上海：上海三聯書店，2017 年。

35. 李澤厚，《中國現代思想史論》，北京：生活·讀書·三聯書店，2008 年。

36. 杜勤，《「三」的文化符號論》，北京：國際文化出版公司，1999 年。

37. 汪榮寶、趙炳麟、勞乃宣，〈「簡字研究會」啟並章程〉，收入文字改革出版社編，《清末文字改革文集》，北京：文字改革出版社，1958 年，頁 111～112。

38. 沈兼士著，葛信益、啟功整理，《沈兼士學術論文集》，北京：中華書局，1986 年。

39. 沈福偉，《中西文化交流史》，上海：上海人民出版社，2006 年。

40. 周有光，《世界文字發展史》，上海：上海教育出版社，1997 年。

41. 周寧，《中西最初的遭遇與衝突》，北京：學苑出版社，2000 年。

42. _____，《世紀中國潮·中國形象：西方的學說與傳說》，北京：學苑出版社，2004 年。

43. 孟華，《中法文學關係研究》，上海：復旦大學出版社，2011 年。

44. 金觀濤，《探索現代社會的起源》，北京：社會科學文獻出版社，2010 年。

45. 侯外廬，《近代中國思想學說史》，上海：生活書店，1947 年。

46. 姚介厚著，葉秀山、王樹人總主編，《西方哲學史（學術版）·第二卷·古代希臘與羅馬哲學（下）》，北京：人民出版社，2011 年。

47. 胡適，《胡適全集》，合肥：安徽教育出版社，2003 年。

48. 唐蘭，《古文字學導論（增訂本）》，濟南：齊魯書社，1981 年。

49. 徐文堪，《編余問學錄》，杭州：浙江大學出版社，2014 年。

50. 班立華，〈超越通天塔——耶穌會士的傳教策略與西方對中文的研究〉，收入張國剛等著，《明清傳教士與歐洲漢學》，北京：中國社會科學出版社，2001 年，頁 227～379。

51. 袁進主編，《新文學的先驅——歐化白話文在近代的發生、演變和影響》，上海：復旦大學出版社，2014 年。

52. 郝劉祥，〈萊布尼茨的通用字符理想〉，收入〔德〕李文潮、〔德〕H. 波賽爾（Hans Poser）編，〔德〕李文潮等譯，《萊布尼茨與中國》，北京：

科學出版社，2002 年，頁 150～168。

53. 張大英，《歐美〈說文〉學研究》，廣州：暨南大學出版社，2015 年。

54. 張西平，〈神奇的東方——中譯者序〉，收入〔德〕阿塔納修斯·基歇爾（Athanasius Kircher）著，張西平、楊慧玲、孟憲謨譯，《中國圖說》，鄭州：大象出版社，2010 年，頁 5～17。

55. _____、李真、王艷、李怡等主編，《西方人早期漢語學習史調查》，北京：中國大百科全書出版社，2003 年。

56. 張國剛，《從中西初識到禮儀之爭——明清傳教士與中西文化交流》，北京：人民出版社，2003 年。

57. 張祥龍，〈感受大海的潮汐——《西方神秘主義哲學經典》系列總序〉，收入〔英〕安德魯·洛思（Andrew Louth）著，孫毅、游冠輝譯，《神學的靈泉：基督神秘主義傳統的起源》，北京：中國致公出版社，2001 年，頁 1～4。

58. 張湧泉，《漢語俗字研究》，長沙：嶽麓書社，1995 年。

59. 曹順慶主編，《比較文學教程》，北京：高等教育出版社，2005 年。

60. 梁天樞，《簡明聖經史地圖解》，上海：上海人民出版社，2006 年。

61. 梁啟超，《中國上古史》，北京：商務印書館，2016 年。

62. _____，《中國近三百年學術史》，上海：中華書局，1943 年。

63. _____，《清代學術概論》，上海：上海古籍出版社，2005 年。

64. _____，《論中國學術思想變遷之大勢》，上海：上海古籍出版社，2001 年。

65. 章太炎撰，陳平原導讀，《國故論衡》，上海：上海古籍出版社，2003 年。

66. 莫東寅，《漢學發達史》，鄭州：大象出版社，2006 年。

67. 許明龍主編，《中西文化交流先驅：從利瑪竇到郎世寧》，北京：東方出版社，1993 年。

68. _____，〈中國學界近年來明末清初中西文化交流史研究之管見〉，收入古偉瀛編，《東西交流史的新局：以基督宗教為中心》，臺北：國立臺灣大學出版中心，2005 年，頁 1～25。

69. _____，《黃嘉略與早期法國漢學（修訂版）》，北京：商務印書館，2014 年。

70. 許錟輝，《文字學簡編·基礎篇》，臺北：萬卷樓，1998 年。

71. 許蘇民，《戴震與中國文化》，貴陽：貴州人民出版社，2000 年。

72. 陳方中、江國雄，《中梵外交關係史》，臺北：臺灣商務印書館，2003 年。

73. 陳光政，《轉注篇》，高雄：復文圖書出版社，1983 年。

74. 陳來，《中國近事思想史研究（增訂版）》，北京：生活·讀書·三聯書店，2010 年。

75. 陳怡，〈約翰·韋伯對漢語的接受〉，收入姚小平主編《海外漢語探索四百年管窺：西洋漢語研究國際研討會暨第二屆中國語言學史研討會論文集》，北京：外語教學與研究出版社，2008 年，頁 288～320。

76. 陳垣，《史諱舉例》，北京：中華書局，2004 年。

77. ＿＿＿＿＿＿識，《康熙與羅馬使節關係文書》，臺北：文海出版社，1974 年。

78. 嵇文甫，《晚明思想史論》，北京：東方出版社，1996 年。

79. 彭文林，〈論證內容〉，收入〔古希臘〕柏拉圖（Plato）著，彭文林譯注，《柏拉圖〈克拉梯樓斯篇〉》，臺北：聯經，2002 年，頁 VII～XIV。

80. ＿＿＿＿＿＿，〈導論〉，收入〔古希臘〕柏拉圖著，彭文林譯注，《柏拉圖〈克拉梯樓斯篇〉》，頁 XV～LVIII。

81. 曾良，《俗字及古籍文字通例研究》，南昌：百花洲文藝出版社，2006 年。

82. 曾紀澤，〈江氏六書說書後〉，收入《說文解字詁林正補合編》，頁 325～327。

83. 程巍，〈語言等級與清末民初的「漢字革命」〉，收入〔美〕劉禾主編，《世界秩序與文明等級：全球史研究的新路徑》，頁 347～404。

84. 賀陽，《現代漢語歐化語法現象研究》，北京：商務印書館，2008 年。

85. 馮志偉，《現代語言學流派（增訂本）》，北京：商務印書館，2013 年。

86. 黃叔琳注，李詳補注，楊照明校注拾遺，《增訂文心雕龍校注》，北京：中華書局，2000 年。

87. 黃一農，《兩頭蛇：明末清初第一代天主教徒》，新竹：國立清華大學出版社，2005 年。

88. 黃錦樹，《馬華文學與中國性》，臺北：元尊文化，1998 年。

89. 楊紹南，《宗教哲學概論》，臺北：臺灣商務印書館，1996 年。

90. 葉維廉，〈東西方文學中「模子」的應用〉，收入吳家榮主編，《比較文學

經典導讀》，合肥：安徽教育出版社，2008 年，頁 51～66。

91. 葛兆光，《宅茲中國：重建有關「中國的」歷史論述》，北京：中華書局，2011 年。

92. _____，《思想史研究課堂講錄續編》，北京：生活・讀書・三聯書店，2012 年。

93. 董海櫻，《16 世紀至 19 世紀初西人漢語研究》，北京：商務印書館，2011 年。

94. 鄒振環，《晚明漢文西學經典：編譯、詮釋、流傳與影響》，上海：復旦大學出版社，2011 年。

95. 輔仁神學著作編譯會編輯，《神學辭典》，臺北：光啟出版社，1998 年。

96. 劉復、李家瑞編，《宋元以來俗字譜》，北平：國立中央研究院歷史語言研究所單刊，1930 年。

97. 劉精忠，《猶太神秘主義概論》，北京：中國社會科學出版社，2015 年。

98. 樊洪業，《耶穌會士與中國科學》，北京：中國人民大學出版社，1992 年。

99. 歐陽哲生，《古代北京與西方文明》，北京：北京大學出版社，2018 年。

100. 蔡信發，《說文部首類釋》，臺北：臺灣學生書局有限公司，2007 年。

101. _____，《說文答問》，臺北：臺灣學生書局有限公司，2010 年。

102. 鄭振鐸，《鄭振鐸全集》，石家莊：花山文藝出版社，1998 年。

103. 魯迅，〈病中答救亡情報訪員〉，收入倪海曙編輯，《拉丁化中國字運動二十年論文集・中國語文的新生》，上海：時代書報出版社，1949 年，頁 119。

104. 魯實先，《假借遡原》，臺北：文史哲出版社，1978 年。

105. 蕭靜山，《天主教中國傳行考》（獻縣：獻縣天主堂，1923 年），收入輔仁大學天主教史料研究中心編，《中國天主教史料彙編》，頁 1～283。

106. 錢穆，《錢賓四先生全集》，臺北：聯經出版事業公司，1998 年。

107. 錢鍾書，"China in the English Literature of the Seventeenth and Eighteenth Centuries"，《錢鍾書英文文集》，北京：外語教學與研究出版社，2005 年，頁 82～349。

108. _____，《管錐編：補訂重排本》，北京：生活・讀書・新知三聯書店，2001 年。

109. _____，《錢鍾書集：寫在人生邊上；人生邊上的邊上；石語》，北京：

生活·讀書·新知三聯書店，2002 年。

110. 羅光，《教廷與中國使節史》，臺北：傳記文學出版社，1983 年。

111. 羅常培，《中國人與中國文 語言與文化》，北京：新星出版社，2015 年。

112. 羅興波，《17 世紀英國科學研究方法的發展：以倫敦皇家學會為中心》，
北京：中國科學技術出版社，2012 年。

113. 關詩珮，《譯者與學者：香港與大英帝國中文知識建構》，香港：牛津大
學出版社，2017 年。

114. 蘇精，《鑄以代刻：傳教士與中文印刷變局》，臺北：國立臺灣大學出版
中心，2014 年。

115. 鐘如雄，《轉注系統研究》，北京：商務印書館，2014 年。

116. 黨懷興，《宋元明六書學研究》，北京：中國社會科學出版社，2003 年。

117. 〔芬蘭〕黃保羅（Paulos Huang）編，《大國視野中的漢語學術聖經學》，
北京：民族出版社，2012 年。

118. 〔美〕王德威、高嘉謙、胡金倫編，《華夷風：華語語系文學讀本》，臺
北：聯經出版公司，2016 年。

119. 〔美〕黃仁宇，《萬曆十五年》，北京：中華書局，2007 年。

120. 〔美〕劉禾，〈序言：全球史研究的新路徑〉，收入〔美〕劉禾主編，《世
界秩序與文明等級：全球史研究的新路徑》，北京：生活·讀書·新知三
聯書店，2016 年，頁 1～14。

121. 〔馬來西亞〕蕭遙天，《中國人名研究》，北京：新世界出版社，2007 年。

122. 〔奧地利〕雷立柏（Leopold Leeb），《西方經典英漢提要（卷四）：文藝
復興和巴洛克時期經典 100 部》，北京：世界圖書出版公司北京公司，
2012 年。

123. 〔德〕李文潮，〈附錄一 萊布尼茨《中國近事》的歷史與意義〉，收入〔德〕
萊布尼茨（Gottfried Wilhelm Leibniz）著，〔法〕梅謙立、楊保筠譯，《中
國近事：為了照亮我們這個時代的歷史》，鄭州：大象出版社，2005 年，
頁 102～157。

124. _____，〈附錄二 編年表：萊布尼茨與中國〉，收入〔德〕萊布尼茨著，
〔法〕梅謙立、楊保筠譯，《中國近事：為了照亮我們這個時代的歷史》，
頁 158～231。

四、外文中譯

（按首字筆畫順序排列）

1. 〔丹麥〕龍伯格（Knud Lundbaek）著，王麗虹譯，《漢學先驅巴耶爾》，鄭州：大象出版社，2017 年。

2. _____，李真、駱潔譯，《清代來華傳教士馬若瑟研究》，鄭州：大象出版社，2009 年。

3. 〔日〕白河次郎、〔日〕國府種德著，競化書局譯，《支那文明史》，上海：競化書局，1903 年。

4. 〔日〕松田行正著，黃碧君譯，《零 ZERRO：世界符號大全》，北京：中央編譯出版社，2013 年。

5. 〔日〕柄谷行人著，林暉鈞譯，《世界史的結構》，臺北：心靈工坊文化事業股份有限公司，2013 年。

6. _____，林暉鈞譯，《帝國的結構：中心‧周邊‧亞周邊》，臺北：心靈工坊文化事業股份有限公司，2015 年。

7. 〔比〕鐘鳴旦（Nicolas Standaert），宋剛譯，〈文化接觸的方法論：17 世紀中國的個案研究〉，收入〔美〕伊沛霞（Patricia Ebrey），姚平主編，《當代西方漢學研究集萃‧宗教卷》，上海：上海古籍出版社，2016 年，頁 283～327。

8. 〔加〕卜正民（Timothy Brook）著，劉彬譯，《維梅爾的帽子》，上海：文匯出版社，2010 年。

9. 〔加〕伊安‧哈金（Ian Hacking），〈導讀〉，收入〔美〕托馬斯‧庫恩（Thomas S. Kuhn）著，金吾倫、胡新和譯，《科學革命的結構》，北京：北京大學出版社，2012 年，頁 1～30。

10. 〔加〕秦家懿（Julia Ching）、〔瑞士〕孔漢思（Hans Küng）撰，吳華譯，《中國宗教與西方神學》，臺北：聯經出版事業有限公司，1990 年。

11. 〔古希臘〕亞里士多德（Aristotle）著，吳壽彭譯，《動物志》，北京：商務印書館，2017 年。

12. _____，吳壽彭譯，《靈魂論及其他》，北京：商務印書館，1999 年。

13. 〔古羅馬〕西塞羅（Marcus Tullius Cicero）著，王曉朝譯，《論演說家》，收入《西塞羅全集（卷一）：修辭學》，臺北：左岸文化出版，2005 年。

14. 〔古羅馬〕斐洛（Philo Judaeus）著，王曉朝、戴偉清譯，《論〈創世記〉：寓意的解釋》，北京：商務印書館，2017 年。

15. 〔古羅馬〕奧古斯丁（Augustinus Hipponensis）著，《論基督教教義》，收入〔古羅馬〕奧古斯丁著，石敏敏譯，《論靈魂及其起源》，北京：中國社會科學出版社，2004 年，頁 3～181。

16. 〔古羅馬〕奧利金（Origen）著，石敏敏譯，《論首要原理》，香港：道風書社，2002 年。

17. 〔西〕依納爵·羅耀拉（Ignacio de Loyola）著，無名氏譯，《耶穌會例》，收入鐘鳴旦、杜鼎克、蒙曦編，《法國國家圖書館明清天主教文獻》，頁 1～186。

18. 〔西〕法蘭西斯科·瓦羅（Francisco Varo，應作萬濟國）著，姚小平、馬又清譯，《華語官話語法》，北京：外語教學與研究出版社，2003 年。

19. 〔西〕門多薩（Gonzales de Mendoza）著，何高濟譯，《中華大帝國史》，北京：中華書局，1998 年。

20. 〔法〕孔多塞（Condorcet）著，何兆武等譯，《人類進步史表綱要》，北京：生活·讀書·新知三聯書店，1998 年。

21. 〔法〕布迪厄（Pierre Bourdieu）、〔美〕華康德（L. D. Wacquant）著，李猛、李康譯，《實踐與反思：反思社會學導引》，北京：中央編譯出版社，2004 年。

22. 〔法〕白晉（Joachim Bouvet）著，楊保筠譯，《中國現任皇帝傳》，收入〔德〕萊布尼茨著，〔法〕梅謙立、楊保筠譯，《中國近事：為了照亮我們這個時代的歷史》，頁 50～101。

23. 〔法〕伏爾泰（Voltaire）著，梁守鏘譯，《風俗論》，北京：商務印書館，1994 年。

24. _____，薛詩綺譯，楊豈深校，《論史詩》。收入伍蠡甫等編，《西方文論選·上》，上海：上海譯文出版社，1979 年，頁 326～333。

25. 〔法〕艾田蒲（René Etiemble）著，許鈞、錢林森譯，《中國之歐洲（上、下）》，鄭州：河南人民出版社，1992、1994 年。

26. 〔法〕呂西安·費弗爾（Lucien Febvre）著，閆素偉譯，《十六世紀的無信仰問題：拉伯雷的宗教》，北京：商務印書館，2012 年。

27. 〔法〕李明（Louis Lecomte）著，郭強、龍雲、李偉譯，《中國近事報道

（1687～1692）》，鄭州：大象出版社，2004 年。

28. ﹝法﹞杜赫德（Jean-Baptiste Du Halde）編，鄭德弟、朱靜等譯，《耶穌會中國書簡集：中國回憶錄》，鄭州：大象出版社，2001 年。

29. ﹝法﹞沙百里（Jean Charbonnier）著，耿昇、鄭德弟譯，古偉瀛、潘玉玲增訂，《中國基督徒史》（臺北：光啟文化事業，2005 年）。

30. ﹝法﹞阿朗·佩雷菲特（Alain Peyrefitte）著，王國卿、毛鳳支、谷炘、夏春麗、鈕靜籟、薛建成譯，《停滯的帝國：一次高傲的相遇，兩百年世界霸權的消長》，新北：野人文化出版，2015 年。

31. ﹝法﹞夏爾·皮埃·波德萊爾（Charles Baudelaire）著，郭宏安譯，《1846年的沙龍：波德萊爾美學論文選》，桂林：廣西師範大學出版社，2002 年。

32. ﹝法﹞茱莉亞·克莉斯蒂娃（Julia Kristeva）著，史忠義等譯，《符號學：符義分析探索集》，上海：復旦大學出版社，2015 年。

33. ﹝法﹞費賴之（Louis Pfister）著，馮承鈞譯，《在華耶穌會士列傳及書目》，北京：中華書局，1995 年。

34. ﹝法﹞雅克·布羅斯（Jacques Brosse）著，耿昇譯，《發現中國》，廣州：廣東人民出版社，2016 年。

35. ﹝法﹞蒂費納·薩莫瓦約（Tiphaine Samoyault）著，邵煒譯，《互文性研究》，天津：天津人民出版社，2002 年。

36. ﹝法﹞榮振華（Joseph Dehergne, S. J.）著，耿昇譯，《在華耶穌會士列傳及書目補編》，北京：中華書局，1995 年。

37. ＿＿＿＿＿，〈入華耶穌會士中的道教史學家〉，收入﹝法﹞安田樸、﹝法﹞謝和耐等著，耿昇譯，《明清間入華耶穌會士和中西文化交流》，成都：巴蜀書社，1993 年，頁 149～161。

38. ＿＿＿＿＿等著，耿昇譯，《16～20 世紀入華天主教傳教士列傳》，桂林：廣西師範大學出版社，2010 年。

39. ﹝法﹞維吉爾·畢諾（Virgile Pinot）著，耿昇譯，《中國對法國哲學思想形成的影響》，北京：商務印書館，2000 年。

40. ﹝法﹞熱奈特（Gérard Genette）著，史忠義譯，《熱奈特論文集》，天津：百花文藝出版社，2000 年。

41. ﹝法﹞謝和耐（Jacques Gernet）著，耿昇譯，《中國和基督教》，上海：上

海古籍出版社，1991 年。

42. _____、〔法〕戴密微（Paul Demiéville）著，耿昇譯，《明清間耶穌會士
入華與中西匯通》，北京：東方出版社，2011 年。

43. 〔美〕丹尼爾‧庫克（Daniel J. Cook）、〔美〕羅慕思（Henry Rosemont Jr.）
著，潘爾艷譯，收入〔德〕李文潮、〔德〕H. 波賽爾編，李文潮等譯，
《萊布尼茨與中國》，頁 108～120。

44. 〔美〕王德威著，宋偉傑譯，《被壓抑的現代性——晚清小說新論》，北
京：北京大學出版社，2005 年。

45. 〔美〕弗蘭克‧梯利（Frank Thilly）著，葛力譯，《西方哲學史》，北京：
商務印書館，1995 年。

46. 〔美〕瓦爾特‧米尼奧羅（Walter D. Mignolo）著，魏然譯，《文藝復興的
隱暗面：識字教育、地域性與殖民化》，北京：北京大學出版社，2015 年。

47. 〔美〕宇文所安（Stephen Owen）、〔美〕孫康宜主編，劉倩等譯，《劍橋
中國文學史》，北京：生活‧讀書‧新知三聯書店，2013 年。

48. 〔美〕安德魯‧迪克斯‧懷特（A. D. White）著，魯旭東譯，《基督教世
界科學與神學論戰史》，桂林：廣西師範大學出版社，2006 年。

49. 〔美〕米歇爾‧艾倫‧吉萊斯皮（Michael Allen Gillespie）著，張步天譯，
《現代性的神學起源》，長沙：湖南科學技術出版社，2011 年。

50. 〔美〕米爾恰‧伊利亞德（Mircea Eliade）著，晏可佳、吳曉群、姚蓓琴
譯，《宗教思想史》，上海：上海社會科學院出版社，2004 年。

51. 〔美〕克利福德‧吉爾茲（Clifford Geertz）著，王海龍、張家瑄譯，《地
方性知識：闡釋人類學論文集》。

52. 〔美〕孟德衛（David Mungello）著，陳怡譯，《奇異的國度：耶穌會適應
政策及漢字的起源》，鄭州：大象出版社，2010 年。

53. 〔美〕約翰‧麥克‧格里爾（John Michael Greer）著，舒麗萍譯，《解密
失落的符號》，北京：新世界出版社，2012 年。

54. 〔美〕美國不列顛百科全書公司編著，中國大百科全書出版社不列顛百
科全書編輯部編譯，《不列顛百科全書：國際中文版‧第 10 卷》，北京：
中國大百科全書出版社，1999 年。

55. 〔美〕范浩沙（Kevin J. Vanhoozer）著，左心泰譯，《神學詮釋學》，新北：

校園書房出版社，2007 年。

56. 〔美〕唐納德・F. 拉赫（Donald F. Lach）著，何方昱、劉緋等譯，《歐洲形成中的亞洲・第二卷：奇跡的世紀・第三冊：學術研究》，北京：人民出版社，2013 年。

57. 〔美〕夏皮羅（Meyer Schapiro）著，沈語冰、王玉冬譯，《藝術的理論與哲學：風格、藝術家和社會》，南京：江蘇鳳凰美術出版社，2016 年。

58. 〔美〕海登・懷特（Hayden White）著，陳新譯，《元史學：19 世紀歐洲的歷史想像》，南京：譯林出版社，2013 年。

59. 〔美〕馬世嘉（Matthew W. Mosca）著，羅盛吉譯，《破譯邊疆・破解帝國：印度問題與清代中國地緣政治的轉型》，新北：臺灣商務印書館，2019 年。

60. 〔美〕馬歇爾・伯曼（Marshall Berman）著，徐大建、張輯譯，《一切堅固的東西都煙消雲散了——現代性體驗》，北京：商務印書館，2003 年。

61. 〔美〕馬龍（Steven Mailloux），〈詮釋〉，收入〔美〕法蘭克・倫特里奇亞（Frank Lentricchia）、〔美〕麥克列林（Thomas McLaughlin）編，張京媛譯，《文學批評術語》，香港：牛津大學出版社，1994 年，頁 159～179。

62. 〔美〕曼利 P. 著，薛妍譯，《古往今來的秘密・第一輯・失落的密碼》，長春：吉林出版集團股份有限公司，2017 年。

63. ＿＿＿＿，《古往今來的秘密・第二輯・失落的符號》，長春：吉林出版集團股份有限公司，2017 年。

64. ＿＿＿＿，《古往今來的秘密・第三輯・失落的秘笈》，長春：吉林出版集團股份有限公司，2017 年。

65. 〔美〕赫伯特・馬爾庫塞（Herbert Marcuse）著，黃勇、薛民譯，《愛慾與文明：對弗洛伊德思想的哲學探討》，上海：上海譯文出版社，2005 年。

66. 〔美〕劉禾著，宋偉傑等譯，《跨語際實踐：文學，民族文化與被譯介的現代性：中國，1900～1937》，北京：生活・讀書・新知三聯書店，2002 年。

67. ＿＿＿＿，楊立華等譯，《帝國的話語政治：從近代中西衝突看現代世界秩序的形成：修訂譯本》，北京：生活・讀書・新知三聯書店，2014 年。

68. 〔美〕撒穆爾・伊諾克・斯通普夫（Samuel Enoch Stumpf）、〔美〕詹姆斯・菲澤（James Fieser）著，匡宏、鄧曉芒譯，《西方哲學史：從蘇格拉底到薩

特及其後（修訂第 8 版）》，北京：世界圖書出版公司北京公司，2009 年。

69. 〔美〕魏若望（John W. Witek）著，吳莉葦譯，《耶穌會士傅聖澤神甫傳：索隱派思想在中國及歐洲》，鄭州：大象出版社，2006 年。

70. _____，〔義〕利瑪竇、〔義〕羅明堅原著，《葡漢辭典》，澳門：葡萄牙國家圖書館、東方葡萄牙學會，舊金山：利瑪竇中西文化歷史研究所，2001 年。

71. 〔美〕羅友枝（Evelyn S. Rawski）撰，張海惠譯，〈北美清史研究、教學及其文獻資料〉，收入張海惠主編，《北美中國學：研究概述與文獻資源》，北京：中華書局，2010 年，頁 195～208。

72. 〔美〕蘇源熙（Haun Saussy）著，陳琦等校，〈新鮮靈夢縫製的精緻僵屍——關於文化基因、蜂房和自私的基因〉。收入〔美〕蘇源熙編，任一鳴、陳琛等譯，《全球化時代的比較文學》，北京：北京大學出版社，2015 年，頁 3～53。

73. _____，盛珂譯，《話語的長城：文化中國探險記》，南京：江蘇人民出版社，2016 年。

74. 〔美〕蘇爾（Donald F. St. Sure）、〔美〕諾爾（Ray R. Noll）編，沈保義等譯，《中國禮儀之爭西文文獻一百篇（1645～1941）》，上海：上海古籍出版社，2001 年。

75. 〔英〕弗雷德里克‧科普斯登（Frederick Copleston）著，莊雅棠譯，傅佩榮校訂，《西洋哲學史（二）——中世紀哲學（奧古斯丁到斯考特）》，臺北：黎明文化事業股份有限公司，1988 年。

76. 〔英〕安東尼‧吉登斯（Anthony Giddens）著，田禾譯，《現代性的後果》（南京：譯林出版社，2011 年）。

77. 〔英〕托馬斯‧托倫斯（Thomas F. Torrance）著，阮煒譯，《神學的科學》，香港：漢語基督教文化研究所，1997 年。

78. 〔英〕托瑪斯‧羅伯特‧馬爾薩斯（Thomas Robert Malthus）著，朱泱、胡企林、朱中和譯，《人口原理（附：人口原理概觀）》，北京：商務印書館，1992 年。

79. 〔英〕米憐（William Milne）著，北京外國語大學中國海外漢學研究中心翻譯組譯，《新教在華傳教前十年回顧》，鄭州：大象出版社，2008 年。

80. 〔英〕米蘭達·普魯斯—米特福德（Miranda Bruce-Mitford）、〔英〕菲利普·威爾金森（Philip Wilksinson）著，周繼嵐譯，《符號與象徵》，北京：生活·讀書·新知三聯書店，2012 年。

81. 〔英〕彼得·布魯克（Peter Brooker）著，王志弘、李根芳譯，《文化理論詞彙》，臺北：巨流圖書公司，2003 年。

82. 〔英〕法蘭西斯·培根（Francis Bacon）著，劉運同譯，《學術的進展》，上海：上海人民出版社，2007 年。

83. 〔英〕泰瑞·伊格頓（Terry Eagleton）著，吳新發譯，《文學理論導讀》，臺北：書林出版有限公司，1993 年。

84. 〔英〕特倫斯·霍克斯（Terence Hawkes）著，瞿鐵鵬譯，劉峰校，《結構主義與符號學》，上海：上海譯文出版社，1987 年。

85. 〔英〕凱倫·阿姆斯壯（Karen Armstrong）著，朱怡康譯，《為神而辯：一部科學改寫宗教走向的歷史》，新北：八旗文化出版、遠足文化發行，2019 年。

86. 〔英〕赫伯特·巴特菲爾德（Herbert Butterfield），張卜天譯，《現代科學的起源》，上海：上海交通大學出版社，2017 年。

87. 〔英〕羅伯特·亨利·羅賓斯（R. H. Robins）著，許德寶、馮建明、胡明亮譯，《簡明語言學史》，北京：中國社會科學出版社，1997 年。

88. 〔英〕羅賓·科恩（Robin Cohen），〈族性的形成：為原生論適度辯護〉，收入〔英〕愛德華·愛迪莫（Edward Mortimer）、〔英〕羅伯特·法恩（Robert Fine）編，劉泓、黃海慧譯，《人民·民族·國家》，北京：中央民族大學出版社，2009 年，頁 17～27。

89. 〔英〕蘇珊·巴斯奈特（Susan Bassnett）者，查明建譯，《比較文學批評導論》，北京：北京大學出版社，2014 年。

90. 〔捷克〕嚴嘉樂（Charles Slaviczek）著，叢林、李梅譯，《中國來信（1716～1735）》，鄭州：大象出版社，2002 年。

91. 〔荷〕H.弗洛里斯·科恩（H. Floris Cohen）著，張卜天譯，《科學革命的編史學研究》，長沙：湖南科學技術出版社，2012 年。

92. 〔荷〕許理和（Erik Zürcher）著，李岩譯，〈十七～十八耶穌會研究〉，《國際漢學》第 4 輯，鄭州：大學出版社，1999 年，頁 429～447。

93.〔荷〕愛德華・揚・戴克斯特豪斯（Eduard Jan Dijksterhuis）著，張卜天譯，《世界圖景的機械化》，北京：商務印書館，2015 年。

94.〔奧〕佛洛依德（Sigmund Freud）著，文良文化譯，《圖騰與禁忌》，北京：中央編譯出版社，2005 年。

95.〔瑞士〕漢斯・海因茨・賀爾茨（Hans Heinz Holz）著，〔德〕李文潮譯，收入〔德〕李文潮、〔德〕H. 波賽爾編，〔德〕李文潮等譯，《萊布尼茨與中國》，頁 90〜107。

96.〔義〕多瑪斯・阿奎那（St. Thomas Aquinas）著，胡安德等譯，《神學大全》，臺南：碧雲書社、中華道明會，2008 年。

98.〔義〕但丁（Durante degli Alighieri），繆朗山譯，《論俗語》，收入張安祈編訂，《繆靈珠美學譯文集（第一卷）》，北京：中國人民出版社，1998 年，頁 263〜245。

98.〔義〕利瑪竇、〔法〕金尼閣（Nicolas Trigault）著，何高濟、王遵仲、李申譯，何兆武校，《利瑪竇中國札記》，北京：中華書局，1983 年。

99.〔義〕約瑟夫・塞比斯（Joseph Sebes）著，王立人譯，《耶穌會士徐日昇關於中俄尼布楚談判的日記》，北京：商務印書館，1973 年。

100.〔義〕馬國賢（Matteo Rippa）著，李天綱譯，《清廷十三年：馬國賢回憶錄》，上海：上海古籍出版社，2004。

101.〔葡〕安文思（Gabriel de Magalhães）、〔義〕利類思、〔荷〕許理和著，何高濟譯，《中國新史：外兩種》，鄭州：大象出版社，2016 年。

102.〔葡〕克路士（Gaspar da Cruz）著，《中國志》，收入〔英〕博克舍（C. R. Boxer）編注，何高濟譯，《十六世紀中國南部行紀》，北京：中華書局，1990 年。

103.〔葡〕曾德昭（Alvaro Semedo）著，何高濟譯，李申校，《大中國志》，上海：上海古籍出版社，1998 年。

104.〔葡〕蘇霖（Joseph Suarez）著，〔法〕梅謙立譯，《蘇霖神父關於 1692 年「容教詔令」的報告》，收入〔德〕萊布尼茨著，〔法〕梅謙立、楊保筠譯，《中國近事：為了照亮我們這個時代的歷史》，頁 1〜36。

105.〔德〕J. G.赫爾德（Johann Gottfried Herder）著，姚小平譯，《論語言的起源》，北京：商務印書館，1998 年。

106. 〔德〕巴斯蒂安・康拉德（Sebastian Conrad）著，杜憲兵譯，《全球史是什麼》，北京：中信出版社，2018 年。

107. 〔德〕卡爾・雅斯貝斯（Karl Theodor Jaspers）著，魏楚雄、俞新天譯，《歷史的起源與目標》，北京：華夏出版社，1989 年。

108. 〔德〕沃爾夫岡・施路赫特（Wolfgang Schluchter）著，顧忠華、錢永祥譯，《超越韋伯百年智慧：理性化、官僚化與責任理論》，臺北：開學文化，2013 年。

109. 〔德〕阿塔納修斯・基歇爾（Athanasius Kircher）著，張西平、楊慧玲、孟憲謨譯，《中國圖說》，鄭州：大象出版社，2010 年。

110. 〔德〕威廉・施密特・比格曼（Wilhelm Schmidt-Biggemann），〈知識的新結構〉，收入〔瑞士〕瓦爾特・呂埃格（Walter Rüegg）總主編，〔比〕希爾德・德・里德—西蒙斯（Hilde de Ridder-Symoens）分冊主編，賀國慶等譯，《歐洲大學史・第二卷・近代早期的歐洲大學（1500～1800）》，保定：河北大學出版社，2007 年，頁 510～553。

111. 〔德〕威廉・馮・洪堡特（Wilhelm von Humboldt）著，姚小平譯，《論人類語言結構的差異及其對人類精神發展的影響》，北京：商務印書館，1999 年。

112. 〔德〕柯蘭霓（Claudia von Collani）著，李岩譯，《耶穌會士白晉的生平與著作》，鄭州：大象出版社，2009 年。

113. _____，吳莉葦譯，〈喀巴拉在中國〉，收入國家清史編纂會員會編譯組編，《清史譯叢・第三輯》，北京：中國人民出版社，2005 年。

114. 〔德〕迪特・亨利希（Dieter Henrich）著，樂小軍譯，《在康德與黑格爾之間：德國觀念論講座》，北京：商務印書館，2013 年。

115. 〔德〕索倫（G. G. Scholem）著，涂笑非譯，《猶太教神秘主義主流》，成都：四川人民出版社，2000 年。

116. 〔德〕馬丁・路德（Martin Luther）著，黃宗儀譯，廖元威校，〈論意志的捆綁〉，收入路德文集中文版編輯委員會編，《路德文集・第二卷》，上海：上海三聯書店，2002 年，頁 297～571。

117. 〔德〕馬克斯・韋伯（Max Weber）著，馮克利譯，《學術與政治》，北京：生活・讀書・新知三聯書店，2016 年。

118. 〔德〕康德（Immanuel Kant）著，鄧曉芒譯，楊祖陶校，《純粹理性批判》，北京：人民出版社，2004 年。

119. 〔德〕萊布尼茨著，〔法〕梅謙立、楊保筠譯，《中國近事：為了照亮我們這個時代的歷史》。

120. _____，陳修齋譯，《人類理智新論》，北京：商務印書館，1982 年。

121. 〔德〕黑格爾（Georg Wilhelm Friedrich Hegel）著，楊之一譯，《邏輯學·上卷》，北京：商務印書館，2017 年。

122. 〔澳〕彼得·哈里森（Peter Harrison）著，張卜天譯，《聖經、新教與自然科學的興起》，北京：商務印書館，2019 年。

123. 〔澳〕約翰·A.舒斯特（John A. Schuste）著，安維復譯，《科學史與科學哲學導論》，上海：上海科技教育出版社，2013 年。

五、期刊論文

（姓氏筆畫排序）

1. 王宏志，〈馬戛爾尼使華的翻譯問題〉，《中央研究院近代史研究所集刊》第 63 期，2009 年 3 月，頁 97～145。

2. 王宏超，〈宗教、政治與文化：索隱派與來華傳教士的易學研究〉，《華文文學》2015 年第 3 期，2015 年 6 月，頁 37～44。

3. 王碩豐，張西平，〈索隱派與《儒教實義》的「以耶合儒」路線〉，《北京行政學院學報》2012 年第 5 期，2012 年 12 月，頁 124～128。

4. 古偉瀛，〈明末清初耶穌會士對中國經典的詮釋及其演變〉，《臺大歷史學報》第 25 期，2000 年 6 月，頁 85～117。

5. 江曉原，〈論清代「西學中源」說〉，《自然科學史研究》第 7 卷第 2 期，1988 年 7 月，頁 101～108。

6. 吳春玉，蘇新寧，〈各種「場」及其在知識創造過程中的作用〉，《情報學報》2004 年第 23 卷第 2 期，2004 年 4 月，頁 247～250。

7. 李帆，〈人種與文明：拉克伯里（Terrien de Lacouperie）學說傳入中國後的若干問題〉，《西南民族大學學報（人文社科版）》第 198 期，2008 年 2 月，頁 31～35。

8. 李奭學，〈中西合璧的小說新體──清初耶穌會士馬若瑟著〈夢美土記〉

初探〉，《漢學研究》第 29 卷第 2 期，2011 年 6 月，頁 81～116。

9. ＿＿＿＿＿＿，〈「耶穌不滅孔子，孔子倒成全於耶穌」——試論馬若瑟著《儒交信》〉，《道風：基督教文化評論》第 46 期，2017 年 1 月，頁 27～73。

10. 李真，〈試論明清之際來華耶穌會士與儒家基督徒之學術交往——以馬若瑟與劉凝為中心〉，《北京行政學院學報》2015 年第 2 期，2015 年 3 月，頁 123～128。

11. 李學勤，〈國際漢學漫談〉，《國際漢學》2012 第 2 期，2012 年 11 月，頁 13～14。

12. 杜欣欣，〈索隱翻譯：清初耶穌會士馬若瑟的譯想世界〉，《翻譯學研究集刊》17 輯，2014 年 6 月，頁 119～224。

13. 肖清和，〈索隱天學：馬若瑟的索隱神學體系研究〉，《學術月刊》2016 年第 1 期 2016 年 1 月，頁 156～178。

14. ＿＿＿＿＿＿，〈清初索隱派傳教士馬若瑟的三一論與跨文化詮釋——以《三一三》為中心〉，《北京行政學院學報》2018 年第 4 期，2018 年 7 月，頁 113～119。

15. 卓新平，〈索隱派與中西文化認同〉，《道風：漢語神學學刊》第 8 期，1998 年 1 月，頁 145～171。

16. 岳峰、程麗英，〈索隱式翻譯〉，《中國翻譯》2009 年第 1 期，2009 年 1 月，頁 33～37。

17. 孫江，〈拉克伯里中國文明西來說在東亞的傳佈與文本之比較〉，《歷史研究》2010 年第 1 期，2010 年 2 月，頁 116～192。

18. 祝平一，〈伏讀聖裁——《曆學疑問補》與〈三角形推算法論〉〉，《新史學》16 卷 1 期，2005 年 3 月，頁 51～84。

19. ＿＿＿＿＿＿，〈索隱派與《儒教實義》的「以耶合儒」路線〉，《中央研究院歷史語言研究所集刊》第 78 本 3 分，2007 年 9 月，頁 435～472。

20. ＿＿＿＿＿＿，〈劉凝與劉壎——考證學與天學關係新探〉，《新史學》23 卷 1 期，2012 年 3 月，頁 57～104。

21. 張西平，〈前言：拉丁語與中國〉，《拉丁語言文化研究》第 1 輯，2013 年 6 月，頁 1～4。

22. ＿＿＿＿＿＿，〈從語言接觸理論探討漢語國際傳播〉，《語言規劃學研究》2015

年第 1 期，2015 年 10 月，頁 67～71。

23. _____，〈清代來華傳教士馬若瑟研究〉，《清史研究》2009 年第 2 期，
2009 年 5 月，頁 40～49。

24. 張湧、張德讓，〈索隱派傳教士對中國經典的詮釋研究〉，《中國外語》2015
年第 5 期，2015 年 9 月，頁 106～111。

25. 陳波，〈中國本部概念的起源與建構——1550 年代至 1795 年〉，《學術月
刊》第 49 卷，2017 年 4 月，頁 145～166。

26. 陳惠美，〈戴侗「六書故」之研究〉，《東海中文學報》第 10 期，1992 年
8 月，頁 87～109。

27. 馮曉虎，〈萊布尼茨與基歇爾的漢語研究〉，《同濟大學學報（社會科學
版）》2011 年第 3 期，2011 年 6 月，頁 1～10。

28. 赫兆豐，〈淺談《聖經》索隱派對中國典籍的濫用——以王敬之《〈聖經〉
與中國古代經典——神學與國學對話錄》為例〉，《現代交際》2011 年第
3 期，2011 年 3 月，頁 89～91。

29. 劉希宋，喻登科，〈知識場與知識型組織的演化〉，《情報雜誌》2008 年
第 3 期，2008 年 3 月，頁 46～49。

30. 劉耘華，〈「索隱」：馬若瑟對儒家經典的過度詮釋〉，《國際漢學》2005 年
第 2 期，2005 年 11 月，頁 64～76。

31. 劉溪，〈「西學中源」說與康熙帝「道治合一」形象的建構〉，《自然辯證
法研究》2016 年第 10 期，2016 年 10 月，頁 72～77。

32. 潘鳳娟，〈翻譯「聖人」：馬若瑟與十字的索隱回轉〉，《國際比較文學》
2018 年第 1 期，2018 年 6 月，頁 76～96。

33. _____，江日新，〈早期耶穌會士與《道德經》翻譯：馬若瑟、聶若望與
韓國英對「夷」、「希」、「微」與「三一」的討論〉，《中國文化研究所學
報》，第 65 期，2017 月 7 日，頁 249～283。

34. 盧怡君，〈創世之道——《易經》索隱思想與萊布尼茨的普遍文字研究〉，
《清華學報》新 47 卷第 3 期，2017 年 9 月，頁 509～545。

35. _____，〈尋找中文之鑰——萊布尼茨的符號理論與漢字結構〉，《漢學研
究》第 34 卷第 4 期，2016 年 12 月，頁 199～234。

36. 錢玄同，陳獨秀，胡適，〈通信：中國今後之文字問題〉，《新青年》第 4

卷第 4 號，1918 年 4 月，頁 350～368。

37. 錢存訓著，戴文伯譯，〈近世譯書對中國現代化的影響〉，《文獻》1986 年第 2 期，1986 年 7 月，頁 176～204。

38. 錢鍾書著，冉利華譯，〈論 17、18 世紀英國對中國之接受〉，《國際漢學》2004 年第 2 期，2014 年 9 月，頁 109～118。

39. 韓琦，〈17、18 世紀歐洲和中國的科學關係──以英國皇家學會和在華耶穌會士交流為例〉，《自然辯證法通訊》1997 第 3 期，1997 年 6 月，頁 47～56。

40. _____，〈白晉的《易經》研究和康熙時代的「西學中源」說〉，《漢學研究》16 卷 1 期，1998 年 6 月，頁 185～201。

41. _____，〈康熙帝之治術與「西學中源」說新論──〈御製三角形推算法論〉的成書及其背景〉，《自然科學史研究》第 35 卷第 1 期，2016 年 3 月，頁 1～9。

42. 黨懷興，〈清代對宋元明六書學的繼承與發展〉，《中國文字研究》2009 年第 1 輯，2009 年 6 月，頁 26～35。

43. 〔丹麥〕龍伯格著，史倩倩譯，〈漢字的傳統歷史：17 世紀耶穌會士手稿〉，《國際漢學》2014 年第 1 期，2014 年 4 月，頁 307～311。

44. 〔比〕鐘鳴旦，〈禮儀之爭中的中國聲音〉，《復旦大學學報（社會科學版）》2016 年第 1 期，2016 年 6 月，頁 95～103。

45. _____，〈基督教在華傳播史研究的新趨勢〉，《基督教文化學刊》1999 年第 2 輯，1999 年 4 月，頁 243～285。

46. 〔芬蘭〕黃保羅，〈漢語索隱神學──對法國耶穌會士續講利瑪竇之後文明對話的研究〉，《深圳大學學報（人文社會科學版）》第 28 卷第 2 期，2011 年 3 月，頁 5～13。

47. 〔美〕衛周安（Joanna Waley-Cohen）著，董建中譯，〈新清史〉，《清史研究》2008 年第 1 期，2008 年 2 月，頁 109～116。

48. 〔美〕韓南（Patrick Hanan）撰，姚達兌譯，〈漢語基督教文獻：寫作的過程〉，《中國文學研究》2012 年第 1 期，2012 年 1 月，頁 5～18。

49. 〔義〕陸商隱，〈衛匡國《中國語文文法》對歐洲「中文鑰匙」的影響〉，《北京行政學院學報》2013 年第 2 期，2013 年 4 月，頁 124～128。

六、學位論文

（按時間先後順序排列）

1. 于明華，〈清代耶穌會士索隱釋經之型態與意義〉，國立暨南大學中國語文學系碩士論文，2003 年。

2. 劉艷清，〈清代「六書」學研究〉，陝西師範大學古典文獻學博士論文，2010 年。

3. 邱凡誠，〈清初耶穌會索隱派的萌芽：白晉與馬若瑟間的傳承與身分問題〉，國立臺灣師範大學國際漢學研究所碩士論文，2011 年。

4. 杜欣欣，〈探賾索隱，鈎深致遠：論馬若瑟法譯《詩經》八首〉，國立臺灣師範大學翻譯研究所博士論文，2015 年。

5. Rule, Paul Anthony. "K'ung-Tzu or Confucius? The Jesuit Interpretation of Confucianism." Ph. D dissertation. Australian National University, 1972.

七、西文論著

1. Bacon, Francis. *The Advancement of Learning. Edited by Joseph Devey*, M.A. New York: P.F. Collier and Son, 1901.

2. Blumenberg, Hans, and translated by Robert M. Wallace. *The Legitimacy of the Modern Age*. Cambridge, Mass.: The MIT Press, 1983.

3. Comenius, Johann Amos. *A Generall Table of Europe, Representing the Present and Future State Thereof Viz. The Present Governments, Languages, Religions, Foundations, and Revolutions Both of Governments and Religions, the Future Mutations, Revolutions, Government, and Religion of Christendom and of the World &C. / From the Prophecies of the Three Late German Prophets, Kotterus, Christina, and Drabricius, &C., All Collected Out of the Originals, For The Common Use and Information of the English.* London？: Printed for Benjamin Billingsley, 1670.

4. Cordier, Henri. "Origine Des Chinois. Théories Étrangères." *T'oung Pao* 16.5（1915）：575～603.

5. Franz, Wolfgang, and rendred into English by William Nicholson. *The History of Brutes, or, A Description of Living Creatures : Wherein The Nature and Properties of Four-Footed Beasts are at Large Described.* London: Printed by

E. Okes, for Francis Haley, at the Corner of Chancery-Lane in Holborn, 1670.

6. Fry, Paul H. *Theory of Literature*. New Haven: Yale University Press, 2012.

7. Gillespie, Michael Allen. *The Theological Origins of Modernity*. Chicago: The University of Chicago Press, 2008.

8. Hegel, G. W. F. "The Childhood of History." *The Pattern of Chinese History: Cycles, Development, or Stagnation？*. Edited by John Meskill. Boston: Heath, 1965.

9. Hernisz, Stanislas. *A Guide to Conversation in the English and Chinese Languages for the Use of Americans and Chinese in California and Elsewhere*. Boston: John P. Jewett & Company, 1854.

10. Hooke, Robert. "Some Observations, and Conjectures Concerning the Chinese Characters." *Philosophical Transactions of the Royal Society of London* 16.180 （1687）: 63～78.

11. Lundbæk, Knud. "Joseph Prémare and The Name of God in China." *The Chinese Rites Controversy: Its History and Meaning*. Ed. by Mungello D. E. Nettetal: Steyler Verlag, 1994. 129-148.

12. Lach, Donald Frederick. *Asia in The Making of Europe, Volume II: A Century of Wonder. Book 3: The Scholarly Disciplines*. Chicago: The University of Chicago press, 1997.

13. Lackner, Michael. "Jesuit Figrism." *China and Europe: Images and Influences in Sixteenth to Eighteenth Centuries*. Ed. by Thomas H. C. Lee. Hong Kong: The Chinese University Press, 1991. 129-149.

14. Löwith, Karl. *Meaning in History*. Chicago: University of Chicago Press, 1949.

15. McManners, John. *The Oxford Illustrated History of Christianity*. New York: Oxford University Press, 1990. 328.

16. Merrill, E. D. "The Phytogeography of Cultivated Plants in Relation to Assumed Precolumbian Eurasian-American Contacts." *American Anthropologist* 33.3 （1931）: 375～382.

17. Prémare, Joseph Henri, and G Pauthier. *Lettre du P. Prémare sur le monothéisme des Chinois*. Paris: Benjamin Duprat, 1861.

18. Joseph, and tr. into English by Bridgman J. G. *Notitia Linguae Sinicae*. Canton: Printed at the office of Chinese repository, 1847.

19. _____. *Notitia Linguae Sinicae*. Malaccae: Academia Anglo-Sinensis, 1831.

20. Romberch, Johann Horst von. *Congestorium Artificiose Memorie*. Venetijs: Melchiorem Sessam, 1533.

21. Rowbotham, Arnold H. "The Jesuit Figurists and Eighteenth-Century Religious Thought." *Journal of the History of Ideas* 17.4 （1956）: 471～ 485.

22. Rupp, E G, Philip S. Watson, Desiderius Erasmus, and Martin Luther. *Luther and Erasmus: Free Will and Salvation*. Philadelphia: Westminster Press, 1969.

23. Spence, Jonathan Dermot. *The Memory Palace of Matteo Ricci*. London: Faber and faber, 1985.

24. Strauss, Leo. "The Three Waves of Modernity." An Introduction to Political Philosophy: Ten Essays. Leo Strauss and edited Hilail Gildin. Detroit, Michigan: Wayne State University Press, 1989.

25. Tai, T'ung, translated by Lionel Charles Hopkins, and W. Perceval Yetts. *The Six Scripts, or the Principles of Chinese Writing*. Cambridge: University Press, 1954.

26. Taylor, Charles. *A Secular Age*. Cambridge, Mass.: Belknap Press of Harvard University Press, 2007.

27. Terrien de Lacouperie, A. E. *Western Origin of the Early Chinese Civilisation from 2 , 300 B.C. to 200 A.D. : or Chapters on the Elements Derived from the Old Civilisations of West Asia in the Formation of The Ancient Chinese Culture*. London: Asher & Co., 1894.

28. Tiedemann, R. G. *Reference Guide to Christian Missionary Societies in China: From the Sixteenth to the Twentieth Century*. New York: M. E. Sharpe, 2009.

29. Collani, Claudia Von. "Charles Maigrot's Role in The Chinese Rites Controversy." *The Chinese Rites Controversy: Its History and Meaning*. Ed. by Mungello D. E. 149-184.

30. Webb, John. An Historical Essay Endeavoring a Probability that the Language of the Empire of China is the Primitive Language. Printed for Nath. Brook, 1669.

31. Wei, Sophie Ling-chia. "Sheng Ren in the Figurists』 Reinterpretation of the Yijing." *Religions* 10.10 （2019）: 553.

32. Whiston, William. *A New Theory of the Earth, from Its Original to the Consummation of All Things Wherein the Creation of the World in Six Days, the Universal Deluge, and the General Conflagration, as Laid Down in the Holy Scriptures, Are Shewn to Be Perfectly Agreeable to Reason and Philosophy : with a Large Introductory Discourse Concerning the Genuine Nature, Stile, and Extent of the Mosaick History of the Creation.* London: Printed by R. Roberts, for Benj. Tooke at the Middle-Temple-Gate in Fleet-street. MDCXCVI., 1696.

33. Williams, Samuel Wells. *Middle Kingdom: A Survey of the Geography, Government, Literature, Social Life, Arts, and History of the Chinese Empire and Its Inhabitants.* London: W.H. Allen, 1883.

34. Yates, Frances Amelia. *Giordano Bruno and the Hermetic Tradition.* London: Routledge and Kegan Paul, 1964.

35. _____. *The Art of Memory.* Chicago: The University of Chicago Press, 1966.

36. _____. *The Occult Philosophy in The Elizabethan Age.* London: Routledge, 2001.

八、報　刊

1. 柳詒徵，〈自立與他立〉，《學衡》第 43 期，1925 年 7 月，頁 1～6。

2. 觀雲，〈中國人種攷（一）〉，《新民叢報》第 25 號，1903 年 2 月 11 日，頁 1～16。

九、網路資料

（按首字筆畫順序排列）

1. 《聖經和合本》，中文聖經網，檢索日期：2019 年 6 月～11 月。https://www.expecthim.com/online-bible。

2. 《思高繁體聖經》，天主教方濟會思高讀經推廣中心，檢索日期：2019 年
   6 月～11 月。http://www.ccreadbible.org/Chinese%20Bible/sigao ble.org/
   Chinese%20 Bible/sigao。

3. 陳波，〈中國就是中國，不是「China」：一個微妙的誤用與反思〉，檢索
   日期：2019 年 7 月 17 日。http://culture.ifeng.com/c/7mXfDQBD7VT。

4. 崔瑩，〈牛津教授：乾隆已經意識到英國可能侵華〉，「騰訊文化」2015 年
   1 月 19 日，檢索日期：2019 年 8 月 27 日。
   https://cul.qq.com/a/20150119/010032.htm。

5. 大英百科全書線上資料庫（Encyclopedia Britannica Online），檢索日期：
   2019 年 7 月 2 日。

《基督教文化研究丛书》

主编：何光沪、高师宁

（1-8 编书目）

初 编
（2015 年 3 月出版）

ISBN：978-986-404-209-8

定价（台币）$28,000 元

册 次	作 者	书 名	学科别 （／表示跨学科）
第 1 册	刘 平	灵殇：基督教与中国现代性危机	社会学／神学
第 2 册	刘 平	道在瓦器：裸露的公共广场上的呼告——书评 自选集	综合
第 3 册	吕绍勋	查尔斯·泰勒与世俗化理论	历史／宗教学
第 4 册	陈 果	黑格尔"辩证法"的真正起点和秘密——青年时 期黑格尔哲学思想的发展（1785 年至 1800 年）	哲学
第 5 册	冷 欣	启示与历史——潘能伯格系统神学的哲理根基	哲学／神学
第 6 册	徐 凯	信仰下的生活与认知——伊洛地区农村基督教 信徒的文化社会心理研究（上）	社会学
第 7 册	徐 凯	信仰下的生活与认知——伊洛地区农村基督教 信徒的文化社会心理研究（下）	
第 8 册	孙晨荟	谷中百合——傈僳族与大花苗基督教音乐文化 研究（上）	基督教音乐
第 9 册	孙晨荟	谷中百合——傈僳族与大花苗基督教音乐文化 研究（下）	

	王 媛	附魔、驱魔与皈信——乡村天主教与民间信仰关系研究	社会学
第 10 册	蔡圣晗	神谕的再造，一个城市天主教群体中的个体信仰和实践	社会学
	孙晓舒 王修晓	基督徒的内群分化：分类主客体的互动	社会学
第 11 册	秦和平	20 世纪 50－90 年代川滇黔民族地区基督教调适与发展研究（上）	历史
第 12 册	秦和平	20 世纪 50－90 年代川滇黔民族地区基督教调适与发展研究（下）	
第 13 册	侯朝阳	论陀思妥耶夫斯基小说的罪与救赎思想	基督教文学
第 14 册	余 亮	《传道书》的时间观研究	圣经研究
第 15 册	汪正飞	圣约传统与美国宪政的宗教起源	历史／法学

二 编 （2016 年 3 月出版）

ISBN：978-986-404-521-1　　　　　　　　定价（台币）$20,000 元

册 次	作 者	书 名	学科别（／表示跨学科）
第 1 册	方 耀	灵魂与自然——汤玛斯·阿奎那自然法思想新探	神学／法学
第 2 册	劉光顺	趋向至善——汤玛斯·阿奎那的伦理思想初探	神学／伦理学
第 3 册	潘明德	索洛维约夫宗教哲学思想研究	宗教哲学
第 4 册	孙 毅	转向：走在成圣的路上——加尔文《基督教要义》解读	神学
第 5 册	柏斯丁	追随论证：有神信念的知识辩护	宗教哲学
第 6 册	李向平	宗教交往与公共秩序——中国当代耶佛交往关系的社会学研究	社会学
第 7 册	張文舉	基督教文化论略	综合
第 8 册	赵文娟	侯活士品格伦理与赵紫宸人格伦理的批判性比较	神学伦理学
第 9 册	孙晨薈	雪域圣咏——滇藏川交界地区天主教仪式与音乐研究（增订版）（上）	基督教音乐
第 10 册	孙晨薈	雪域圣咏——滇藏川交界地区天主教仪式与音乐研究（增订版）（下）	
第 11 册	張 欣	天地之间一出戏——20 世纪英国天主教小说	基督教文学

三 编 （2017年9月出版）

ISBN：978-986-485-132-4　　　　　　　定价（台币）$11,000 元

册 次	作 者	书 名	学科别（／表示跨学科）
第 1 册	赵 琦	回归本真的交往方式——托马斯·阿奎那论友谊	神学／哲学
第 2 册	周兰兰	论维护人性尊严——教宗若望保禄二世的神学人类学研究	神学人类学
第 3 册	熊径知	黑格尔神学思想研究	神学／哲学
第 4 册	邢 梅	《圣经》官话和合本句法研究	圣经研究
第 5 册	肖 超	早期基督教史学探析（西元 1~4 世纪初期）	史学史
第 6 册	段知壮	宗教自由的界定性研究	宗教学／法学

四 编 （2018年9月出版）

ISBN：978-986-485-490-5　　　　　　　定价（台币）$18,000 元

册 次	作 者	书 名	学科别（／表示跨学科）
第 1 册	陈卫真 高 山	基督、圣灵、人——加尔文神学中的思辨与修辞	神学
第 2 册	林庆华	当代西方天主教相称主义伦理学研究	神学／伦理学
第 3 册	田燕妮	同为异国传教人：近代在华新教传教士与天主教传教士关系研究（1807~1941）	历史
第 4 册	张德明	基督教与华北社会研究（1927~1937）（上）	社会学
第 5 册	张德明	基督教与华北社会研究（1927~1937）（下）	
第 6 册	孙晨荟	天音北韵——华北地区天主教音乐研究（上）	基督教音乐
第 7 册	孙晨荟	天音北韵——华北地区天主教音乐研究（下）	
第 8 册	董丽慧	西洋图像的中式转译：十六十七世纪中国基督教图像研究	基督教艺术
第 9 册	张 欣	耶稣作为明镜——20世纪欧美耶稣小说	基督教文学

五 编 （2019 年 9 月出版）

ISBN：978-986-485-809-5　　　　　　　定价（台币）$20,000 元

册 次	作 者	书 名	学科别（／表示跨学科）
第 1 册	王玉鹏	纽曼的启示理解（上）	神学
第 2 册	王玉鹏	纽曼的启示理解（下）	
第 3 册	原海成	历史、理性与信仰——克尔凯郭尔的绝对悖论思想研究	哲学
第 4 册	郭世聪	儒耶价值教育比较研究——以香港为语境	宗教比较
第 5 册	刘念业	近代在华新教传教士早期的圣经汉译活动研究（1807～1862）	历史
第 6 册	鲁静如 王宜强 编著	溺女、育婴与晚清教案研究资料汇编（上）	资料汇编
第 7 册	鲁静如 王宜强 编著	溺女、育婴与晚清教案研究资料汇编（下）	
第 8 册	翟风俭	中国基督宗教音乐史（1949 年前）（上）	基督教音乐
第 9 册	翟风俭	中国基督宗教音乐史（1949 年前）（下）	

六 编 （2020 年 3 月出版）

ISBN：978-986-518-085-0　　　　　　　定价（台币）$20,000 元

册 次	作 者	书 名	学科别（／表示跨学科）
第 1 册	陈倩	《大乘起信论》与佛耶对话	哲学
第 2 册	陈丰盛	近代温州基督教史（上）	历史
第 3 册	陈丰盛	近代温州基督教史（下）	
第 4 册	赵罗英	创造共同的善：中国城市宗教团体的社会资本研究——以 B 市 J 教会为例	人类学
第 5 册	梁振华	灵验与拯救：乡村基督徒的信仰与生活（上）	人类学
第 6 册	梁振华	灵验与拯救：乡村基督徒的信仰与生活（下）	
第 7 册	唐代虎	四川基督教社会服务研究（1877～1949）	人类学
第 8 册	薛媛元	上帝与缪斯的共舞——中国新诗中的基督性（1917～1949）	基督教文学

七　编　（2021 年 3 月出版）

ISBN：978-986-518-381-3　　　　　　定价（台币）$22,000 元

册　次	作　者	书　名	学科别（／表示跨学科）
第 1 册	刘锦玲	爱德华兹的基督教德性观研究	基督教伦理学
第 2 册	黄冠乔	保尔. 克洛岱尔天主教戏剧中的佛教影响研究	宗教比较
第 3 册	宾静	清代禁教时期华籍天主教徒的传教活动（1721 ～ 1846）（上）	基督教历史
第 4 册	宾静	清代禁教时期华籍天主教徒的传教活动（1721 ～ 1846）（下）	
第 5 册	赵建玲	基督教"山东复兴"运动研究（1927 ～ 1937）（上）	基督教历史
第 6 册	赵建玲	基督教"山东复兴"运动研究（1927 ～ 1937）（下）	
第 7 册	周浪	由俗入圣：教会权力实践视角下乡村基督徒的宗教虔诚及成长	基督教社会学
第 8 册	查常平	人文学的文化逻辑——形上、艺术、宗教、美学之比较（修订本）（上）	基督教艺术
第 9 册	查常平	人文学的文化逻辑——形上、艺术、宗教、美学之比较（修订本）（下）	

八　编　（2022 年 3 月出版）

ISBN：978-986-404-209-8　　　　　　定价（台币）$45,000 元

册　次	作　者	书　名	学科别（／表示跨学科）
第 1 册	查常平	历史与逻辑：逻辑历史学引论（修订本）（上）	历史学
第 2 册	查常平	历史与逻辑：逻辑历史学引论（修订本）（下）	
第 3 册	王澤偉	17 ～ 18 世纪初在華耶穌會士的漢字收编：以馬若瑟《六書實義》為例（上）	语言学
第 4 册	王澤偉	17 ～ 18 世纪初在華耶穌會士的漢字收编：以馬若瑟《六書實義》為例（下）	
第 5 册	刘海玲	沙勿略：天主教东传与东西方文化交流	历史

第 6 册	郑媛元	冠西东来——咸同之际丁韪良在华活动研究	历史
第 7 册	刘影	基督教慈善与资源动员——以一个城市教会为中心的考察	社会学
第 8 册	陈静	改变与认同: 瑞华浸信会与山东地方社会	社会学
第 9 册	孙晨荟	众灵的雅歌——基督宗教音乐研究文集	基督教音乐
第 10 册	曲艺	默默存想，与神同游——基督教艺术研究论文集（上）	基督教艺术
第 11 册	曲艺	默默存想，与神同游——基督教艺术研究论文集（下）	
第 12 册	利瑪竇著、梅謙立漢注 孫旭義、奧覓德、格萊博基譯	《天主實義》漢意英三語對觀（上）	经典译注
第 13 册	利瑪竇著、梅謙立漢注 孫旭義、奧覓德、格萊博基譯	《天主實義》漢意英三語對觀（中）	
第 14 册	利瑪竇著、梅謙立漢注 孫旭義、奧覓德、格萊博基譯	《天主實義》漢意英三語對觀（下）	
第 15 册	刘平	明清民初基督教高等教育空间叙事研究——中国教会大学遗存考（第一卷）（上）	资料汇编
第 16 册	刘平	明清民初基督教高等教育空间叙事研究——中国教会大学遗存考（第一卷）（下）